쿠팡, 우리가 혁신하는 이유

쿠팡,
우리가 혁신하는 이유

수평적 조직문화는
어떻게 만들 수 있는가

문석현 지음

갈매나무

목차

2부

전략 ;

전략은 **구호가 아니라** 행동**이다**

coupang

3부
데이터 경영 ;

무엇이 쿠팡을 쿠팡답게 만드는가

4부

미래 ;

우리가 혁신하는 이유

한국
기업의
미래를
생각하다

•

얼마 전 LG전자 프랑스 법인장으로서 10년간 LG전자에 근무했던 에리크 쉬르데주Eric Surdej가 자신의 경험을 바탕으로 《한국인은 미쳤다!》라는 제목의 책을 내서 화제가 되었다. 이 책은 한국 특유의 기업 문화가 유럽인들의 눈에 어떻게 비치는지를 가감 없이 보여준다. 상명하복의 군대식 문화, 개인의 삶은 완전히 뒷전으로 미루고 일에 전적으로 몰입하는 생활, 고객보다는 상사를 위해 일하는 사람들, 재떨이 집어던지는 일이 다반사인 사무실……. 한국에서 태어나고 자라지 않은 그에게 이러한 조직문화는 충격적으로 다가왔던 것 같다. 물론 그가 한국의 직장 문화를 비난하기 위해 이 책을 쓴 것은 아니다. 저자는 한국의 기업이 무척이나 효율적이고 서구의 기업들이 배워야 할 점도 많다고 이야기한다. 하지만 개인이 철저하게 무시되는 문화에 적응하기 힘들었고, 다른 유능한 유럽인 동료들이 회사에 적응하지 못해 떠나가는 것을 지켜보면서 괴로웠다고도 한다. 그는 한국의 조직문화가 긍정적으로 작동하지 않는 부분도 있다는 것을 날카롭게 짚어주며 한국인들에게 생각해볼 거리를 제공했다.

그런데 나는 그와는 정반대의 경험을 했다. 나에게는 아마도 에리크 쉬르데주가 봤다면 매우 정상적인 회사라고 느꼈을 만한 한국 회사를 다닐 기회가 있었다. 그 회사가 이 책을 탄생시킨 곳, 바로 쿠팡이다. 쿠팡은 합리적이고 수평적인 조직문화, 동료에 대한 존중, 소통, 관용의 문화가 존재하는 회사이다. 이런 조직문화가 정말로 가능할까? 나는 쿠팡을 통해서 그 한계와 가능성을 동시에 봤다. 회사가 아무리 수평적이고 자율적이며 개방적인 조직문화를 만들려고 해도 조직원 대다수가 한국식 조직문화에 익숙한 상태에서는 변화가 쉽지 않다. 군대에서 명령을 내리는 상관이 없어졌을 때 발생할 법한 혼란스러운 모습도 흔히 보인다. 하지만 다른 한편으로는 이러한 문화에 정말로 잘 적응하는 사람들도 있다. 그 모든 것이 반영된 결과, 쿠팡은 소셜커머스 업계 1위의 위치에서 지금도 비즈니스 모델을 바꾸어가며 계속해서 성장해나가고 있다. 쿠팡을 보면 한국에서도 새로운 조직문화가 충분히 성공할 수 있다는 생각이 든다.

일단 이 책의 내용이 쿠팡이란 회사의 공식적인 입장은 아니다. 쿠팡은 이미 사원 규모가 수천 명 단위를 넘어서는 작지 않은 회사이고 또한 지금도 엄청나게 빠른 속도로 변화하고 있는 곳이다. 이 책에서 소개하는 내용 중에서도 어떤 부분은 이미 바뀌었을 수도 있다. 하지만 이 책에서 나는 내가 직접 보고 들은 것, 했던 것을 기반으로 쿠팡의 방식을 사실적으로 전달하려고 노력했다. 비록 과거의 것이라 할지라도 쿠팡이 행했던 시도는 우리에게 생각해볼 거리를 많이 제공하며, 충분히 살펴볼 가치가 있다고 믿는다. 그 점을 감안하고 보면 흥미로운 시간이 될 것이다.

쿠팡의 합리적이고 수평적인 조직문화

나는 현재 쿠팡과는 어떠한 이해관계도 없다. 쿠팡은 그저 내가 한때 다녔던 회사일 뿐이고 지금은 주식 한 주 가지고 있지 않다. 그럼에도 불구하고 쿠팡은 '잘됐으면 좋겠다'라고 생각한다.

세 가지 이유가 있다. 첫째, 쿠팡의 경영 방식이 올바르다고 생각하기 때문이다. 나는 쿠팡이 자신들의 경영 방식이 한국에서 성공할 수 있다는 것을 입증해내길 바란다. 쿠팡이 성공적으로 자리를 잡는다면 더 많은 회사들이 그 사례를 벤치마킹하려 할 것이다. 또 그 과정에서 한국의 비즈니스 문화가 적잖이 개선되고 사회 전체의 효율이 높아질 것이라고 믿는다.

둘째, 쿠팡이 지향하고 있는 서비스가 마음에 들기 때문이다. 현재 쿠팡이 제공하는 서비스는 그들이 목표로 하는 것과 비교하면 한참 모자란 수준이다. 하고 싶은 것 중에 절반도 채 실행에 옮기지 못하고 있다. 너무나 이상적인 목표를 가지고 있기 때문이기도 하고, 리더십의 특성 때문이기도 하다. 나만 해도 쿠팡에서 하려고 구상했던 일을 절반도 못했다. 설득에 실패했기 때문이다. 하지만 그들은 지금도 계속해서 그들의 목표를 향해서 다양한 시도를 하고 있다. 쿠팡의 서비스는 아마도 점점 더 편리한 쪽으로 발전해나갈 것이다.

쿠팡이 잘되길 바라는 마지막 이유는 쿠팡이 투자자로서의 역할을 할 수 있길 기대하기 때문이다. 흔히 실리콘밸리에서 스타트업을 만들어서 성공적으로 사업을 매각하는 사람은 돈방석에 앉는다. 부자가 되고 나서는 그동안 고생한 대가로 보통 하와이같이 놀기 좋은 데 가서 몇 년쯤 놀기도 한다. 그러다가 노는 것도 지겨워지면 다시 실리콘밸리로 돌아온다. 이번에는 투자자로 말이다. 그때부터는 여러 회사들을 둘러보면서 자신의 가치관에 맞는, 마음에 드는 회사에 투자를 한다. 본인이 스타트업을 해본 경험이 있으니 보는 눈이 있다. 스타트업을 하는 데 필요한 것이 무엇인지도 알고 인맥도 이미 형성되어 있기 때문에 실제로 회사에 많은 도움을 줄 수 있다. 이렇게 선순환 고리가 만들어진다. 한국에도 이처럼 성공한 스타트업 창업자가 벤처 투자자로 전향한 사례가 몇 있는데 쿠팡도 그 대열에 이름을 올렸으면 좋겠다. 그렇게 되면 쿠팡처럼 혁신을 만들어내는 스타트업이 늘어날 것이고, 사회 전체가 더 많은 혜택을 누릴 수 있을 것이다.

쿠팡은 현재 아주 대담한 투자를 진행하고 있다. 그 때문에 외부 전문가들은 쿠팡의 행보를 회의적인 시각으로 보기도 한다. 이를테면 이런 것이다. '쿠팡은 팔면 팔수록 적자가 나는 구조다. 아마 수년 내로 한계에 부딪힐 것이다.' 그리고 이런 견해가 때때로 언론을 통해 나오면서 쿠팡에 대해 부정적인 이미지를 만들기도 한다. 물론 현재 막대한 적자가 나고 있고, 언젠가는 수익을 내서 주주들에게도 과실을 돌려주어야 한다. 하지만 나는 쿠팡과 김범석 대표를 보면 영화

〈아이언맨〉의 주인공인 토니 스타크의 모델로도 유명한 테슬라의 창업자 일론 머스크Elon Musk 가 떠오른다.

테슬라는 전기자동차 혁명을 주도해가고 있지만, 회사는 어마어마하게 누적된 적자를 안고 있다. 그래서 월스트리트의 금융전문가들로부터 일론 머스크는 몽상가라는 비판을 듣기도 한다. 하지만 실리콘밸리의 혁신가들에게 그는 영웅이다. 일론 머스크가 몽상가일지 영웅일지는 앞으로의 결과에 달려 있다. 언젠가 테슬라가 전기자동차 시장에 안착하고 안정적으로 수익을 내는 날이 오면 영웅이 될 것이며, 그렇게 하지 못하면 몽상가에 그칠 것이다. 그것은 쿠팡도 마찬가지다. 스케일은 다를지 몰라도 그 본질은 똑같다.

영웅이 될지 몽상가가 될지를 결정하는 것

쿠팡이 영웅이 될지 몽상가가 될지는 전적으로 소비자들의 손에 달려 있다. 쿠팡의 주주와 경영진 그리고 임직원들은 '이런 서비스가 세상에 필요하다'라고 생각하고 자발적으로 세상에 없던 서비스를 만들어가고 있다. 세상에 없던 서비스가 생기면 그 서비스의 이점은 소비자가 누리게 된다. 소비자의 입장에서는 쿠팡이 적자가 나든 말든 아무런 상관이 없다. 그것은 주주와 경영진이 고민할 문제다.

소비자는 냉정하게 판단만 하면 된다. 정말로 쿠팡의 서비스가 좋다고 생각하면 계속 이용하면 그만이다. 그러면 언젠가 규모의 경제를 이루고, 쿠팡은 지속가능하게 될 것이다. 정반대로 서비스가 좋지 않다고 느끼면 외면하면 된다. 그러면 쿠팡은 얼마 못 가 적자를 견디지 못하고 쓰러질 것이다. 이것이 시장경제가 움직이는 원리다. 이 원리에 따라 기업은 그 사회의 토양에 맞게 발전해간다. 가령 한국이 휴대전화를 잘 만드는 것도 까다로운 소비자들이 있기 때문이다. 이처럼 소비자들이 내리는 결정 하나하나가 경제를 변화시키는 중요한 결정이라는 것을 깨달았으면 좋겠다. 꼭 쿠팡을 생각하지 않더라도 말이다.

coupang

culture

strategy

data management

future

문화 ;

불가능한 꿈을
현실로 만드는 회사

쿠팡은 2016년 〈MIT 테크놀로지 리뷰〉가 뽑은 '2016 세계 50대 스마트 기업'에 한국 기업으로는 유일하게 선정됐다. 우리에게 혁신 기업으로 잘 알려진 아마존, 알리바바, 테슬라, 페이스북 등과 어깨를 나란히 한 것이다. 쿠팡이 현재 이렇게 혁신적 기업으로 평가받을 수 있게 된 것은 무엇 때문일까? 뛰어난 IT 개발 능력? 기존 체제를 파괴하는 공격적 투자 전략? 물론 그런 것도 답일 수 있을 것이다. 그러나 나는 직접 쿠팡에서 일하는 동안 혁신의 바탕에 바로 '사람 중심의 조직문화'가 있다고 느꼈다. 쿠팡의 사람들은 수평적인 문화를 만들어 정착시키고, 소통을 통해 일을 진행하며, 조직원 개개인을 존중한다. 직원 개개인이 정말로 중요하고 위대한 일을 하고 있다고 느끼게 만드는 조직문화, 바로 그것이 혁신의 진짜 원동력이 아닐까?

쿠팡, 우리가 혁신하는 이유

coupang

실패를 두려워하지 않는다, 실패로부터 배운다

핵심가치는 현대 기업 경영에서 중요하게 다루는 개념이다. 한 회사의 핵심가치는 그 회사가 진정으로 가치가 있다고 믿는 것들이다. 그 회사 사람들은 어떤 사람들이고, 그들이 진정으로 추구하는 것은 무엇인가가 바로 핵심가치를 통해 드러난다. 핵심가치는 조직의 궁극적인 지향점을 제시하고 문화를 형성하기도 한다. 말하자면 조직의 가치관인데, 경영 이념이라는 표현이 더 익숙할지도 모르겠다.

핵심가치를 제대로 정립해두는 것은 경영에 어떤 식으로 도움이 될까? 첫째, 회사 내부의 의사 결정을 돕는다. 만약에 조직 내에서 모두가 동의하는 핵심가치가 제대로 정립되어 있다면 의사 결정을 할 때 '과연 이 의사 결정이 우리의 핵심가치에 부합하는가?'라는 질문을 던져봄으로써 보다 쉽게 답을 이끌어낼 수 있을 것이다.

　둘째, 핵심가치는 고객들에게 회사가 지향하는 바와 회사의 정체성을 쉽게 전달할 수 있다. 월마트는 1962년 설립된 이래로 'Everyday low prices 상시저가'라는 단 하나의 구호를 핵심가치로 지켜왔다. 월마트라는 이름만 봐서는 월마트에 가면 무엇이 좋은지 알 수가 없다. 하지만 저 구호를 보면 '아, 월마트에 가면 물건을 싸게 살 수 있겠구나!'라고 쉽게 짐작할 수 있다. 물론 이런 핵심가치는 제대로 지켜질 때 빛을 발한다. 고객들은 바보가 아니다. 구호만 보고 월마트에 갔는데 가격이 싸지 않다면 고객은 "에이, 싸다고 해서 왔더니 안 싸네. 월마트 거짓말하네"라고 투덜거리며 실망할지도 모른다. 오히려 역효과가 나는 것이다.

　마지막으로 인재 채용 측면에서 도움이 된다. 입사 지원을 하는 사람들은 회사의 핵심가치를 보고 그 가치관이 본인과 얼마나 잘 맞는지를 판단할 수 있다. 조직의 가치관과 일치하는 가치관을 지닌 직원이라면 훨씬 더 즐겁고 편하게 직장 생활을 할 수 있다. 회사 입장에서도 가치관이 맞는 직원들을 채용하는 것이 훨씬 이익이다. 그러한 직원은 일도 열심히 즐겁게 하고 회사를 잘 떠나지도 않기 때문이다. 나 역시 보상이 좀 적더라도 가치관과 조직문화가 나와 맞는 직장을 선택할 것이다.

　과연 잘나가는 글로벌 기업들은 어떠한 핵심가치를 가지고 있을까? 구글의 핵심가치는 공동 설립자인 래리 페이지 Lawrence E. Page 와 세르게이 브린 Sergey Brin 이 말한 'Don't be evil 사악해지지 말라'이라는 구호로 유명하다. 기존의 검색 서비스가 택했던 비즈니스 모델은 광고주에게 돈을 받고 검색 결과 상위에 광고주의 사이트를 노출시켜주는 형태였다. 그런데 이렇게 하면 사용자 입장에서는 특정 사이트가 정말로 순수하게 검색엔진에 의해 상위에 올라간 것인지 아니면 광고주가 돈을 써서 상위에 올린 것인지를 알 수가 없다. 구글의 경우에는 광고주에게 돈을 받고 사이트를 노출시킬 때 검색 결과 우측에 별도로 표시를 한다. 그래서 사용자들은 돈을 내고 광고를 한 사이트와 돈과는 관계없이 구글의 검색엔진이 상위에 랭크시킨 사이트를 구분할 수 있다. 결과적으로 '돈을 벌기 위해서 검색 결과 순위를 인위적으로 조작하지 않는다'라는 원칙을 지키면서 돈도 벌고 있는 것이다.

물론 이에 대한 비판도 있다. 지메일이나 다른 서비스에서 구글이 삽입하는 광고를 놓고 그것이 과연 사악해지지 말라는 핵심가치에 부합하는지 의문을 제기하고 비판을 하는 사람들도 있다. 하지만 구글은 대체로 이 가치를 지켜나가고 있다. 구글이 사용자의 데이터와 검색 결과의 검열을 요구하는 중국 정부의 요청을 거절하여 중국에서의 구글 서비스 접근이 막힌 이야기는 유명하다. 구글 홈페이지에서 찾아보면 현재 열 가지 정도의 핵심가치 항목이 있으며, 'Don't be evil'도 여전히 포함되어 있다. 이것만 꼼꼼히 읽어봐도 구글이 추구하는 방향이 무엇인지 쉽게 알 수 있다.

그런가 하면 볼보의 핵심가치는 '안전'이다. 볼보의 차는 비록 화려하지는 않지만 안전성 테스트에서는 꾸준히 1위를 지켜왔다. 회사의 엔지니어들은 끊임없이 충돌의 충격을 줄이는 방법, 브레이크의 반응 속도를 높이는 방법 등 안전에 관련된 더 나은 기술을 개발하기 위하여 열심히 연구한다. 비록 최근에는 보기 좋은 자동차를 만드는 트렌드가 각광받으면서 그 핵심가치가 약간은 퇴색했지만 볼보는 여전히 안전의 대명사로 시장에 각인되어 있다.

다섯 가지
핵심가치

_____ 쿠팡의 경우는 어떨까? 어떠한 핵심가치를 가지고 있을까? 그리고 진짜로 그 핵심가치가 조직 구성원들의 행동에 녹아 있을까? 핵심가치가 정말로 작동하고 있다면 구성원들 상호 간에 "그건 우리의 핵심가치에 어긋나. 우리의 핵심가치에 따르면 그렇게 하지 말고 이렇게 해야 돼"와 같은 이야기가 자유롭게 나와야 한다. 또 실제로 그런 목소리가 조직 내에서 힘을 받는 분위기가 조성되어야 한다. 말은 쉽지만 실제로도 쿠팡이 그렇게 돌아갈까?

쿠팡은 다섯 가지의 핵심가치를 가지고 있다. 첫 번째가 'Wow 와우'이다. '월드 오브 워크래프트'라는 게임이 아니다. 이것은 고객과 고객의 신뢰를 최우선으로 생각한다는 의미이다. 쿠팡에서 지향하는 고객 서비스는 수준이 높다. 고객이 만족을 넘어 감동을 느끼는 수준이 되어야 한다는 것이다. 실제로 쿠팡은 조직의 성과를 평가하는 궁극적인 지표로 고객 만족도를 놓고 그것을 끌어올리는 방향으로 노력한다. 보통의 회사들은 이익을 최우선 목표로 한다. 쿠팡도 물론 이익을 중요한 지표로 본다. 그러나 고객 만족도가 높으면 이익은 자연히 늘어날 것이라고 우선 가정한다. 내가 쿠팡에서 일하는 동안 실제로 단기적으로는 손실이 발생하는 것이 명확한 상황에서도 고객 만족도를 높이는 방향으로 결정을 내리는 것을 본 적이 있다.

두 번째 핵심가치는 'Focus집중'이다. 결과를 낼 수 있는 일을 찾아서 깊이 있게 판다는 개념이다. 실제로 이를 제대로 실천하기는 힘들었다. 어떤 일을 하든지 성과를 정량적인 수치로 측정할 수 있는 일에만 집중한다는 느낌은 들었다. 그러나 이 때문에 지나치게 단기 계획에만 치중해서 시간이 걸리는 일을 차분히 진행하기 어려운 환경이기도 했다.

세 번째는 'Fail Fast빠른 실패'이다. 이 가치는 곧 '우리는 실패를 두려워하지 않고, 실패로부터 배웁니다'라는 말로 해석할 수 있다. 실제로 쿠팡은 이를 올곧게 실천한다. 다른 인터넷 서비스 회사들의 경우에는 서비스 개편을 한번 하려면 벌벌 떤다. 뭐 하나 바꿔보려고 하면 복잡한 의사 결정 과정을 거쳐 줄줄이 승인을 받아야 하는 것이다. 하지만 쿠팡은 아주 멍청한 시도만 아니라면, 그리고 실패했을 때 결과를 신속히 확인하고 되돌릴 수 있다고 판단하면 부담 없이 시도해본다. 행여 신중론을 펼치는 사람이 있더라도 "일단 해보고 결과가 나쁘면 충분히 되돌아올 수 있잖아요?"라는 이야기를 하면 대체로 설득이 되는 편이었다.

네 번째 핵심가치는 'Be Open열린 마음'이다. 이것은 군중심리에 휩쓸리지 않고 자신의 목소리를 내는 것이라고 설명할 수 있다. 좀 더 솔직하게 소통을 많이 하자는 이야기다. 실제로 다른 회사에 비해 쿠팡은 조직 내 소통이 훨씬 투명했다. 일과 관련해서 뭔가 궁금한 점을 물어봤을 때, 구성원은 대부분 자신이 아는 것을 사실대로 이야기해주었다. 그리고 항상 그런 건 아니지만 대체로 자신의 소신을 밝히는 분위기였다.

마지막 핵심가치는 'Believe_{믿음}'이다. 나와 내 동료들과 회사의 미래를 믿는다는 것이다. 좀 더 알기 쉽게 표현하자면 '나'가 아닌 '우리'에 대해 자부심을 갖는 것이다. 이것도 반드시 그런 건 아니지만 사람들과 이야기를 나누어보면 회사의 미래를 밝게 보는 사람들이 꽤 많은 편이었다. 나 또한 그랬다.

쿠팡은 엄청나게 빠른 속도로 변화하는 회사다. 더 나은 것이 있다고 생각되면 언제든지 방향을 틀어버린다. 사실 이 핵심가치도 내가 회사를 떠날 때쯤 바뀌었다. 하지만 기존의 핵심가치를 완전히 부정해버린 것은 아니다. 전체적인 기조는 그대로 가져가면서 좀 더 적절한 표현을 찾았다고 보는 것이 맞을 것이다. 그럼 정말로 핵심가치가 구성원들의 행동을 지배하고 있을까? 이 문제에 대한 대답 또한 조직마다 많이 다르다. 아무래도 내가 있었던 프로덕트 오너_{Product Owner, 이하 PO} 조직이나 인사와 교육을 담당하는 부서의 경우에는 회사의 방향이나 문화, 비즈니스 전략을 잘 이해하고 있고, CEO의 생각도 잘 알 수 있는 위치이기에 핵심가치를 특히 더 진지하게 받아들이는 편이다. 물론 다른 부서에서도 말과 행동에서 핵심가치를 염두에 두고 있다는 것은 느낄 수 있었다.

이제 본격적으로 쿠팡의 핵심가치가 조직문화에 어떤 식으로 녹아 있는지, 내가 직접 보고 듣고 경험한 내용을 바탕으로 이야기해보기로 하자.

coupang

'좋은' 조직문화란
어떤 것일까?

헤드헌터는 내게 쿠팡을 권유하면서 말했다. 쿠팡은 조직문화가 좋고, 게다가 이직률도 낮기로 유명하니 한번 일해볼 만하다고. 조직문화라는 것은 정말 중요하다. 단적으로 한국의 대표 재벌그룹인 삼성과 현대만 놓고 비교해봐도 이미지가 완전히 다르고 원하는 인재상도 다르다. 잘하는 사람이야 어디를 가나 잘한다고는 하지만 문화적으로 맞지 않는 회사에 다닌다는 것은 누구에게나 고역이다.

나 같은 경우만 해도 조직문화 때문에 한국의 대기업 재벌 회사에 들어가서는 적응하기 힘들 것 같다. 나는 첫 번째 직장으로 인터넷·게임 업종을 선택했다. 페이스북이나 구글 같은 글로벌 IT 기업들과 비교하면 부족할지 모르겠지만 그래도 한국 내에서는 IT 업종의 회사들이 가장 자율적인 조직문화를 가지고 있을 것이다. 그리고 첫 직장의 선택이 내 인생을 결정해버렸다. 박사 학위를 받고 졸업을 할 때 지도 교수님께서 내게 해주셨던 이야기가 있다. 첫 직장이 중요하다고, 그것이 네 인생을 결정하니까 신중하게 선택하라고.

당시에는 별생각 없이 그저 직관이 시키는 대로, 주변 상황 흘러가는 대로 선택했는데 시간이 흘러 되돌아보니 정말로 그랬다. 일단 한 번 선택을 한 다음에는 돌이키기 어려웠다. 이미 경력이 쌓여 있어 다른 사람들이 그 경력을 보고 나를 판단할 뿐만 아니라 내 사고방식이 내가 하던 일에 최적화가 되어 있어 그것을 뒤집어엎는 것이 쉽지 않기도 했다.

만약에 그때 내가 흔히 사람들이 선망하던 대기업에 들어갔다면 어떻게 되었을까? 적응을 못 하고 곧장 나와버렸을까? 아마 그러지는 않았을 것 같다. 언젠가 삼성전자의 인사 조직에 있던 분에게 들은 이야기가 있다. 삼성의 힘은 조직력에서 나온다고. 입사할 때에는 좀 부족했던 사람도 딱 6개월만 지나면 삼성맨이 되어 조직에 완전히 적응해서 한 사람 몫을 해낸다는 것이다. 이런 삼성의 교육 시스템에 대해 그는 자부심이 대단했다. 만약 내가 그런 회사를 첫 직장으로 선택했더라도 나름대로 그 문화에 잘 적응했을 것이다. 대신 지금과는 전혀 다른 사람이 되어 있을 테지만.

사실 조직문화가 좋다, 나쁘다 하는 기준은 명확하지 않다. 대체 어떤 것이 좋은 조직문화일까? 조직문화는 상대적이다. 지금의 내가 대기업에 가기 어려운 것과 마찬가지로 대기업의 조직문화에 익숙해진 사람이 내가 있는 업계로 오기도 쉽지 않다. 자신에게 맞는 조직

쿠팡, 우리가 혁신하는 이유

문화가 있고 그렇지 않은 조직문화가 있을 뿐이다. 통상적으로 내가 그 조직의 구성원으로서 존중받는다는 느낌이 든다면 조직문화가 좋다고 느끼지 않을까.

나는 앞서 인터넷·게임 업계에 몸담고 있었기 때문에 쿠팡의 조직문화가 좋다는 이야기를 들었을 때, 사실 큰 기대를 하지 않았다. 그런데 막상 쿠팡에서 경험해보니 느낌이 달랐다. 진짜로 회사가 문화를 중요하게 생각한다는 것을 조금씩 실감할 수 있었다.

쿠팡의 신규 입사자 교육 기간은 당시 일주일이었는데, 사실 경력직 신규 입사자에게 일주일씩이나 교육을 시키는 회사도 흔치 않다. 경력직이면 이미 일하는 방법은 다 알고 있다고 전제하기 때문에 입사일부터 작업 환경을 준비하고 바로 실전에 투입된다. 그렇기 때문에 신규 입사자 교육이 있어도 대개 회사에서 만들어놓은 각종 제도나 규칙에 대해서 설명해주는 정도가 고작이다. 그런데 이 회사의 신규 입사자 교육은 내용이 전혀 달랐다. 회사의 가치관과 조직문화에 대한 이야기가 절반가량 차지했다. 나머지도 대부분은 회사의 비전과 비즈니스 전략에 관한 이야기이고, 일반적인 회사 생활이나 제도 등에 관한 이야기는 극히 일부였다.

쿠팡은 무엇이 어떻게 다른가

_____ 나는 두 가지 측면에서 쿠팡이 다른 회사와 많이 다르다고 느꼈다. 첫째, 회사가 비즈니스를 바라보고 있는 관

점과 그에 따른 전략, 그리고 추구하는 방향과 비전을 모든 직원 앞에서 명확히 밝힌다는 점이 달랐다. 현실에 적용할 수 없을 정도로 지나치게 추상적이지도 않고, 지엽적이라고 생각될 정도로 지나치게 구체적이지도 않았다. 대부분의 회사에서는 그 정도로 명확한 방향을 가지고 있지 않으며, 그나마 관리자급이나 되어야 그런 이야기를 들려준다.

그러면 관리자는 자신이 이해한 바를 바탕으로 자신이 관리하는 사람들과 다시 소통하거나 소통 없이 자기 생각대로 끌고나가는 것이 일반적이다. 말단 직원의 입장에서는 그 일을 왜 하는지 이해할 기회조차 없이 그냥 월급 나오니까 시키는 대로 하는 것이다. 나는 어느 정도 리더십이 필요한 입장이었기에 조직의 비전과 전략에 대해 당연히 알아야 했지만 그 교육은 사실상 모든 신규 입사자를 대상으로 했다. 즉 신규 입사자들에게도 회사의 전체 방향을 알려주어 전 직원이 조직의 비전과 전략을 이해할 수 있었다. '우리가 왜 이 일을 하고 있는지'를 교육을 통해 제대로 설명해주었던 것이다.

둘째, 조직문화를 강조하는 점이 달랐다. 성과가 좋고 문화적으로도 잘 맞는 사람은 어디를 가나 스타로 인정받는다. 반면 성과도 안 좋고 문화적으로도 안 맞는 사람은 볼 것도 없다. 문제는 성과는 좋지만 문화적으로 안 맞는 사람과, 성과는 별로지만 문화적으로는 조직과 잘 맞는 사람에 대한 평가다. 쿠팡은 성과는 별로인데 문화적으로는 잘 맞는 사람들에 대해서는 기회를 계속해서 주지만, 반대로 성과는 좋더라도 조직의 문화를 해치는 사람은 독으로 본다. 말로는 쉽지만 과연 진짜로 그것이 가능할까?

쿠팡에서 초기에 이런 일이 있었다고 한다. 회식을 하는 자리에서 영업 조직의 어떤 여자 직원이 갑자기 울면서 뛰쳐나가더라는 것이다. 무슨 일인가 알아봤더니 그 직원의 팀장이 취기에 뭔가 심한 실례를 한 모양이었다. 이 팀장은 보통 때는 아무런 문제가 없는데, 술만 마시면 돌변하는 사람이었다. 한편 실적은 매우 좋은 편이었다. 당시는 영업에 대한 의존도가 높았기에 그가 경쟁사로 가버리면 당장 매출의 상당 부분이 따라서 넘어가버릴 판이었다. 그럼에도 불구하고 그다음 날 회사는 팀장을 내보냈다.

특히 작은 회사에서는 이런 결정을 내리기가 참으로 어렵다. 조직력에 의존하는 대기업이라면 윤리적으로 문제가 있는 중간관리자 하나쯤 내보내도 타격이 크지 않다. 그를 대신할 수 있는 사람들이 호시탐탐 기회를 노리고 있기 때문이다. 하지만 작은 조직은 개인의 역량에 많이 의존하기 때문에 그렇게 하는 것이 쉽지 않다. 나는 상황이 비슷한 다른 회사에서 반대의 경우를 직접 눈으로 목격한 적이 있기 때문에 그 에피소드가 예사롭게 들리지 않았다.

내가 다른 회사에서 일할 때 직원들끼리 워크숍을 갔다가 사고가 발생한 적이 있었다. 남자 직원 하나가 여자 직원을 상대로 성추행을 했는데, 법적으로 충분히 문제가 될 수 있는 상황이었다. 그런데 가해자인 남자 직원은 팀장이 아끼는 사람이었다. 회사로 돌아온 후 피해자는 일하면서 그 남자 직원하고 마주치지만 않게 해달라고 요청했단다. 그 후 해당 조직을 관리하고 있던 관리자는 피해자를 다른 팀으로 이동시키는 조치를 취하는 것으로 이 건을 마무리하고 조용히 덮었다. 이를 보고 항의하는 다른 팀원에게 그 관리자는 "본인이 괜찮다고 하는데 왜 당신이 나서느냐?"라며 묵살했다.

쿠팡에서 물의를 일으킨 그 팀장은 어떻게 되었을까? 물의를 일으킨 그 사람은 실제로 경쟁사로 이직했으며 그 결과 매출도 상당 부분 빼앗겼다. 하지만 남은 사람들이 그만큼 더 열심히 해서 얼마 지나지 않아 빼앗긴 매출을 다시 찾아올 수 있었다고 한다.

쿠팡의 신규 입사자 교육은 흥미롭다. 교육을 받고 나면 대부분 회사의 비전과 미래를 긍정적으로 바라보게 된다. 좀 과장되게 말해서 김범석 대표의 팬이 되어 돌아오는 사람들이 많다. 나 또한 어느 정도 그랬다. 교육 내용에서 별로 억지가 느껴지지도 않는다. '아, 쿠팡은 이렇게 생각하고 있고 비즈니스를 이렇게 바라보고 있구나'라고 느낄 뿐이지, '말도 안 되는 내용을 억지로 주입한다'라고 느끼지 않는다는 뜻이다. 물론 나중에 직접 경험하면서 기대가 일부 무너지기도 했지만 그럼에도 불구하고 상당 부분 진정성이 느껴졌다. 입사한 후 쿠팡을 떠나는 그 순간까지 나는 단 한 번도 회사가 나를 부당하게 대우했다고 느낀 적이 없었다.

coupang

미니 CEO들이
만들어가는 회사

나는 쿠팡에서 PO라는 직책을 맡았다. 그런데 이 PO라고 하는 역할이 일반적인 한국 회사에서는 찾아보기 어려운 독특한 직책이다. PO가 어떤 역할인지를 설명할 때 쿠팡에서 흔히 쓰는 표현이 바로 '미니 CEO'이다. 아래는 한 헤드헌터가 나에게 쿠팡의 PO직을 권하는 메일을 보내면서 이에 대해 소개한 글의 일부이다.

- 사실상의 독립적인 개별 오너이며, 대표이사를 제외하고는 각 PO들은 모두 동등합니다. 개별 파트의 소사장 개념이며 업무 역할, 책임, 권한이 매우 큽니다.
- 쿠팡의 핵심 직군이며, 현재 쿠팡의 PO/BA 직책은 구글, 이베

이, 아마존, 알리바바, 기타 해외 일류 기업의 분야별 인재들이 모이는 최고의 조직으로 발전하고 있습니다.

- 쿠팡이 현재 카카오나, 라인의 망을 이용하지 않으면서도 독립적인 마케팅과 정책으로 커머스 업계 1위를 차지하고 있는 데는 이 조직이 기여한 바가 큽니다.
- 처우와 권한도 좋지만, 무엇보다도 재미가 있으리란 생각이 크며, 이는 PO 조직 구성원들의 공통된 의견입니다.

이만하면 제법 매력적으로 보이지 않는가? 저 소개로 봐서는 엄청나게 힘이 있고, 마음먹은 일은 무엇이나 할 수 있는 자리로 보인다. 나도 저 표현에 혹해서 재미있을 것 같아 지원을 했다.

서류를 통과하고 면접을 진행하는 과정에서 PO들을 이끄는 PO실 실장을 만났다. 실장은 비벡 수브라마니언이라고 하는 인도계 미국인이었다. 나이는 나하고 비슷해서 마흔이 채 안 되어 보였는데, 인도에서 대학을 나오고 미국으로 건너가서 스타트업을 하다가 쿠팡에 인수되면서 PO들을 이끌고 있었다. 왼손잡이에 채식주의자였던 그는 소고기와 돼지고기를 먹지 못했기 때문에 회식을 할 때는 항상 닭고기 요리를 하는 집으로 갔다. 외국인하고 면접을 하는 것은 이때가 처음이었는데, 다행히 전문 통역사가 통역을 해주어 불편이 없었다. 나는 이 사람과의 면접을 잊을 수가 없다. 면접에서 들은 질문을 통해 내가 무슨 일을 하게 될지 알 수 있었다. 그 정도로 쓸데없는 군더더기가 없었던, '실질적'인 면접이었다.

그는 "할 일이 여러 가지가 있는데, 그중에서 무엇을 할지를 선택해야 한다. 어떻게 하겠는가?"라는 질문을 했다. 나는 "두 가지 요소를 고려해서 선택하면 된다. 얼마나 시간이 걸리는지와 그것을 했을 때 기대되는 효과가 얼마나 클지다. 당연히 빨리 할 수 있으면서도 기대되는 효과가 큰 일을 우선해서 진행한다"라고 대답했다. 그는 계속해서 "기대되는 효과는 어떻게 추정할 수 있나?"라는 질문을 했고, 나는 "정확히 알기는 어렵지만 그래도 여러 방법이 있다"라면서 임팩트가 클 가능성이 있는 일을 구분해내는 방법을 몇 가지 들려줬다.

또 다른 질문은 "상품 추천 기능의 효과를 어떻게 측정할 것인가?"라는 것이었다. 이건 내 전문 분야다. 임팩트를 측정하기 위한 실험을 설계하고 결과를 분석하는 방법을 설명했더니 그는 만족스러워했고 덕분에 면접을 통과했다. 그리고 진짜로 개인화 및 상품 추천 기능 담당 PO로서 쿠팡에서 일하게 되었다.

돌이켜 생각해보면 비백이 나에게 했던 질문이 PO의 역할을 가장 정확하게 표현하는 말이었다. PO의 역할은 우선순위를 결정하는 것이다. 조금 더 넓게 이야기하면 '할 일을 정하는 것'이라고 할 수 있다. PO들 중에서도 수동적으로 일을 하는 사람은 정말로 주어진 일 가운데서 우선순위를 결정하는 방식으로 일을 한다. 예를 들어 A, B, C라는 세 가지 일이 있으면 그중에서 우선순위를 매겨서 하나씩 진행한다. 그런데 더 창의적으로 생각해보면 전혀 다른 D라는 일을 해서 A, B, C의 문제를 한꺼번에 해결할 수 있는 경우도 있다. 즉 사고의 폭을 넓히면 PO가 할 일은 무한정 많아지기도 한다. 실제로 필요하다고 생각되면 PO는 무슨 일이든 제안할 수 있다.

창의성과
잠재력을 끌어내는
리더십 장치

─────────────── 이렇게 말해놓고 보면 PO가 정말로 아주 막강한 권한을 가지고 있는 것 같다. 그런데 사람들에게 물어보면 또 그건 아니라고 한다. 쿠팡에 지인이 있어 입사 전에 따로 만나 물어 봤더니 미묘한 대답이 돌아왔다. "PO요? 미니 CEO라고들 하죠. 그렇다고 해서 CEO처럼 힘이 있거나 하지는 않아요. 그래도 프로젝트 진행에 있어서 주도적인 역할을 하죠." 잘 이해가 안 되는 대목이었다. 어떻게 프로젝트 진행에 있어서 주도적인 역할을 하는 사람이 힘이 없을 수가 있나?

PO 중에서 이런저런 불평불만이 많아 투덜이 스머프를 연상시키는 사람이 한 명 있었다. 국내 굴지의 대기업에 있다가 쿠팡으로 이직해서 PO직에 있던 사람인데, 조직문화에 적응을 못 해서 고생하고 있었다. 이 사람 이야기를 들어보니 조직에 대한 불만이 잔뜩 쌓여 있었다. "이전 회사에 있을 때는 내가 뭘 하자고 하면 실무를 진행하는 사람들이 딱딱 움직여서 결과물을 가져다주곤 했는데 여기는 도통 제대로 되는 일이 없어요. 뭘 하자고 해도 개발자들은 안 된다는 이야기만 하고 일정은 엄청나게 늘어지고요. 그런데도 PO가 뭐라고 말할 방법도 없어요. 답답해 죽겠어요." 그는 결국 얼마 뒤 쿠팡을 떠났고 다른 대기업을 다니게 되었다.

사실 답답해하는 것은 다들 마찬가지였다. 다만 "하지만 어쩔 수 없죠. 조직문화가 그러니까요. 주어진 상황에서 잘해야죠"라고 말하

쿠팡, 우리가 혁신하는 이유

면서 묵묵히 자기 일을 할 뿐이었다. 알고 보니 쿠팡의 PO는 일에 대한 권한은 있지만 사람에 대한 권한이 없는, 독특한 직책이었다. 사실 일에 대한 권한은 상당히 파격적으로 주어진다. PO는 자신이 필요하다고 생각하는 일을 무엇이든지 추진할 수 있다. 물론 그 일이 회사에 도움이 되는 일이라고 설득해야 한다는 전제가 우선이다. 그래도 그 정도면 정말로 미니 CEO라고 할 수 있을 만큼 PO는 파격적인 권한을 지닌다. 하지만 사람에 대한 권한은 없다. 보통의 회사는 관리자에게 여러 가지 권한을 주어서 팀원들에게 영향력을 행사할 수 있게끔 조직구조를 만든다. 이를테면 휴가를 승인하고 평가를 하는 등 다양한 권한을 부여해서 팀원들이 관리자의 눈치를 보게 만드는 것이다. 그런데 쿠팡의 PO에게는 이러한 형태의 권한이 주어지지 않는다. PO가 가진 무기는 논리적인 설득뿐이다. 잘 설명해서 엔지니어들이 일을 하도록 만드는 것이 PO의 임무다.

이 이야기를 듣는 사람들은 직장 경험이 조금만 있어도 바로 '말도 안 된다. 그런 식으론 일이 진행되겠나? 말로 잘 설명해서 안 들으면 어떻게 할 건데?'라는 반응을 보인다. 나도 사실 그 부분이 궁금했다. 실제로 쿠팡의 PO가 실무자들을 설득하지 못하면 끝끝내 일을 진행하지 못한다.

직접 부딪혀보니 PO가 쿠팡의 리더십을 상징하는 직군인 것은 맞았다. PO는 회사 비즈니스의 방향을 명확하게 파악한 상태에서 그에 맞추어 각 팀에서 할 일을 정하고 실무를 진행할 사람들에게 내용을 설명해준다. 회사의 목적은 무엇인지, 우리가 해야 하는 일이 무엇이고, 그 일이 회사의 비즈니스에 어떻게 기여하는지를 전달해준다. 실무자들이 더 좋은 의견을 내면 그것을 수렴해서 계획을 바꾸기도 한다. 팀에서 결과물을 만들어내면 그 결과물이 회사의 비즈니스에 어떻게 영향을 끼쳤는지를 정리해서 보고한다. 그런데 이렇게 중요한 일을 하는 사람이 관리자로서의 권한은 전혀 갖지 못한다. 신기한 것은 좀 삐걱거리고 느리기는 하지만 그러고도 일이 진행된다는 점이다.

쿠팡의 PO는 미니 CEO라는 별명에 걸맞게 회사를 이끌어나가는 핵심 직군이다. 답답한 부분도 많다. 나만 해도 '차라리 내가 직접 하고 말지!'라는 생각이 들었던 때가 한두 번이 아니다. 하지만 이러한 형태의 리더십이 진정으로 현대의 비즈니스 환경에 맞는 것이 아닐까? 말 안 듣는 사람을 채찍질해서 통제하려다가는 사람을 노예로 만든다. 시키는 대로 하게 만들 수야 있겠지만 창의성과 잠재력을 끌어낼 수는 없다. 창의성과 잠재력을 끌어내기 위해서는 비전의 공유와 논리적인 설득 그리고 상대방에 대한 존중을 통해 보다 고차원적으로 동기를 부여해야 한다.

어떤 의미에서 놀아도 티가 안 나지만 잘하려면 한도 끝도 없이 고민해야 하는 것이 PO의 일이다. PO가 잘못하면 조직이 완전히 붕 떠서 겉돌 수도 있다. 쿠팡의 PO로서 일을 제대로 해낼 수 있다면 어떤 조건에서라도 리더십을 발휘할 수 있지 않을까 싶을 정도다. PO는 그만큼 까다로운 직책이다.

coupang

불가능할 것 같은 일들이
현실이 된다

인류가 지금까지 만들어놓은 조직은 대부분 수직적인 구조를 가지고 있다. 사람이 모이면 단체가 만들어지고 그 단체에는 항상 리더가 있다. 리더가 권한을 가지고 중요한 결정을 내리면서 무리를 이끈다. 리더가 아닌 사람들은 리더를 따르는 대가로 조직의 보호를 받는다. 이것은 아마도 인류가 무리를 지어 살기 시작한 이래로 변화 없이 이어져온 전통일 것이다. 인간과 유전적으로 가장 유사하다는 침팬지만해도 나름의 서열을 지니고 있으니 수직적인 조직구조는 아마도 인간의 근본적인 속성이 반영된 것일 듯싶다.

한편 인류의 역사는 계속해서 평등을 향해 가고 있다. 현재 지구상에 있는 많은 국가에서는 형식적으로나마 민주주의를 시행하며, 국민들이 공평하게 투표하며 정치에 참여하고 있다. 과거 인류의 역사를 생각해보면 상상하기 어려운 변화이다. 뿐만 아니라 근대적인 사법 시스템을 갖춘 나라에서는 역시 형식적으로나마 모든 사람이 법 앞에서 평등하다. 물론 권력이 있고 돈이 있는 사람은 어떤 식으로든 사법 시스템에서도 이득을 보기는 하지만 이러한 가능성도 사회가 발전할수록 점차 줄어들어가고 있는 것이 사실이다. 당장 한국 사회만 해도 이제 재벌이라고 해도 명백히 법에 어긋나는 행동을 했을 때에는 빠져나가기 쉽지 않은 단계까지는 와 있다.

왜 이러한 방향으로 역사가 발전해왔을까? 아마 사회 전체의 효율 때문일 것이다. 노예 제도가 있는 사회에서는 노예 계급에 있는 사람들에게 동기부여를 하기 어렵다. 노예는 그저 시키는 일이나 해서 근근이 먹고살 뿐이고, 생계 이상의 고민은 사치다. 하지만 이들에게 자유와 책임을 주면 이야기가 달라진다. 먹고살기 어려운 사람들은 먹고살기 위해서, 살 만한 사람들은 더 많은 부와 명예 그리고 권력을 가지기 위해 노력한다. 이러한 노력이 합법적인 틀 안에서 이루어진다면 곧 사회의 발전과 효율을 불러온다. 그래서 전근대적인 시스템을 가진 사회는 도태되고 개인에게 더 많은 자유와 기회를 주는 사회는 발전해왔다.

기업의 조직구조는 본질적으로 수직적이다. 근로계약의 내용 자체가 그렇다. 근로계약서에는 직원이 돈을 받고 일정 근무 시간 동안 회사가 원하는 일을 해주겠다는 내용이 명시되어 있다. 회사는 관리자들을 통해 직원들에게 일을 시키고 직원들은 시키는 일을 하는 것이다. 하지만 이런 조직구조에서는 아래로 내려갈수록 직원들은 고민하지 않고 위에서 시키는 일만 하기 쉽다. 과거 산업화 시대에는 이러한 조직구조도 나쁘지 않았다. 그러나 요즘 이런 조직구조는 경쟁력이 없다. 말단 직원들도 머리를 써야 하는 세상이 되었기 때문이다. 그래서 앞서가는 많은 기업들은 개인의 창의성을 극대화하기 위해 직원에게 가급적 많은 자율을 부여한다. 시키는 일만 하지 말고 알아서 필요한 일을 적극적으로 찾아 제안하고 설득하며 진행하라는 것이다. 쿠팡도 이런 자율적이고 수평적인 조직을 지향하고 있다.

쿠팡에 들어가기 전부터 쿠팡은 수평적인 조직구조를 가지고 있다는 이야기를 들었다. 대체 이것이 가능할까? 김범석 대표의 이야기에 따르면 초기에는 쿠팡도 직급이나 수직적인 조직 체계를 가지고 있었다고 한다. 그러나 언제부터인가 대표는 수직적인 문화 때문에 조직이 너무 경직되어 있어서 도저히 이대로는 안 되겠다는 생각을 했다. 그래서 직급도 완전히 없애고 호칭도 전부 '님'으로 통일해버렸다. 이후 회사 내에서는 직원들이 닉네임을 쓴다. 영어 이름이 있는 사람은 대개 영어 이름을 쓰고 아니면 그냥 자신이 불리고 싶은 대로 닉네임을 지어 쓴다. 가령 김범석 대표는 영어 이름이 Bom범이어서 그렇게 부른다. 내 경우도 이름 마지막 글자를 가져와서 '현'이라는 닉네임을 썼다.

수평적인 조직문화를
만들어내는 모험

_____ 그런데 여기서 문제가 하나 있다. 직급을 없앤다고, 닉네임을 쓴다고, 호칭을 '님'으로 한다고 해서 조직이 정말로 수평적인 구조를 확립할 수 있을까? 국내의 다른 인터넷·게임 회사들 중에도 그 정도 문화를 지닌 회사들은 꽤 있다. 하지만 그렇다고 해서 그 회사들이 완전히 수평적인 조직구조인 것은 아니다. 분명히 조직장이 있고 그들이 실질적인 권한을 가지고 조직을 이끌어간다. 만약 당신이 수평적인 조직에서 일한다고 하면 누군가는 질문할 것이다. "그러면 평가는 누가 하나요?" 당연히 누구든 평가를 하는 사람이 있을 것이라고 대답하면 다시 질문이 이어질 것이다. "그렇다면 그 사람이 사실상 보스 아닌가요?" 이쯤 되면 부정하기 힘들어진다. 사실 직장 생활에서는 누구든지 자신을 평가하는 사람의 눈치를 본다. 그렇다면 대체 수평적인 조직문화는 어떤 것일까?

이에 대한 답은 의사 결정 방식과 관련이 있다고 생각한다. 누구든 자유롭게 의견을 낼 수 있고, 누가 제안했느냐에 관계없이 함께 진지하게 검토하고 최선의 결론을 내릴 수 있는 조직이 수평적인 조직이 아닐까? 이건 조직구조 자체의 문제는 아니다. 수직적으로 보이는 조직구조라고 해도 운영하는 방식에 따라서 얼마든지 수평적인 분위기를 만들어낼 수 있다. 실제로 호칭을 '님'으로 하거나 직급을 없애는 등의 장치들이 수평적인 분위기를 만드는 데 도움이 되는 측면도 있다. 수평적인 조직이라 해도 개인의 능력이나 경험에 차이가 있기 때문에 실제로는 리더가 생각하는 대로 가는 경우가 더 많다. 하지만 그 과정에서 다른 사람들도 충분히 의견을 내고 열린 자세로 논의할 수 있다면 그것이 바로 수평적인 조직문화라고 생각한다.

쿠팡도 작은 규모가 아니라서 조직마다 분위기가 많이 다르지만, 내가 경험했던 IT 개발 부서 쪽은 제법 수평적인 문화에 가까웠고, 실제로 개발을 하는 엔지니어들에게 자율성이 많이 주어지는 분위기였다. 그런데 과연 이런 구조를 가진 조직이 일을 효율적으로 할 수 있을까? 두 가지 문제를 살펴볼 만하다. 첫째, 회사 차원에서 방향을 정하고 그 방향으로 강력하게 추진하려고 할 때 그게 과연 제대로 실현되느냐 하는 문제다. 둘째, 방향이 특별히 제시되지 않았을 때 구성원들이 제 할 일을 잘해낼 것이냐 하는 문제다. 여기서 PO의 역할이 중요하다. PO는 거시적인 관점에서 회사의 전략을 이해하고, 그에 따라 자기가 맡은 분야에서 세부적으로 할 일을 찾아 구성원들에게 제시하고 설득해야 한다. 결론은 '케이스 바이 케이스'이다. 이러한 문화에 적응해서 알아서 잘하는 경우도 있고 그렇지 못한 경우도 당연히 있다.

쿠팡에서는 수평적인 조직문화를 정착시키기 위해 다양한 노력을 하고 있다. 가령 인사 평가 기간이 아니더라도 다른 사람들에게 간단한 피드백을 하는 제도를 검토하고 있다. 수평적 조직구조에서 협업을 하다가 언제든 고마운 점이 있으면 긍정적인 피드백을 하고 불만족스러운 점이 있으면 부정적인 피드백을 해주는 것이다. 이런 자료들이 쌓여서 평가가 이루어진다면 보다 나은 조직문화가 정착되지 않을까 기대한다.

쿠팡에서는 바로 이 수평적인 조직문화 때문에 다른 회사에서는 도저히 불가능할 것 같은 일들이 많이 벌어진다. 개개인의 창의성이 극대화되기도 하고 동시에 심각한 비효율이 발생하기도 한다. 마치 미국의 신발 의류 전문 이커머스 사이트인 자포스를 보는 듯하다. 자포스의 토니 셰이는 1999년에 회사를 설립하여 2009년에 매각했다. 아마존을 상대로 12억 달러에 회사를 매각한 이후에도 CEO로서 회사의 혁신을 주도했는데, 그는 어느 순간 혁신이 점차 퇴색하고 있다고 느꼈다. "나를 비롯한 조직 내 많은 직원들 중 관리자층이 점차 더 두터워지는 것 같은 느낌을 받았다"라는 것이 토니의 이야기다. 결국 그는 전통적인 수직적 조직구조를 벗어나서 '홀라크라시' 즉, 관리자 없는 조직구조를 도입했다.

부작용은 심각했다. 회의가 지나치게 많아지면서 커뮤니케이션에 비효율이 발생했고, 그 결과 1500명 규모의 회사에서 200명 정도가 퇴사를 했다. 그만둔 이들은 대부분 관리자층이었다. 홀라크라시를 도입한 기업 가운데 20퍼센트는 1년 안에 이 방식을 포기한다고 한다. 자포스의 경우는 조금씩 성과를 내고 있다지만 이 실험은 아직도 현재 진행형이다.

홀라크라시처럼 체계적인 접근 방법은 아니지만 쿠팡도 비슷한 실험을 하고 있다. 어쩌면 언젠가 진짜로 홀라크라시 컨설팅을 받아서 조직 전체로 도입하자고 할지도 모른다. 쿠팡이 실행하는 대담한 시도 가운데 아마도 가장 큰 모험은 바로 이 수평적인 조직문화를 지향하는 것이 아닐까? 작은 스타트업이라면 수평적인 조직구조가 충분히 가능하지만 직원이 수천 명 규모인 회사에서는 어렵다. 워낙 한국 사회가 수직적인 조직문화에 익숙한 만큼 분명히 부작용도 많다. 회

쿠팡, 우리가 혁신하는 이유

의가 늘어나고 커뮤니케이션 비용이 올라간다. 리더십의 공백이 보이기도 한다. 하지만 긍정적인 결과도 눈에 들어오고 있다. 이러한 조직구조가 제대로 정착된다면 분명 하나의 이상적인 모델이 될 것이다.

"왜 아마존을 그만두고
쿠팡에 왔냐고?"

'글로벌 회사'라고 하면 어떤 이미지가 떠오르는가? 전 세계를 대상으로 물건을 팔거나 비즈니스를 한다면 글로벌 회사라고 할 수 있을 것이다. 공장을 아웃소싱해서 해외에 생산기지를 두었다면 그 또한 글로벌 기업이라고 할 수 있을 것이다. 아예 현지에 생산기지를 짓고 근로자를 고용해 그 나라에서 직접 판매까지 하면 제법 활발하게 글로벌 비즈니스를 하고 있다고 볼 수 있지 않을까?

쿠팡은 약간 다른 의미에서 '글로벌 회사'이다. 먼저 미국과 중국에 개발 오피스가 있다. 여기서 일하는 사람들은 대개 IT 쪽 인력, 즉 소프트웨어 엔지니어이거나 혹은 데이터 사이언티스트이다. 오피스도 제법 좋은 곳에 위치해 있다. 미국 오피스의 경우 샌프란시스코

인근의 멘로파크 지역에 있는데 이 곳은 생활 여건이 좋아 땅값이 엄청나게 비싸다고 한다. 한국으로 치면 청담동쯤 되는 곳인가 보다. 그곳에서는 본사 개발 오피스와 협업하여 쿠팡의 한국 서비스를 개선해나가는 작업을 하고 있다.

또한 쿠팡은 한국에서 비즈니스를 하는 회사인데 실질적인 리더들은 상당수가 미국인들이다. 그것도 한국말을 거의 못하는 백인이나 인도계, 중국계 미국인들이 많다. 내 상사였던 비백 또한 한국말을 거의 못했다. 처음 배운 한국말이 "언제까지 돼요?"였다(일이 마음대로 안 돼서 어지간히 답답했나 보다). 한국어를 잘하는 한국계도 있지만, 내가 직접 부딪혀본 바로는 이들은 어려서부터 해외에 나가서 생활을 한 사람들이기에 정서상으로는 한국인답지 않다.

그들이 쿠팡에 오게 된 경로는 대충 세 가지 정도가 있다. 첫 번째는 벤처 회사를 운영하다가 M&A를 통해 쿠팡에 입사하게 된 경우다. 두 번째는 CEO가 직접 설득해서 데리고 온 경우다. 이 경우는 아마존 출신이 많은 편인데, 아무래도 아마존이 쿠팡의 주요 벤치마킹 대상 중 하나이다 보니 그런 것 같았다. 이 중 한 동료에게 "왜 아마존 그만두고 쿠팡으로 왔느냐?"라고 물어봤더니, 아마존이 너무 지겨웠다고 말했다(정확히는 boring이라는 표현을 썼다). 아마존에서는 이미 완전히 비즈니스가 정립되어 있어서 더 이상 할 것이 없었다는 것이다. 그런데 사실 이것은 아마존을 떠날 이유는 되어도 쿠팡을 선택할 이유는 되지 않는것 같아 좀 더 물어보니 이렇게 대답했다. 쿠팡은 초기 단계에서 빠르게 성장하는 회사이기에 이곳에서는 재미있는 일들이 많을 것 같아서 왔다고. 그리고 대표인 범과 이야기를 해봤더니 매우 똑똑하다고 느꼈고 이 사람과 함께 일을 하면 재미있을 것 같았다는 것이다. 그 동료는 아마존에서 거의 10년 가까운 경력을 쌓은 시니어였다. 또 다른 동료에게 물어보니 비슷한 이야기를 들려줬다. 원래는 범이 아마존에서 함께 일하던 자신의 상사에게 연락을 취했는데, 그 상사는 별로 관심이 없었고 대신 자신을 추천해서 오게 되었다는 것이다. 그 역시 경력 5~10년차 사이의 시니어였다.

세 번째는 이미 쿠팡에 와 있는 사람이 같이 일해보자고 권유한 경우이다. 20대 중반 정도였고, 아마존이 첫 직장인데 2~3년 정도 일을 했다는 친구가 있었다. 그는 아마존에서 자신의 보스였던 사람이 쿠팡에 오면서 함께 가자고 권유했다고 한다. 앞의 두 사람은 리더급인 반면 이 친구는 리더급은 아니고, 리더와 함께 일하면서 실제 업무 프로세스를 살펴보고 개선하는 PM Project Manager 직책이었다.

그 밖에도 쿠팡에서는 소위 글로벌하다고 할 만한 시도를 여러 가지 하고 있다. 한번은 처음 보는 외국인 수십 명이 회사에서 단체로 왔다 갔다 하는 것을 목격했다. 특이한 것은 다양한 인종이 섞여 있고, 나이가 매우 어려 보인다는 점이었다. 무슨 일인가 해서 물어봤더니 미국의 유명 MBA 졸업 예정자들을 본사 오피스로 초청해서 견학시켜주는 것이라고 했다. 실제로 그들로부터 지원서를 받았는지는 모르겠지만 쿠팡은 계속해서 다양한 노력을 하고 있다.

진정한 글로벌
기업의 조건

_____ 한국에서 비즈니스를 하고 있고, 직원의 90 퍼센트 이상이 한국인인 회사에서 과연 '글로벌한' 조직구조가 제대로 정착될 수 있을까? 한국 기업들 중에서도 이런 시도를 한 회사가 있었다. 2000년대 중반, 글로벌 비즈니스를 하는 모 대기업 계열사에서 임원진을 미국에서 데려와 앉혔던 적이 있었다. 하지만 소통이 안 되어 계속해서 갈등이 불거졌다. 언어도 문제였지만 문화적인 차이가 컸다. 가령 임원진과 함께 하는 회의가 끝나면 나중에 부장급 이하의 한국인들끼리 따로 모여서 회의를 했다. 실무진과 소통이 제대로 안 되는 상황에서 일이 제대로 돌아갈 리가 없다. 외국인 임원들은 자신을 뽑아준 사장만 바라보겠지만, 상황이 그쯤 되면 사장도 어쩔 수 없다. 회사 직원 전체를 바꾸든지 아니면 임원진을 바꾸는 수밖에 없다. 그 회사는 결국 몇 년 못 가 다시 한국인들로 임원진을 채웠다고 한다.

물론 성공한 사례도 있다. 기아 자동차의 경우에는 아우디 출신의 디자이너 피터 슈라이어를 부사장 직급으로 영입해서 디자인을 맡겼고 그 이후로 내놓는 차들의 디자인이 호평을 받으면서 브랜드 평가가 급상승했다. 물론 일의 성격은 좀 다르다. 즉 사람을 관리하는 일에 비해 디자인은 독립적으로 할 수 있는 일이다. 혹시 이러한 차이가 성패를 가른 원인이 되지 않았을까?

어쨌든 글로벌한 조직구조를 갖추고자 할 경우에 어떤 문제가 생길 수 있는지 나는 쿠팡에서 직접 목격할 수 있었다. 또 해결책도 조금은 알게 됐다.

먼저 언어 문제는 불가피하다. 쿠팡에는 통역사들이 충분히 있어서 회의를 진행하거나 일대일로 이야기를 할 때 언어 문제에 대한 도움을 받을 수 있다. 그럼에도 완전한 커뮤니케이션이 이루어지지는 않는다. 일단 통역을 거치면 거친 표현도 많이 순화되어 점잖은 말로 바뀐다. 내용 자체는 전달이 된 것 같지만 그 밑에 깔려 있는 뉘앙스나 분위기는 아무래도 100퍼센트 전달되지 않는다. 게다가 엔지니어들이 하는 기술적인 이슈들에 관한 대화를 엔지니어가 아닌 사람이 중간에서 통역을 한다는 것도 힘든 일이다. 엔지니어 영역에 있는 사람과 비즈니스 영역에 있는 사람이 대화를 하는 것도 어려운데 여기에 언어 장벽까지 끼어버리면 깊이 있는 커뮤니케이션은 더 어려워진다. 이뿐만이 아니다. 이렇게 되면 일상적인 대화 없이 일 이야기만 하게 된다. 커피 마시고 잡담도 하면서 어느 정도 서로를 이해하고 친해져야 업무도 편하게 진행할 수가 있는데, 이게 안 된다.

나도 영어권 국가에서 살아본 경험은 없다. 그 흔한 어학연수도 가본 적이 없기에 영어에 자신이 없어서 처음에는 외국인 직원과 이야기를 할 때 통역사들의 도움을 받았다. 하지만 직접 부딪혀보니 한계가 명확히 느껴졌다. 시간도 오래 걸리고 아무 때고 제약 없이 커뮤니케이션을 할 수가 없었다. 더구나 통역을 통하면 뉘앙스가 미묘하게 바뀐다. 그래서 조금 서투르더라도 통역을 거치지 않고 직접 이야기하기 시작했다. 심지어 한국어를 할 수 있는 한국계 미국인들과 대화할 때에도 연습하는 셈 치고 영어로 말했다. 대체 한국에서 회사 다니면서 왜 이래야 하나 싶기도 했지만, 관점을 바꾸어 생각하니 실전에서 비즈니스 영어를 연습할 기회이기도 했다. 게다가 잘 안 되면 도와줄 통역사들도 있었고, 상대방이 내가 영어가 모국어가 아니라는 점을 알고 이해를 해줄 뿐만 아니라 내가 영어로 직접 대화하기 위해 노력을 하면 그만큼 고마워하는 환경이기도 했다.

이것은 충분히 좋은 기회라고 할 수 있지 않을까? 영어 커뮤니케이션이 가능하면 앞으로 한국에서 비즈니스를 하는 외국계 회사에 다니게 될 수도 있고, 혹시 해외로 나갈 기회가 생길지도 모르는 일이다. 실제로 해보면 그리 어려운 일도 아니다. 처음에는 좀 힘들었지만 한 3개월 정도 지나고 나니 대화는 그럭저럭 할 만하다는 생각이 들었고, 중간중간 농담을 할 여유도 생겼다. 여전히 미국인들끼리 하는 이야기를 옆에서 엿듣는 것은 힘들었지만 말이다.

진정한 글로벌 기업은 어떤 것일까? 한국 경제를 이끌고 있는 대표 기업들은 대부분 한국에서 생산한 상품을 해외에 수출하는 형태로 규모의 경제를 이루며 성장해왔다. 이런 부분도 당연히 세계화의 일부이고 이런 방면에서는 성공해왔다고 할 수 있지만 이제는 그 이상을 생각해야 할 때다. 그다음 단계는 비즈니스의 방향을 잡고 제품을 기획하고 설계하는 단계에서부터 국제적 시각과 관점을 녹여내는 것인데, 이것을 한국 사람들만 모여서 이뤄내기는 어렵다. 다양한 문화와 다양한 배경을 가진 사람들이 한데 어울려서 협업할 수 있는 환경이 필요하다. 이런 환경을 조성하는 것은 지금까지도 한국 기업들이 직면한 난제다.

쿠팡은 비록 불완전할지라도 세계 각지에서 온 사람들과 함께 일하는 환경을 만들고 있다. 이런 환경은 그들이 수용할 수 있는 조직문화를 만들어놨기 때문에 가능하다. 한국 기업들이 다음 단계로 발전하기 위해서는 쿠팡과 마찬가지로 조직문화를 개선해야 한다. 의사 결정의 효율성이나 창의성의 극대화를 위해서이기도 하지만 새로운 문화가 갖춰져 있어야 비로소 진정한 의미의 글로벌 기업으로 거듭날 수 있기 때문이다.

coupang

로켓배송은 어떻게
탄생되었는가

쿠팡이 최근 언론에서 많이 언급되는 이유 가운데 하나로 로켓배송
이 있다. 2014년부터 일부 품목은 쿠팡 직원이 쿠팡 티셔츠를 입고서
직접 쿠팡 로고가 찍힌 차를 몰며 고객들에게 배송하고 있다. 이 서
비스에 대한 시장의 반응이 꽤 좋다. 로켓배송 서비스에 관한 이야기
는 회사의 문화를 엿볼 수 있는 축소판이기도 하다. 구체적인 내용을
살펴보면 곳곳에 파격적인 요소들이 있다.

일반적으로 택배기사들의 수입은 실적제이다. 편차는 있지만 택배
한 건당 대략 800원 정도가 택배기사의 몫이라고 한다. 그런데 그나
마 벌어들인 돈에서 유류비나 통신비, 차량유지비나 차량할부금 같
은 비용을 내야 한다. 숙련된 택배기사의 경우 하루에 250건가량의

물동량을 처리할 수 있다. 이 경우 한 달에 약 400만 원, 제반 비용을 제하면 300만 원대 초반의 소득을 올릴 수 있다고 한다.

그런데 쿠팡은 월급을 받는 정직원으로 택배기사를 채용한다는 이야기가 들렸다. 정직원으로 채용하면 즉시 고정비가 생기고 고용유연성이 떨어진다. 쉽게 말해서 회사 입장에서는 월급이 계속 나가고 자르기도 쉽지 않다는 의미다. 이건 경영자에게는 큰 부담이다. 나는 '물동량 안 나오면 대체 어떻게 감당하려고 저렇게 하나?'하고 궁금해했다. 나중에 좀 더 정확한 사정을 알아보니 처음부터 정직원으로 채용하는 것은 아니었다. 먼저 계약직으로 채용한 다음 일정 기간 후에 심사를 통해 정직원으로 전환해주는 시스템이었다. 하지만 그렇다고 해도 상황은 크게 다르지 않았다.

어쨌든 쿠팡은 로켓배송이라는 브랜드로 직접 배송 서비스를 시작했다. 아니나 다를까, 물동량이 안 나온다는 소문이 들렸다. 쿠팡의 택배기사를 쿠팡맨이라고 하는데, 이들이 하루에 배송하는 물량이 20~30개에 불과하는 것이다. 이러다가 회사가 망하지나 않을까 하는 생각까지도 했다. 과연 이 서비스를 끝까지 밀어붙일 수 있을까?

쿠팡맨은 어떻게 일할까?

─────────── 일이 이 지경이 되었는데도 회사는 물러날 생각이 조금도 없었다. 로켓배송의 대상 품목을 늘려서 어떻게든 물동량을 끌어올리는 방향으로 강력하게 밀어붙였다. 쿠팡맨들은 배송

쿠팡, 우리가 혁신하는 이유

물량이 적어 생기는 시간적인 여유를 서비스의 질을 높이는 데 투자했다. 예를 들면 고객이 부재중인 경우에 택배 상자를 문 앞에 놔두고 사진을 찍어 보내거나 고객과 카톡으로 보다 부드러운 소통을 하는 식이다.

그 효과는 조금씩 나타나기 시작했다. 쿠팡의 배송 서비스가 일반 대중들에게 알려지기 시작한 것이다. 쿠팡이 직접 배송을 하는 상품 중에는 육아용품도 많아서 배송 서비스를 받는 사람들 중에는 집에서 아기를 키우는 젊은 주부가 많다. 이들은 배송 서비스에 몹시 민감하다. 현관문 벨이 울리면 아기가 깰까 봐 걱정이고, 아무리 택배기사라고 해도 낯선 사람이 집에 찾아오는 것을 부담스러워한다. 이런 고객의 눈에는 특히 쿠팡의 배송 서비스가 확 들어온다. 이들이 인터넷 공간에 올린 쿠팡맨의 친절에 관한 이야기가 사람들 입에 오르내리기 시작했다. 뿐만이 아니다. 쿠팡맨이 몰고 다니는 화물차에는 쿠팡 로고가 찍혀 있고 실제 배송을 할 때에도 쿠팡맨은 쿠팡 로고가 찍혀 있는 티셔츠를 입고 일을 한다. 자연히 사람들 눈에 더 많이 띄고 이런 것 하나하나가 브랜드를 만들어간 것이다.

시간이 좀 더 흐르자 서비스가 자리를 잡아가고 있다는 증거들이 나타나기 시작했다. 쿠팡맨이 물동량을 감당하지 못하고 있어 본사 직원들 가운데 쿠팡맨을 자원해서 도울 사람을 찾는다는 공지가 사내 게시판에 뜬 것이다. 회사에서 이벤트를 하거나 해서 주문이 몰릴 때에는 이런 일까지 종종 생겼다. 나도 쿠팡맨들이 어떻게 일을 하는지 궁금했고 고객과 직접 만나보는 것도 좋은 경험이라고 생각해서 가보고 싶었지만 일정이 안 맞아 못 갔다. 다녀온 분들에게 어땠느냐고 물어보니 쿠팡맨들이 얼마나 힘들게 일하는지를 몸소 느꼈단다. 너무나 고맙고, 또 인터넷으로 물은 주문하지 말아야겠다는 말도 했다. 무거워서 배송하기 힘들다는 것이다. 사실 쿠팡의 조직문화에서 나오는 경쟁력이 이런 것이다. 다른 일을 하는 동료들에게 전혀 강제성 없이 참여해달라고 요청하면, 별도의 보상도 없는 일에 직원들이 적극적으로 자원한다.

이후 물동량이 점차 늘어나면서 업무 강도가 높아져 더 이상 여유로운 배송을 행할 수는 없게 되었다. 자연히 배송 한 건에 투자하는 시간이 줄어들어 세심한 서비스는 더 이상 유지하기가 힘들어지고 있다. 하지만 여전히 중요하다고 판단되는 서비스는 지속적으로 유지해나가고 있고 그것이 힘들 경우 추가 인력을 투입하고 있다. 쿠팡맨 인력 규모가 1000명을 넘긴 지 벌써 오래전이고, 아직까지도 공격적으로 그 수를 늘리고 있다. 결과적으로 배송 서비스의 질을 직접 관리하겠다고 했던 당초의 의도는 어느 정도 성과를 내고 있는 셈이다.

회사로부터 존중받는다는 느낌

_____ 더 나은 배송 서비스가 가능해진 이유가 뭘까? 첫째, 1인당 처리하는 물동량이 적어 시간적인 여유가 생겼기 때문이다. 하지만 그것만으로는 부족하다. 더 나은 서비스는 책임감과 자부심이 없으면 불가능하다. 그렇다면 어떻게 직원의 책임감과

자부심이 강해질까? 나는 그 비밀이 교육과 조직문화 그리고 대우에 있다고 생각한다. 쿠팡맨 교육은 별도로 진행하는데, 직접 그 교육을 받아보지는 않았지만 나는 충분히 짐작할 수 있다. 요약하자면 '회사에서는 배송 서비스를 매우 중요하게 여기며, 그 일을 일선에서 직접 담당하고 있는 여러분들을 소중하게 생각한다. 그러니 책임감과 자부심을 가지고 일해 달라'와 같은 메시지가 교육을 통해 밀도 있게 전달되는 것이다. 하지만 교육을 아무리 열심히 해도 현실에서 그 사실을 피부로 느끼지 못하면 소용없을 것이다. 말은 그렇게 해놓고 비정규직에 박봉으로 대접한다면 어느 직원이 수긍하겠는가? 당연히 적당히 하다가 조금이라도 더 나은 곳이 있으면 이직을 할 것이다.

쿠팡맨은 대우가 제법 괜찮은 편이다. 대부분 실적제로 운영되는 택배업계에서 고정적인 수입이 보장되는 월급제 직원으로 채용한다는 것 자체가 파격인데다 급여도 나쁘지 않다. 쿠팡맨 1년차 연봉이 최대 3800만 원이라고 알려져 있다. 이 정도면 실적제로 일하는 베테랑 택배기사와 비슷하거나 약간 더 좋은 수준이다. 실제로 도저히 쿠팡맨으로 일할 것 같지 않은 사람이 지원한 경우도 있었다. 서울에 있는 명문대학교를 나왔고 대기업 계열사에서 과장까지 했던 사람이었다.

이른바 '오버스펙'이라고 생각해서 떨어뜨릴까 하다가 혹시나 해서 면접을 보니 지원자의 사연이 줄줄이 나왔다. 대기업에서 과장까지 하면서 안정적인 생활을 누리다가 회사 사정이 안 좋아지는 바람에 구조조정으로 퇴직을 하게 되었단다. 다른 직장을 잡는 것이 별반 어렵지 않을 것으로 생각했지만 현실은 달랐다. 반년 동안 거의

100여 군데에 이력서를 냈지만 전부 거절당했다. 그래서 자기는 정말로 절실하다고, 이 정도 월급과 대우라면 쿠팡맨으로서 정말 열심히 하겠다는 이야기였다. 그는 결국 채용이 됐고 실제로 일을 대하는 태도와 실적 역시 무척 훌륭했다고 한다.

쿠팡에서는 매년 한 번씩 패밀리데이라는 행사를 진행한다. 일종의 창립기념일 같은 것인데 지방에서 근무하는 사람을 포함해서 전 직원이 리조트에 모여 회사의 성과와 비전을 공유하고 축제처럼 함께 즐기는 행사이다. 2014년 행사에서 어느 쿠팡맨의 사례가 소개된 적이 있다. 쿠팡맨으로서 일을 통해 고객에게 행복을 전달하고, 거기서 보람을 느껴 본인이 행복해졌으며, 그 변화를 가족들이 느껴 그들까지 행복해졌다는 이야기가 동영상으로 만들어져 전 직원 앞에서 상영되었다.

물론 어느 정도는 동영상에 연출된 부분도 있고, 사실 쿠팡맨 모두가 그렇게 만족스러운 삶을 사는 것은 아닐 수 있다. 업무여건이나 업무강도에 대한 불만도 많고, 정직원이 되었다가도 그만두고 나가는 사람들도 많다. 하지만 그러한 사례를 찾아 전사 차원에서 널리 알린다는 것만으로도 그들이 뿌듯함을 느끼는 데 도움이 되지 않을까? 실제로 다른 부서 직원들도 대부분 쿠팡맨이 회사의 경쟁력에서 중요한 부분을 차지한다고 생각하고 있다. 힘들게 일하고 있다는 것을 알고 고맙게 생각한다.

쿠팡의 첫 번째 핵심가치인 'Wow'는 자포스를 벤치마킹한 것이다. 사실 Wow라는 가치에는 감성적인 뉘앙스가 많이 섞여 있다. Wow와 같은 가치가 고객들에게 전달되려면 채찍질로는 안 된다. 일선에서 서비스를 제공하는 직원들이 본인들도 회사로부터 존중을 받는다는 느낌이 들어야 그 가치가 자연스럽게 고객에게도 전달된다.

그렇다면 어떻게 해야 직원들이 회사로부터 존중받는다는 느낌을 받을 수 있을까? 쿠팡은 이를 위해서 존중하고 소통하고 기회가 있을 때마다 공개적으로 감사를 표시한다. 말로만 하는 것은 당연히 부족하다. 연봉 등을 포함한 실질적인 대우도 제대로 해주어야 한다. 쿠팡은 이를 실천함으로서 회사가 추구하는 가치를 고객들에게 실제로 전달하고 있다.

최선의 답을
찾아내는 과정이 다르다

우리는 언제나 완성품만을 본다. 피겨스케이팅의 김연아 선수를 생각해보자. 우리 대부분은 그녀가 선수로서 완전히 완성되어 큰 무대에서 선보이는 환상적인 모습만을 볼 수 있다. 하지만 이런 영광의 시간은 그녀의 인생에서 극히 일부이다. 그 인생의 99퍼센트는 아무도 봐주지 않는 연습장에서 혼자 발이 찢어지도록 연습하는 데 투자한 시간일 것이다.

비즈니스 또한 마찬가지이다. 우리는 이미 완성된 상품이나 서비스만을 본다. 적절한 돈만 지불하면 기업은 내가 원하는 것을 척척 제공한다. 그 상품이나 서비스는 현재까지 그 기업이 찾아낸 최선의 답이다. 그러면 기업은 어떻게 최선의 답을 찾아낼까?

인도에서는 세탁이 골치 아픈 일이다. 평균적인 소득 수준이 세탁기 가격을 감당할 정도가 안 되어 세탁기 보급률이 7퍼센트도 채 안된다. 그래서 대부분의 사람들은 집에서 직접 손빨래를 하거나 아니면 세탁만 전문적으로 하는 사람들에게 빨래를 맡긴다. 세탁을 직업으로 하는 사람들도 정교하고 효율적으로 일한다고 보기는 어렵다. 빨랫감을 가지고 가까운 강으로 가서 역시 손으로 직접 세탁을 하고 말려서 가져다 주는 정도이다. 빨랫감을 맡기면 세탁이 끝나 돌려받는 데 며칠이나 걸린다.

뭔가 지독하게 비효율적이라는 생각이 들지 않는가? 세탁기를 싣고 다니면서 사람들에게 옷 따위를 받아 세탁을 해서 되돌려주는 사업을 하면 충분히 돈이 될 것 같다. 그런데 다른 한 편으로는 의문이 생기기도 한다. 과연 진짜로 이게 돈이 될까? 혹시 사업을 시작했다가 생각대로 되지 않아 막대한 손실을 입고 망하는 것은 아닐까? 이 사업이 될지 안 될지 사전에 알 방법은 없을까? 대체 누구에게 물어봐야 그 답을 들을 수 있을까?

최소 비용으로
시장성을 검증하라

_____ 세탁기를 싣고 다니면서 세탁물을 받는 사업을 실제로 진행했던 VLS Village Laundry System 라는 회사가 초창기에 했던 질문들이 바로 위와 같은 것들이었다. 이 비즈니스를 하는 데 있어서 가장 근본적인 전제는 다음과 같다. '세탁기를 차에 싣고 다

니면서 세탁물을 받으면 아마도 사람들이 돈을 내고 세탁물을 맡길 것이다.' 그러나 이 전제는 매우 위험하다. 위험하다는 말은 만약 이 전제가 사실이 아니라고 하면 비즈니스의 근간이 흔들려버릴 수도 있다는 뜻이다. 이 가설이 사실인지 아닌지를 어떻게 최소한의 비용으로 검증할 수 있을까?

VLS는 실험을 실시했다. 첫 실험에서 소비자용 세탁기를 소형 트럭 뒤에 실어서 시내 길모퉁이에 주차시켜놓고 세탁물을 받았다. 그렇다고 해서 트럭에 실려 있는 세탁기에서 세탁을 한 것은 아니었다. 트럭과 세탁기는 단순히 전시용이었고, 실제로 세탁은 다른 곳에서 한 뒤 하루가 저물 때쯤 고객에게 돌려주었다. 만약에 이렇게 실험했을 때 사람들이 세탁물을 맡기지 않는다면 이 사업은 더 해볼 필요도 없을 것이라고 판단했다.

간단한 실험이었지만 VLS는 이 실험을 통해 여러 추가 사항에 대해 생각해볼 수 있게 되었다. 더 많은 사람들이 트럭으로 오도록 유도하기 위해서는 어떻게 해야 하는지, 고객이 원하는 것은 세탁 속도인지 청결함인지 등을 알아볼 수 있었다. 웃기는 이야기지만 고객들은 세탁기가 트럭 뒤에 실려 있는 것을 보고 VLS가 세탁물을 가지고 도망가지 않을까 우려하기도 했다. 회사는 실험을 거듭하면서 사람들이 어느 서비스에 가장 관심이 있는지, 어느 가격에 기꺼이 돈을 내려고 하는지 이해하게 되었다. 옷이 다림질되는 것을 바라기도 하고, 옷을 20시간이 아니라 네 시간 내로 돌려받는다면 요금을 두 배로 낼 의향이 있다는 사실도 발견했다.

이러한 실험의 결과로 VLS는 최종 제품을 디자인할 수 있었다. 이

동식 가판대에 전력 효율이 좋은 소비자용 세탁기와 건조기, 그리고 특별히 긴 연장 코드를 집어넣었다. 이렇게 해서 만들어진 서비스는 엄청난 속도로 성장했다.

MVP라고 하는 용어가 있다. 보통 사람들에게는 최우수 선수Most Valuable Player를 말하지만 쿠팡에서는 최소한의 사용 가능한 제품 Minimum Viable Product을 의미한다. 쿠팡은 비즈니스를 끊임없는 가설 검증의 과정으로 본다. 다양한 가설을 세우고 그 가설이 맞는지 실제로 테스트할 수 있는 방법을 찾는다. 이때 가설을 검증하는 수단이 MVP이다. 서비스 전체에 적용하기가 어렵다면 최소한으로 줄여서 과연 가설이 실제로 작동하는지 여부를 검증한다. 만약에 그 가설이 작동한다면 점차 확대 적용하고 그렇지 않다면 방향을 튼다.

두 시간 배송 서비스 같은 것이 그 예다. 전국 어디에서 주문을 하든지 두 시간 안에 배송하는 서비스를 구축하는 것은 막대한 투자를 필요로 한다. 정작 투자해서 배송 서비스망을 구축해놓은 후에 고객들의 반응이 미지근하다면 큰일이다. 하지만 물류 센터에서 가까운 지역에 한정한다면 추가적인 투자 없이 할 수 있기 때문에 시험 삼아 해볼 만하다. 잘되면 처음에 생각한 방향대로 투자를 하면서 서비스 지역을 늘려가면 되는 것이고 안 되더라도 큰 타격은 없다.

결국 두 시간 배송 서비스는 생각보다 효과가 크지 않다는 이유로 2016년 9월에 중단되었지만 어쨌든 의미 있는 시도였다. 효과가 클지 아닐지는 실제로 해보기 전에는 모르기에 현재 있는 인프라를 최대한 활용해서 제한적으로 시험한 것이다. 만약 실제로 효과가 있다는 결론이 나서 확대했다면 또 하나의 혁신 성공 사례가 되었을 것이다.

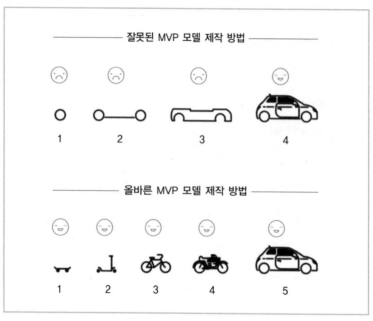

그림 1 **잘못된 MVP와 올바른 MVP 모델**

새로운 시도가
어렵지 않은 분위기

————————————— 보통 IT 서비스를 하는 회사에서는 기존
의 서비스를 개선하거나 새로운 시도를 하는 데 긴 시간이 걸리는 편
이다. 뭐 하나 바꾸려고 하면 아무리 작은 변화라고 해도 허락을 많
이 받아야 한다. 해당 서비스를 책임지고 있는 담당자를 설득해야 하
고, 기획부터 시작해서 디자인, 개발, 테스트에 이르기까지 시간이 제
법 걸린다. 그리고 보통은 설득도 잘 안 된다. 자신이 담당자가 아니
면 뭔가 아이디어가 있어도 '담당자가 알아서 잘하겠지'라는 생각으
로 신경을 안 쓰는 분위기가 되는 경우가 많다.

쿠팡의 조직문화의 장점 중 하나는 어떤 새로운 시도를 해보려고 할 때 너무 어렵게 접근하지 않는다는 것이다. 보통의 회사라면 뭐 하나 바꾸려 해도 벌벌 떠는 경우가 많지만 쿠팡에서는 적어도 의사결정 측면에서의 장벽은 거의 없다. 뭔가 아이디어를 내면 "한번 최소한으로 해서 MVP 만들고 실험을 해보죠"와 같은 반응이 주로 나온다. "그거 하려면 누구누구한테 승인받아야 해요"와 같은 의사결정 측면에서의 장벽은 거의 존재하지 않는다.

물론 일이 항상 아름답게 진행되지는 않는다. 아무리 고민을 해도 가설을 검증할 방법이 쉽게 떠오르지 않는 경우도 많다. 그리고 의사결정에서 문제가 없더라도 실제 진행 단계에서 여러 가지 문제들이 생기기도 한다. 하지만 조직 전반적으로 이런 문화가 조성이 되어 있다는 점은 제법 큰 강점이다.

이런 식으로 일을 하면 위험하지 않을까 우려하는 이도 있을 것이다. 분명히 리스크도 존재한다. 이전보다 나쁜 방향으로 서비스가 움직이는 경우도 분명히 생긴다. 하지만 그 경우에 재빨리 확인하고 원위치로 되돌아올 수 있다면 별로 문제가 되지 않는다. 벰의 표현을 빌리자면, 일방통행이냐 양방향 통행이냐의 문제이다. 갔다가 되돌아올 수 있는 곳이라면 한번 가보면 된다. 아니면 재빨리 되돌아오면 그만이다. 하지만 한번 가면 되돌아올 수 없는 경우에는 신중해야 한다. 그런데 되돌아올 수 없는 경우는 1년에 채 몇 번 되지 않는다. 그러니 남들 눈치 보지 말고 다양한 시도를 해보라는 것이 회사의 입장이다. 이런 면은 분명히 쿠팡만의 특징이라고 할 수 있다.

이러한 분위기의 근간에 깔려 있는 것이 회사의 핵심가치 중 하나인 'Fail fast'이다. 비즈니스를 하다 보면 당연히 실패를 할 수도 있다. 그러나 많은 조직에서 실패는 일을 진행한 사람의 평판을 떨어뜨려 동력을 상실하게 만든다. 실패도 충분히 가치가 있다고 말로는 쉽게 떠들 수 있지만 실제로 실패를 두려워하지 않는 분위기가 조성되어 있는 조직은 드물다. 그래서 가급적 실패는 숨기려고 한다. Fail fast 라는 핵심가치를 지니고 있는 쿠팡이라고 해서 실패를 좋아하는 것은 아니지만 실패에 대해 별로 신경을 안 쓰는 분위기인 것은 사실이다. 프로젝트를 진행하는 것은 복권을 뽑는 것과 같다. 열심히 하더라도 얼마든지 꽝이 나올 수 있는 것이다. 안 된다는 것을 확인하는 것도 나름의 성과다. 안 된다는 것을 알아냈다면 다른 일을 하면 된다.

혁신이 무서운가,
장애가 무서운가

인터넷 기반의 서비스를 하다 보면 다양한 문제에 직면한다. 아마도 엔지니어의 입장에서 가장 스트레스를 받는 때는 장애 상황, 즉 어떤 원인에 의해 서비스가 중단되는 상황일 것이다. 서비스가 중단되면 당장 사용자들이 큰 불편을 겪고 비즈니스 손실도 커진다. 무엇보다도 중요한 것은 고객의 신뢰를 잃게 된다는 점이다. 행여 사이트 전체가 다운되는 전면 장애라도 발생하면 IT 기반의 서비스를 하는 회사는 초비상에 걸린다. 장애 상황에서 복구되기까지 매초마다 손실이 발생하기 때문에 다른 모든 일에 우선해서 최단 시간에 복구를 해야 한다. 짧은 시간 안에 정확한 원인을 찾아서 제거하고 서비스를 재가동해야 한다. 해박한 지식과 풍부한 경험 없이는 해결이 불가능하다. 그래서 인터넷 서비스를 하는 회사에서는 엔지니어들의 진정한 실력이 장애 처리에서 나온다는 이야기도 많이들 한다.

사실 대부분의 장애는 거의 100퍼센트 IT 조직의 책임이다. 사용자가 입력을 잘못해서 장애가 터졌다? 이러한 변명은 절대로 통하지 않는다. 사용자가 어떠한 입력을 해도 장애가 발생하지 않도록 프로그램이 짜여 있어야 한다. 연계되어 있는 다른 모듈이 오작동을 해서 장애가 발생했다? 그 또한 마찬가지다. 연계된 다른 모듈이 오작동을 하더라도 내가 만든 프로그램은 어떻게든 작동해서 전체 서비스에 미치는 영향이 최소화되도록 설계되어 있어야 한다.

서비스가 너무 잘돼서 갑자기 사용자 숫자가 급증한 나머지 부하를 견디지 못하고 서버가 다운됐다? 이 경우는 사용자 수 증가를 제대로 예측하지 못한 비즈니스 조직에 책임이 있다. 그래도 이런 경우라면 좀 낫다. 생각 외로 너무 잘돼서 그런 거니까 누구를 비난하는 분위기는 아니다. 아마도 이 경우가 거의 유일하게 IT 조직이 책임을 면할 수 있는 것일 텐데, 그렇다고 해도 최대한 빨리 장비를 증설하든가 해서 복구할 수 있도록 위기에 대응할 계획이 마련되어 있어야 한다. IT 기반의 서비스를 하는 회사에서 장애란 이런 것이다.

쿠팡이 장애를
해결하는 방식

_____ 쿠팡도 IT 기반의 서비스를 하는 회사이기 때문에 크고 작은 장애가 계속해서 발생한다. 솔직히 말해서 내가 담

쿠팡, 우리가 혁신하는 이유

당했던 분야에서 장애가 발생한 적도 있었다. 장애가 발생하면 어떤 식으로 대응해야 할까? 장애에 대응하는 방식은 회사마다 조금씩 다르다. 쿠팡은 테크 리드Technical Lead들을 포함해서 주요 개발자 100명 이상이 보고 있는 카카오톡 단체 대화방이 있어 이곳을 통해 장애를 처리한다. 장애가 발생하면 누가 먼저랄 것도 없이 이 대화방을 통해 장애 내용을 전파한다. 대응 또한 수평 조직답게 각자 알아서 자신이 담당하고 있는 부분과 관련이 있는지를 집중적으로 살펴보고 스스로 해결한다. 특별히 지시하는 사람이 없는데도 다들 정말 열심히 한다. 누군가 문제의 근원을 찾았는데 자신이 직접 담당하는 부분이 아니라면 해당 모듈을 담당하는 조직에 알려준다.

IT 서비스를 하는 다른 회사에서 장애 대응 프로세스를 담당하는 분에게 이 이야기를 해주었더니 카카오톡에 장애가 나면 어쩌려고 그렇게 하느냐면서 배꼽을 잡고 웃었다. 프로세스가 너무 체계가 없지 않느냐는 것이다. 그런데 개인적으로는 이러한 대응 방법 자체는 나쁘다고 생각하지 않는다. 어쨌든 서비스 장애는 IT 조직에 있어서 영순위로 중요한 문제이니 가능한 한 많은 사람들에게 빨리 전파되어서 가능한 한 빨리 해결될 수 있으면 좋은 것 아닌가?

게다가 이런 방식으로는 한두 명이 빠져나가도 큰 문제 없이 대응이 이루어진다. 다만 이 시스템의 문제점은 너무 많은 사람들이 장애에 대해 신경을 쓰고 있고 자신과 직접적으로 관련이 없어도 알람을 확인해야 한다는 것이다. 일단 장애가 발생하면 주요 개발자 입장에서는 자신과 관련이 있는지를 살펴봐야 하니까 말이다. 이렇듯 약간의 비효율은 발생할지언정 대응은 빠르게 이루어진다. 기술조직의 리더 한 분에게 이 부분에 관해 물어봤을 때 들은 이야기가 있다. "장애 대응은 잘잘못이나 영역을 너무 명확하게 따지기보다는 서로 조금씩 영역이 겹쳐 있는 편이 더 좋아요. 그래야 서로 한 발짝씩 더 움직여서 공백 없이 책임 있게 처리하거든요." 이 말을 처음 들었을 때에는 약간 이해가 안 되었다. 다른 회사들과 상당히 다르다고 느꼈기 때문이다. 다른 회사에서는 큰 장애가 터지면 대번에 기술조직의 수장 입에서 "대체 어떤 XX가 이런 바보 같은 실수를 한 거야?!"라는 이야기부터 나온다. 그리고 소스코드 변경 이력을 조사해서 책임 소재가 어디에 있는지부터 따지는 것이 일반적이다. 심한 경우에는 문제를 일으킨 엔지니어를 회사에서 내보내는 경우도 있다. 사실 별로할 말은 없다. 인터넷 서비스를 크게 하는 회사에서는 장애 때문에 발생한 매출 손실을 냉정하게 계산하면 그 손실액이 문제를 일으킨 엔지니어의 연봉보다 많은 경우도 많으니까.

장애가 두려워
아무것도 못하는 상황이
최악이다

_____ 그렇다면 서비스 장애는 무조건 없애야 하는 것일까? 재미있는 것은 장애가 없는 것이 반드시 좋은 것은 아니라는 점이다. 장애가 나지 않게 하는 방법은 의외로 간단하다. IT 조직에서 아무 일도 안 하면 된다. 어느 이커머스 회사의 경우에는 기술조직의 수장인 CTO Chief Technology Officer 에게 주어지는 목표가 딱 하

나라고 한다. 서비스 가동률이 무려 99.95퍼센트가 되게 하는 것이다! 서비스 가동률이란 장애로 인해 중단되는 시간을 제외하고 서비스가 정상적으로 가동되는 시간을 의미한다. 저 가동률 수치를 연간으로 환산하면 허용되는 서비스 중단 시간이 1년에 약 4.4시간 이내라는 의미이다(두 시간이라고 하는 분도 있었는데, 두 시간이면 목표 가동률이 99.975퍼센트라야 맞는다. 어느 쪽이 맞는지는 모르겠지만 어느 쪽이든 참으로 대단한 목표치이다).

그런데 더욱 놀라운 것은 이 회사의 CTO는 매년 이 목표를 달성한다고 한다. 대체 어떻게 하는 것일까? 답은 서비스의 개선에 대해 극도로 보수적으로 접근하는 것이다. 이 회사에 근무했던 사람들의 이야기에 따르면 비즈니스를 하는 쪽에서 각종 기능 개선이나 요구 사항을 제시했을 때 IT 조직에서 지나치게 보수적으로 접근하는 바람에 비즈니스 조직에서 답답해한다고 한다. 조금이라도 장애가 날 가능성이 있으면 최대한 시간을 들여서 할 수 있는 대비는 다 하고 넘어가는 것이다. 당연히 간단한 일 하나 하는 데도 시간이 오래 걸리고 진행이 잘되지 않는다.

이쯤 되면 비즈니스 조직에서는 '아니, 구더기 무서워 장 못 담그나? 다른 회사들은 빠른 속도로 혁신을 만들어가고 있는데 이런 식으로 어떻게 경쟁을 하라는 거냐?' 하는 불만이 터져나올 만도 하다. 그렇다고 해서 IT 조직에 대해 뭐라 할 수도 없다. 그들을 평가하는 기준이 서비스 가동률이고, 그 목표를 충족시키지 못하면 당장에 인센티브가 나오지 않거나 심지어는 자리를 지키는 데 지장이 있기 때문이다. 이런 문제를 합리적으로 풀기 위해서는 기술조직을 평가하는 기준을 바꾸어야 하는데 이 회사의 경우에는 조직구조상의 문제 때문에 그것도 쉽지 않다고 한다. 충분히 있을 수 있고, 이해가 가는 상황이다.

쿠팡의 IT 조직은 장애가 두려워 아무것도 못하는 분위기는 아니다. 장애는 분명 치명적인 문제이지만 계속해서 혁신을 만들어내기 위한 시도를 하는 이상 장애가 발생하지 않을 수는 없다는 점을 분명히 인지하고 있다. 그래서 가능하면 엔지니어들이 장애를 두려워하지 않고 마음껏 다양한 시도를 할 수 있는 분위기를 조성하는 편이다. 이런 모습은 쿠팡의 핵심가치 가운데 하나인 Fail fast와도 일맥상통한다. 그러나 어쨌든 장애는 IT 조직에서 최대한 막아야 하는 악재이기도 하다. 공격적으로 혁신을 만들어내면서 동시에 장애를 최소한으로 줄이라는 것은 사실은 모순된 요구이지만, 쿠팡의 IT 조직은 이러한 상반된 요구사항 사이에서 균형을 맞추어나가고 있다.

요구사항이 상반되어 있는 만큼 혼란도 있다. 몇몇 엔지니어들은 말했다. "말은 그렇게 해놓고 결국 평가는 장애에 대해 하더라고요. 다른 건 잘 안 보는 것 같고요." 이런 말은 심지어 과거에 평가를 잘 받았던 엔지니어들의 입에서 나왔다.

직장 생활을 하는 이상 평가로부터 자유로운 사람은 아마 아무도 없을 것이다. 그러나 IT 조직에서 평가 기준이 장애와 관련된 것으로 정해진다면 앞서 소개한 이커머스 회사처럼, 엔지니어들은 결국 위축될 수밖에 없다. 그러한 상황에서 대체 어떻게 엔지니어들이 다양한 시도를 할 수 있도록 분위기를 조성할 수 있을까?

coupang

함께 뛰는
리더십을 만나다

한번은 쿠팡에서 심각한 장애가 생겼던 적이 있다. 쿠팡 사이트에서
과거 구매 내역이 조회되지 않는 상황이 발생한 것이다. 누군가는 그
게 뭐가 그리 대단한 문제인가 의아해할 수도 있지만 쿠팡에서는 꽤
심각한 문제였다. 쿠팡에는 지역 할인 티켓 서비스가 있다. 쿠팡에서
할인 티켓을 구매한 사람이 그 티켓을 사용하려면 본인이 티켓을 구
매했음을 현장에서 입증해야 하는데 이 부분이 불가능해진 것이다.
고객의 입장에서는 분명히 돈을 지불했음에도 불구하고 서비스를 받
을 수 없는 황당한 일이 발생한다. 더군다나 이 문제의 원인이 제대
로 파악되지 않아 복구하는 데 거의 반나절 가까운 시간이 걸렸다.
그동안 현장에서는 티켓이 없는 사람도 본인이 샀다고 주장하면 입

장을 시켜주고 그 부분에 대한 손실은 쿠팡이 책임지는 방식으로 임기응변을 하고 넘어갔지만 타격이 꽤 컸다. 당장 금전적인 손실만 해도 한 사람 몫의 연봉을 넘기고, 브랜드 이미지가 손상받은 것까지 생각하면 결코 그냥 넘어갈 문제가 아니었다. 이 사건이 바로 장애번호 184번이다.

사후 대책에 관한 메일이 개발조직을 타고 계속해서 돌다가 재발방지 대책을 세운 후 전체 엔지니어들에게 공유되고 끝이 나나 싶었는데, 갑자기 그 대책에 범이 이의를 제기했다. "이런 경우에는 포카요케를 하라고 하지 않았습니까? 이것은 포카요케(재발방지대책)라고 할 수 없습니다. 엔지니어들이 포카요케가 무엇인지 이해하지 못하고 있다면 심각한 문제입니다"라면서 CTO에게 압박을 가한 것이다. 사실 나도 포카요케가 뭔지 잘 몰랐기 때문에 이 메일을 받고 나서 관심이 생겨 한번 찾아봤다.

포카ぽか는 일본어로, 바둑이나 장기 따위를 둘 때 별것도 아닌 상황에서 어처구니없게 두는 악수를 일컫는다. 즉 실력 문제를 떠나서 누구라도 제대로 정신만 차리고 있으면 하지 않을 법한 바보 같은 실수를 뜻한다. 요케는 '피하다'라는 뜻을 가지고 있는 일본어 동사 요케루避ける의 명사형이다. 즉 포카요케는 '바보 같은 실수를 예방하기 위한 대비책' 정도 된다.

일본의 자동차 회사인 토요타에서는 문제가 발생했을 때 포카요케로 해결하고자 했다. 토요타의 경영 사례 또한 배울 점이 많아서 전 세계적으로 많이 연구되고 알려져 있는데, 포카요케도 그중 하나다. 토요타 공장의 생산라인에는 안돈 코드Andon cord라는 것이 있다. 제품

생산 과정에서 문제가 발생했을 때 이를 잡아당기면 생산라인 전체의 가동이 중단되고 도움이 필요하다는 것이 알려진다. 안돈 코드는 누구라도 잡아당길 수 있게 되어 있는 줄인데, 그런 다음에는 "왜?"라는 질문을 다섯 번 던져서 문제의 근본 원인을 찾아낸다. 그 원인을 제거한 다음에서야 공장 가동을 재개한다. 이러한 포카요케는 훌륭한 방법이기는 한데 이런 것이 과연 소프트웨어 개발에서 적용이 될 수 있을까? 나는 솔직히 여기까지는 회의적이었다.

실수를 어떻게 받아들일 것인가

_____ 포카요케를 언급한 범의 메일이 오고 나서 일주일쯤 지났을 때의 일이다. 개발조직 전체 회의 일정이 잡혔다. 400명 정도 되는 엔지니어들과 PO가 한 회의실에 모여서 포카요케를 만든다고 했다. 이날 회의실에 나타난 범은 목발을 짚고 있었다. 이야기를 들어보니 농구를 하다가 다쳤다고 했다. 그런 몸을 이끌고 실장급들 죄다 모아놓고 주말에 하루 종일 회의를 해서 포카요케를 만든 후 그것을 전체 개발조직 앞에서 발표하는 것이다. 처음 오프닝은 CTO가 진행하고, 이어서 실장급들이 나서서 사전에 만든 포카요케를 발표했다. 주요 내용은 다음과 같았다.

- 사용자가 과거의 구매 내역을 조회할 수 없었다. 왜?
- 구매 내역을 저장하는 두 대의 데이터베이스 사이에 데이터의

불일치가 일어났다. 왜?
- 데이터베이스 관리자가 명령을 잘못 입력했기 때문이다. 왜?
- 테스트가 안 된 명령을 입력했기 때문이다. 왜?
- 데이터베이스에 입력하는 명령어를 테스트하는 업무 프로세스
  가 없었기 때문이다.

이렇게 해서 '앞으로는 실 서비스 환경에서 데이터베이스에 명령을 내릴 때는 사전에 만들어서 테스트가 끝난 명령만을 입력한다'라는 결론이 나왔다. 이것이 포카요케다. 발표가 끝나자 범이 나서서 사람들의 의견을 물었다. 이것이 앞으로 똑같은 사태를 예방하기에 충분하다고 생각하는지, 혹은 반대로 정책이 지나치게 폐쇄적이어서 우리의 혁신을 방해한다고 생각하지는 않는지 말이다. 당시에는 장애가 자주 발생해서 엔지니어들이 많이 위축되어 있었다. 요즘 분위기가 안 좋다면서 새로운 서비스를 배포하는 것도 조심스러워하던 때였다. 그런데 처음에는 주저하던 사람들이 슬슬 분위기를 조성하자 이내 자신의 의견을 자유롭게 말하기 시작했다. 실수를 한 개발자를 비판하는 의견도 나왔다. 그러자 범이 말했다. "사람은 누구나 실수를 할 수 있어요. 포카요케를 만들고 실수를 줄이자는 것이지 실수를 한 사람을 비난하자는 것이 아니에요." 우리가 더 나은 방법을 찾기 위해서 모인 것이지 결코 누군가에게 책임을 묻고자 하는 것이 아니라는 메시지를 계속해서 던진 것이다. 결국 이 정책을 보완할 수 있는 몇 가지 아이디어가 나온 뒤에 회의가 끝났다.

솔직히 말하자면 결론 자체는 상식적인 수준이었다. 다른 회사에

서는 이미 적용하고 있을 법한 결론이기도 했다. 어찌 보면 그때까지 그렇게 중요한 데이터베이스에 아무 명령이나 입력할 수 있도록 권한이 열려 있었다는 것이 신기할 정도였다. 쿠팡의 문화에 비추어볼 때 권한 제어를 할 줄 몰라서 안 한 것은 아니었다. 각자 책임을 지고 누구든지 혁신을 만들어나갈 수 있는 조직문화를 만들기 위해서 이렇게까지 권한을 열어놓았던 것이다. 실제로 데이터베이스에 대한 접근 권한만 열려 있었던 것은 아니었다. 쿠팡 서비스를 구동시키는 프로그램들에 대해서도 개발자라면 누구든 소스코드 전체를 보고 필요할 경우엔 수정할 수 있도록 권한이 열려 있었다. 어쩌면 권한이 지나쳐서 문제가 발생한 것일 수도 있었다. 혁신을 방해하지 않는 범위 내에서 프로세스를 만들고 권한을 제어하겠다는 의미의 조치가 납득할 만했다.

파격적인
소통의 방식

_____ 당시 내가 진정 파격적이라고 느낀 부분은 소통의 방식이다. 다른 회사 같으면 보통 이런 일은 기술조직 내부에서 CTO 이하 관리자들이 모여서 재발방지대책회의를 진행해서 결론을 도출한다. 그런 다음에 관리자들이 각자 "이런 일이 있었고, 그래서 앞으로는 이런 식으로 권한을 제한하기로 했다"와 같이 팀별 회의에서 실무자들에게 통보하는 방식으로 결론의 공유가 이루어진다. 실무자들은 결론을 알 수 있긴 하지만 참여할 기회는 갖지 못한

다. 일방적인 커뮤니케이션이 있을 뿐이다. CEO도 최종 보고나 듣는 정도다. 하지만 쿠팡은 CEO가 직접 나서서 개발조직 전체를 모아놓고 이 건을 다뤘다. 결론을 미리 만들어 오기는 했지만 누구든 불만이 있으면 얼마든지 이의를 제기할 수 있는 분위기였다. 큰 틀에서는 경영진이 만들어 온 대로 결론이 나기는 했지만 아마도 그보다 더 나은 제안이 나왔으면 채택되었을 것이다. 그 정도면 실무자들도 함께 결론을 도출한다고 보이기에 충분했다. 물론 그 많은 인원이 모이는 것 자체가 큰일이기 때문에 모든 일을 이런 식으로 할 수는 없다. 이날 참석한 인원들의 시간당 인건비만 따져도 제법 큰 비용이다. 하지만 가끔씩이라도 이러한 자리를 가지는 것은 분명히 의미가 있다.

포카요케도 마찬가지다. 나도 처음에는 '포카요케를 대체 어떻게 만들라는 거지? 제조업에서야 그럴 수 있다 쳐도 소프트웨어 만드는 회사에서 그게 통할 수 있을까?'라는 생각을 했다. 대부분의 엔지니어들이 마찬가지였을 것이다. 실수 예방책을 필요로 하는 경우에 "왜 내가 포카요케를 내라고 했는데 안 내느냐?"라면서 재떨이를 집어던지는 경영자가 있을 수도 있다. 또 뭣도 모르는 CEO가 어디서 우리 회사 실정에 맞지도 않는 것을 들고 와서 최신 경영기법이라고 우기고 있다며 뒤에서 수근거리는 실무자들도 있을 수 있다. 그런데 범은 본인이 직접 시범 케이스를 만들어서 보여 주었다. 그는 경영 전문가이지 소프트웨어 전문가는 아니다. 그런데도 주말에 실장급들 모아놓고 하루 종일 회의해서 아이디어를 낸 것이다. 물론 주변 사람들이 많이 도와줬겠지만 어쨌든 합리적인 결론이 나왔다. 이러한 상황에서는 실무자들도 따라서 할 수밖에 없다.

범은 농구팀 주장과 같은 리더십을 지향한다고 한다. 농구팀 주장은 감독과는 입장이 다르다. 코트 밖에서 지시를 하는 사람이 아니고, 코트 안에서 다른 선수들과 함께 뛰는 사람이다. 다른 선수들을 고무시킬 때에도 감독은 밖에서 소리를 지르는 방법을 쓰지만, 주장은 스스로 훌륭한 플레이를 보여준다. 범은 이런 주장 리더십을 실제로 실천하고 있는 리더다.

소통, 쿠팡이 가장 잘하는 일

현대 비즈니스 환경에서 소통의 중요성은 점점 더 커져가고 있다. 많은 것들이 급변하는 비즈니스 환경에서 조직을 이끄는 리더는 조직이 나아갈 방향을 명확히 제시하고 구성원들의 동의와 공감을 이끌어낼 수 있어야 한다. 방향을 명확히 제시하면서도 구성원들이 자발적이고 주도적으로 일할 수 있는 분위기를 만들기는 쉽지 않다. 리더가 제시하는 방향이 명확하면 보통 구성원들은 스스로 생각하기를 포기하고 리더의 지시만 기다리게 되곤 한다.

갈 길을 분명하게 제시하면서도 자발적인 분위기를 만들기 위해서는 소통을 더 잘하는 수밖에 없다. 조직의 구성원들은 단순히 하라는 명령만 들으면 시키는 대로 할 뿐이지만, 왜 그런 명령이 나왔는지 그 배경을 좀 더 정확히 이해하고 일하면 다른 문제에 부딪혔을 때도 더 능숙하게 대처할 수 있고 리더가 제시한 방법보다 더 나은 방법을 생각할 수도 있다. 이렇게 하려면 리더가 무슨 생각을 하고 있는지를 조직 구성원들에게 좀 더 자세히 그리고 자주 반복해서 말해주어야 하고, 구성원들이 무슨 생각을 하고 있는지 들을 기회도 자주 가져야 한다.

조직 규모가 작을 때에는 이러한 소통이 별로 어렵지 않다. 같이 식사하면서, 티타임을 가지면서 편하게 이야기하면 된다. 하지만 조직 규모가 커지면 소통은 훨씬 어려워진다. 어떤 조직이고 간에 인원이 1000명이 넘으면 말단 구성원이 직속 상사 외의 경영진을 만날 일 자체가 거의 없다. 이 정도 규모의 회사에서는 기껏해야 1년에 한 번 정도 행사를 통해 CEO가 하는 연설을 듣는 정도가 고작일 것이다. 쿠팡에서는 이렇게 되지 않도록 소통에 많은 노력을 기울인다. 보통 두세 달에 한 번 정도는 특정 이슈에 대해서 공개적인 자리에서 경영진이 하는 이야기를 듣고 누구든 자유롭게 질문할 수 있는 기회를 가진다.

실무자가 묻고
경영진이 대답하다

_____ 실험을 통해 적절한 해결책을 찾는 방법인 AB테스팅을 도입할 때에도 그랬다(AB테스팅에 대해서는 3부에서 자세히 살펴본다). 실리콘밸리 오피스에서 개발하던 시스템이 어

느 정도 궤도에 올라 사용할 수 있는 상태가 되자 가까이에 있는 팀부터 이 시스템을 쓰기 시작했다. 가장 먼저 나와 함께 일하던 개인화팀에서 이 시스템을 실제 서비스에 적용했고, 다른 몇몇 팀들도 관심을 갖고 조금씩 쓰기 시작했다. 그 과정에서 제법 큰 장애도 있었지만 이를 잘 해결하고 조금씩 안정화가 되어가고 있었다. 실리콘밸리 오피스에서도 개발자와 PO를 더 충원해서 문제가 생기면 신속하게 대응할 수 있는 시스템을 갖추었고, 나는 새로운 PO에게 이 일을 넘겨주고 완전히 손을 뗐다. 이때쯤 전체 개발자들을 불러 모아놓고 새 시스템에 대해 설명하는 자리가 있었다.

쿠팡에서는 이런 일이 있으면 엔지니어들이 보통 100명 이상 모인다. 당시 전체 개발자 수가 400명 가까이 되었으니 빠진 사람도 많았지만 그런 설명회는 궁금해하는 직원은 누구나 참여할 수 있는 분위기였다. 보통 제법 큰 규모의 교육장이 꽉 차곤 했다. 이런 일이 있을 때 앞에서 설명하는 사람은 그때그때 달라진다. CEO가 직접 나서는 경우도 있고, CTO가 이야기하는 경우도 있다. 이날은 최고 데이터과학자Chief Data Scientist 직을 맡은 찰스가 나서서 그동안의 진행 과정을 쭉 설명했다. 'AB테스팅은 우리가 올바른 방향으로 가고 있는지를 검증할 수 있는 중요한 수단이다. 그런데 우리가 사용하던 기존의 시스템은 여러 가지 문제점을 가지고 있었다. 이러한 문제점들을 해결하기 위해서 시스템을 새로 만들었다. 몇 차례 시운전을 해본 결과 쓸 수 있는 상태라고 판단했고, 이제 여러분들이 쓸 수 있도록 이 자리에서 공개한다'라는 내용이었다.

찰스의 발표가 끝나자 듣고 있던 엔지니어들이 전문 통역사를 통해 질문을 시작했다. 거침 없는 질문의 내용이 제법 민감한 영역까지 파고들어갔다. 찰스도 피하지 않고 있는 그대로 차근차근 대답을 해주었다. 나는 이 정도 규모의 회사가 이런 형태의 미팅을 진행하는 것을 거의 본 적이 없다. 연례행사 수준으로 진행하는 경우는 간혹 있었지만 질의응답을 활발하게 진행하는 경우는 드물다. 보통의 회사에서는 질문하라고 기회를 줘도 다들 눈치만 볼 뿐 나서려는 사람이 별로 없다. 괜히 말실수해서 찍힐까 봐 두려워서다. 그런데 쿠팡은 이러한 형태의 미팅에 무척 익숙하다. 상당히 실질적인 논의가 진행된다.

"그 시스템 검증은 제대로 된 건가요? 사용 중에 장애가 생기면 어떻게 하나요?"

"몇몇 팀에서 시험적으로 가동을 해봤습니다. 장애가 없다고 장담은 못 하지만 그동안 많이 안정화시켰고, 쓸 수 있는 정도는 충분히 됩니다. 그리고 현재 이 일만 전담하는 개발팀이 있습니다. 장애가 발생하면 알려주세요. 책임지고 처리하도록 하겠습니다."

"과거 사례를 보면 실험은 실험대로 진행해놓고 결과가 안 좋아도 PO 주도로 서비스에 반영하고 넘어가는 경우도 많았는데요. 그런 식으로 할 거면 실험은 왜 하나요?"

"지금까지는 그렇게 진행했을지 모르겠지만 앞으로는 그렇지 않을 것입니다. 실험을 통해 이전보다 좋다고 명확하게 검증되지 않으면 롤백(기존의 버전으로 되돌아가는 것)을 행한다는 규칙을 둘 것입니다. 물론 CEO가 그래도 하라고 하면 해야겠죠. 하지만 그런 예외적인 경우가 아니면 시스템에서 알려주는 실험 결과를 따를 예정입니다. 이 부분은 CEO하고도 이미 논의가 끝났습니다."

"예전에 AB테스팅을 진행하다 보면 결과가 도저히 말이 안 되는 경우도 있었거든요. 이번 테스트 결과는 신뢰할 만한가요? 실제 시스템 결과가 이상한 경우가 있으면 어떻게 하나요?"

"일단은 믿고 가십시오. 말이 안 되는 결과가 있을 경우 역시 개발팀에 알려주시면 저희가 자세히 들여다보고 해결하도록 하겠습니다."

실무자들은 묻고, 경영진은 대답한다. 이런 논의가 회의 끝날 때까지 계속된다. 다른 회사도 몇 군데 경험해본 나로서는 이것이 쉽지 않은 일이라는 것을 안다. 사람들은 바보가 아니다. 궁금한 것이 있으면 솔직하게 물어보라고 하지만 한국식 조직문화에서는 어지간히 눈치 없는 사람이 아니고서야 정말로 솔직하게 물어보는 사람은 별로 없다. 사람들이 스스럼없이 말한다는 것은 그렇게 해도 불이익이 없다는 것을 진심으로 믿고 있기 때문이다. 이는 회사가 제법 오랜 시간과 노력을 들여서 신뢰를 구축해놓았다는 증거다.

쿠팡만의 조직문화를
만드는 힘

―――――――――――― 실무자와 경영진이 스스럼없이 소통을 하면 과연 사람들이 회사에서 만든 절차대로 일을 할까? 새로운 시스템에 관한 회의를 하고 나서 얼마 지나지 않았을 때의 일이다. 개발팀 가운데 한 곳에서 새로운 상품 분류 체계를 도입하는 프로젝트를

진행하고 있었다. 상품 분류 체계가 너무 자주 바뀌는 상황에 대응할 수 있도록 IT 시스템을 개선하는 프로젝트였다. 그런데 막상 실제 서비스에 적용해서 실험을 해보니 기존의 상품 분류 체계와 별반 다를 것이 없다는 결과가 나왔던 모양이다.

담당 PO는 그래도 그냥 적용을 하고 넘어가려고 했다. 이야기를 들어보니 충분히 그럴 만한 이유가 있었다. 상품 분류 체계를 변경하는 것만으로는 사용자 경험 측면에서 달라지는 것이 없고, 이에 따른 후속 조치들이 수반되어야 하는 것이었다. 그래서 '이번에는 실험 결과에 관계없이 적용하고, 이를 바탕으로 다음 개편에서 더욱 정량적으로 입증하겠다'라는 것이 그의 생각이었다. 그런데 어찌 알았는지 범이 직접 내려와서 이 건을 뒤집어엎었다. "이렇게 해서는 안 된다. 수치상으로 개선되었다는 것이 입증될 때까지 다시 해야 한다"라고 말하면서 롤백하도록 했다는 것이다. 프로젝트를 주도했던 PO는 몹시 괴로워하면서도 무엇이 잘못되었는지를 찾아 보완해서 될 때까지 실험을 반복했다.

이 사건을 계기로 회사에서는 실험을 통해 효과가 입증되지 않으면 다시 롤백을 하는 분위기가 조성되었다. 내가 추측하기에는 아마도 이렇게 될 것을 기대하고 일종의 시범 케이스로 범이 해당 프로젝트에 개입했던 것 같다. 시범 케이스라고 해서 "왜 내가 하라고 했는데 안 했느냐?"라면서 담당자를 억박지른 것이 아니라 논리를 들어 설명했던 모양이다. 쿠팡의 독특한 조직문화를 문화를 만들어가는 힘은 진정성 있는 소통에서 나온다는 것을 다시금 느낄 수 있었다.

나는 쿠팡에서 일하면서 확실히 쿠팡이 특별한 기업문화를 지닌 곳이라는 것을 느낄 수 있었다. 쿠팡은 실패를 두려워하지 않고 실패에서 배우며 혁신을 위해 또다시 도전하는 회사였다. 회사 전체에 수평적인 소통 문화가 정착해 있고, 소통을 통해 직원 개개인이 능동적으로 일하는 문화도 갖춰져 있었다. 직원들이 서로를 존중하는 직장, 직원 하나하나를 존중하는 회사가 바로 쿠팡이었다.

쿠팡은 2016년 〈MIT 테크놀로지 리뷰〉가 뽑은 '2016 세계 50대 스마트 기업'에 한국 기업으로는 유일하게 선정됐다. 우리에게 혁신 기업으로 잘 알려진 아마존, 알리바바, 테슬라, 페이스북 등과 어깨를 나란히 한 것이다. 쿠팡이 현재 이렇게 혁신적 기업으로 평가받을 수 있게 된 것은 무엇 때문일까? 뛰어난 IT 개발 능력? 기존 체제를 파괴하는 공격적 투자 전략? 물론 그런 것도 답일 수 있을 것이다. 그러나 나는 직접 쿠팡에서 일하는 동안 혁신의 바탕에 바로 '사람 중심의 조직문화'가 있다고 느꼈다. 쿠팡의 사람들은 수평적인 문화를 만들어 정착시키고, 소통을 통해 일을 진행하며, 조직원 개개인을 존중한다. 직원 개개인이 정말로 중요하고 위대한 일을 하고 있다고 느끼게 만드는 조직문화, 바로 그것이 혁신의 진짜 원동력이 아닐까?

나는 사람이 더 행복한 세상에 살 수 있도록 하기 위해 기업이 존재한다고 믿는다. 그리고 기업에서 일하는 사람들이 행복해야, 아니 적어도 불행하다고 느끼지 않아야 그 기업이 제공하는 서비스와 제품을 사용하는 소비자도 행복을 느낄 수 있으리라고 본다. 또한 행복한 직원이 만든 좋은 서비스와 제품으로 소비자를 행복하게 하는 기업이 당연히 성장할 수 있다고 생각한다. 그러나 이와 같은 모습으로 성장하는 기업들이 우리나라에는 그다지 흔치 않다. 나는 지금 우리의 낡은 조직문화가 바뀌어야 하는 이유가 바로 여기에 있다고 본다. 조직문화가 바뀌면 모든 것이 바뀔 수 있다. 그리고 그 가능성을 쿠팡에서 엿볼 수 있다.

coupang

strategy

data management

future

culture

전략 :

전략은 구호가
아니라 행동이다

쿠팡은 진정한 혁신은 기술력을 바탕으로 일어나며, 또 그렇게 할 때 경쟁 우위를 만들어낼 수 있다고 믿고 있다. 아마존 같은 경우도 처음에는 온라인 서점으로 시작했지만 커머스로 발전했고 요즘은 AWS(아마존 웹 서비스)라고 하는, 커머스와는 전혀 관계없는 기술 기반의 클라우드 서비스 사업을 하고 있다. 이 분야에서는 심지어 구글이나 페이스북 같은 기존의 IT 회사들보다도 앞서 있다. 쿠팡 또한 비슷한 꿈을 꾸고 있다. 그래서 실제로 IT에 많은 투자를 하고 있다. IT에 대한 투자는 결국 사람에 대한 투자다. 더 좋은 사람을 더 많이 채용하고 그들에게 좋은 근무 환경을 제공하는 것이다.

쿠팡, 우리가 혁신하는 이유

coupang

셀렉션, 온라인 커머스가
더 잘하는 것

회사의 목표는 무엇일까? 이렇게 물어보면 십중팔구 '돈을 버는 것'
이라는 답변이 나오지 않을까? 그러면 그 목표를 달성하기 위해서는
어떻게 해야 할까? 이 질문에 대한 답으로 도출되는 것이 전략, 즉 목
표를 달성하기 위한 방법이다. 회사의 전략에는 그 회사가 비즈니스
를 바라보는 관점이 녹아들어가 있다. '우리는 이것을 잘하면 최종
목표를 달성할 수 있다고 본다'와 같은 것이 회사의 생각이다.

나는 여러 회사들을 거치면서 회사가 비즈니스를 바라보는 관점이
너무나도 중요하다는 것을 알게 되었다. 기업의 관점에 따라서 기업
의 모든 의사 결정과 행동이 달라지고 결과 또한 달라진다. 극단적으
로는 기업의 흥망성쇠가 그 기업이 비즈니스를 바라보는 관점에 달

려 있다고 해도 과언이 아니다. 나 또한 이 분야에 몸담고 있는 사람으로서 경쟁사에서 일하는 동안 '대체 이커머스 비즈니스는 어떻게 해야 경쟁우위를 확보할 수 있을까?'라는 고민을 많이 했지만 만족스러운 답을 찾을 수 없었다.

좋은 전략은 어떤 것일까? 우선 가치판단의 기준으로 쉽게 쓸 수 있어야 한다. 어떤 일을 하려고 할 때 이 일이 회사의 전략에 부합하는 방향인지 아닌지를 쉽게 판단할 수 있어야 한다. 또한 전략은 실천 가능해야 하고 이를 통해 궁극적으로 회사의 목표를 달성할 수 있어야 한다. 그래야 조직의 구성원들이 수긍하고 잘못되지 않은 방향으로 나아갈 수 있다.

일단 쿠팡의 전사 차원의 목표는 매출이나 이익이 아니라 고객 감동(Wow)이다. 매출은 그저 고객 감동을 제대로 실천하면 부수적으로 따라오는 요소로 간주한다. 그렇다면 어떻게 고객 감동을 만들어낼 수 있을까? 쿠팡은 이를 위해서 딱 세 가지만 신경 쓰면 된다고 본다. 바로 '셀렉션 selection, 프라이스 price, 그리고 컨비니언스 convenience'이다.

경쟁 우위를
확보할 수 있는 전략

첫 번째 요소인 셀렉션은 '파는 물건의 종류'를 말한다. 온라인 비즈니스가 오프라인 비즈니스에 비해 가질 수 있는 결정적인 이점은 바로 이 셀렉션에 있다. 오프라인 매장에서는 상품을 진열하기 위한 물리적 공간이 필요하기 때문에 파는 상품의 가짓수를 무한정 늘릴 수는 없다. 하지만 온라인 비즈니스라면 얼마든지 가능하다. 영화 〈매트릭스〉를 보면 주인공 네오가 가상의 무기고에 들어가 총을 고르는 장면이 나온다. 그곳에는 마치 세상에 존재하는 모든 총을 모아놓은 것처럼 무수히 많은 총이 진열되어 있고 네오는 그것들을 잠깐 살펴보다가 그중 하나를 고른다. 오프라인 커머스에서는 이런 셀렉션을 제공하기가 불가능하지만 온라인이라면 가능할지도 모른다. 쿠팡이 꿈꾸는 셀렉션이 바로 이런 것이다.

물론 상품의 가짓수가 무턱대고 많다고 해서 좋은 것은 아니다. 물건의 품질에 관한 어느 정도의 보장이 필요하다. 가령 백화점 명품 코너에는 당연히 아무 브랜드나 들어오지는 않는다. 여자들이 들고 다니는 핸드백을 예로 들어보자. 한 개에 500만 원이 넘는 샤넬 같은 브랜드 제품도 있는 반면에, 불과 몇만 원에 노점상에서 팔리는 핸드백도 있다. 전자는 백화점 명품관에 들어갈 수 있지만 후자는 들어갈 수 없다. 백화점 명품관과 소비자 사이에 형성되어 있는 암묵적인 신뢰 때문이다.

다수의 소비자가 처음 보는 핸드백 브랜드가 백화점 명품관에 있다고 치자. 만만치 않은 가격표를 달고 있는 제품을 보고 '대체 저게 왜 저리 비싸지? 가격표가 어디 잘못된 거 아냐?' 하며 의문을 제기하는 소비자는 별로 없을 것이다. '아, 새로 명품시장에 진입한 브랜드인가 보다. 한국에서는 처음 보지만 해외에서는 이미 어느 정도 알려져 있는 브랜드 아닐까?'라고 생각하며 한번 살펴보는 사람이 더 많을 것이다. 아무리 처음 보는 상품이라 해도 백화점 명품관에 수준이하의 상품이 진열되어 있으리라고 상상하는 경우는 드물다. 고객들은 보통 백화점 담당자의 안목을 믿기 때문이다.

그렇다고 무조건 수준을 올리는 것만이 능사는 아니다. 백화점 명품관에 있는 샤넬이나 루이비통, 에르메스 같은 브랜드에서 나오는 물건들은 물론 퀄리티가 매우 높다. 그러나 이런 브랜드를 달고 나오는 물건은 아무나 살 수 있는 것이 아니다. 한편 그보다 가격대가 저렴한 MCM 정도 되는 브랜드의 경우 비교적 많은 사람들이 갖고 다닌다. 그렇다면 MCM은 백화점 명품관에서 팔릴 만할까? 답은 백화점 고객 수준에 달려 있다. 백화점이 타깃으로 생각하고 있는 고객층이 좋아할 만한 브랜드라고 판단되면 입점될 것이고 그들의 눈에 차지 않을 브랜드라면 입점되지 않을 것이다.

우리가 매일같이 소비하는 식재료를 예로 생각해볼 수도 있다. 식품 또한 셀렉션의 수준에 따른 차별화가 가능하다. 예를 들어 고급 백화점 지하에 있는 식품 코너에 가보면 딸기나 수박 같이 흔히 볼 수 있는 과일만 해도 일반 시중에서 파는 것보다 훨씬 비싼 경우가 많다. 처음에는 말도 안 되게 비싸다고 생각하지만 실제로 직접 사서 먹어보면 품질 자체가 확실히 좋아서 가격도 납득할 만하다. 게다가 그만큼 품질이 떨어지는 확률도 낮다. 같은 과일을 동네 마트에서 사면 가끔 맛이 없는 과일이 걸려서 속상할 때가 있지만 이런 곳에서는 그 정도까지 불쾌한 경험도 드물다. 이와 같은 경험이 쌓이면 '여기서 사면 좀 비싸긴 해도 품질은 믿을 만하다'라는 신뢰가 생기게 된다. 백화점 식품 코너 구매 담당자의 안목을 믿게 되는 것이다. 이것이 바로 셀렉션의 수준을 드러내는 예다.

믿고
살 수 있는가

_____ 자, 그렇다면 쿠팡은 이 셀렉션의 수준에
관해 어떤 기준을 가지고 있을까? 물건의 수준이라는 것은 참 모호해
서 명확하게 정의하기 어렵다. 대충 '중간 정도 가격대의 물건'이라고
막연하게 정의해봐야 '중간 정도'라고 하는 기준이 사람마다 다 다르
기 때문에 아무 의미가 없다. 생활보호대상자가 생각하는 중간 정도
와 돈 많은 부자들이 생각하는 중간 정도는 당연히 다를 것이다. 궁
금하기도 하고 또 장난기도 좀 발동해서 이에 관한 질문을 범에게 직
접 물어보았던 적이 있다. "셀렉션의 수준이라고 하는 것이 좀 애매
해서 말로 표현하기가 어렵더군요. 제 친구나 가족 분들이 '쿠팡에서
파는 물건들 수준이 어느 정도냐?'라는 식으로 물어보면 어떻게 설명
을 해줘야 하나요? 분명히 어느 정도 수준 이하의 물건은 셀렉션에서
제외하지만 그렇다고 해서 쿠팡이 명품 브랜드가 즐비한 백화점 같
은 수준을 보장하는 것은 아니잖아요?"

이 질문에 대해 답을 제시하기가 꽤 까다롭지 않을까 생각했었는
데 그의 답변은 의외로 간단명료했다. "이렇게 생각하시면 됩니다.
한마디로 말해서 이마트에서 안 파는 물건은 우리도 안 팝니다. 설명
이 됐나요?" 많은 사람들이 이 답변의 뜻을 대략 짐작할 수 있을 것
이다. 부연설명을 좀 더 하자면 쿠팡의 상품은 평범한 수준의 도시
근로자들이 가격에 큰 부담을 느끼지 않으면서 품질에도 큰 불만을
갖지 않아 늘 구매할 만한 물건이라고 생각하면 틀림이 없다. 이마트
에서 물건을 사는 고객들은 백화점 명품관 수준의 물건을 기대하지

는 않는다. 그렇다고 해서 불쾌감을 느낄 정도로 수준이 떨어지는 물건은 없을 것이라는 신뢰를 한다. 쿠팡의 목표 수준은 이 정도다.

초창기 소셜커머스는 '한시적이지만 파격적으로 싼 가격에 상품이나 서비스를 제공한다'라는 느낌을 줬지 '세상의 모든 물건을 팝니다'라고 내세우는 곳은 아니었다. 하지만 현재는 쿠팡뿐 아니라 흔히 소셜커머스로 알려져 있는 회사 모두 비즈니스 모델이 완전히 바뀌어서 더 이상 소셜커머스라고 할 수 없게 되었다. 그 변화 중 하나가 바로 셀렉션을 늘리는 것이다. 소셜커머스는 원래 물건을 검증한 다음에 등록한다. 즉 물건에 흠은 없는지, 물건의 수준이나 가격이 과연 우리의 소비자를 만족시킬 수 있는 수준인지를 검토한 다음에 괜찮다고 판단이 서면 사진을 찍고 설명을 달아 콘텐츠를 만든다. 그리고 그것을 등록한다.

하지만 이 방법으로는 셀렉션을 늘리는 데 한계가 있다. 상품을 검토하고 콘텐츠를 만드는 일에 인력이 투입되기 때문이다. 이 한계를 극복하기 위해 판매자가 물품을 직접 등록하도록 할 수 있는데, 이 경우에는 물건의 수준을 어떻게 유지할지가 관건이 된다. 가령 판매자가 서비스의 수준에 맞지 않는 물건을 마음대로 등록할 수 있으면 어떻게 될지, 또 그 경우 발생할 수 있는 문제를 막기 위해서는 어떠한 장치들이 필요할지를 생각해봐야 하는 것이다. 이 역시 소셜커머스 회사들에게 중요한 고민거리다.

온라인 최저가에
도전하다

비즈니스를 할 때 가격 책정만큼 중요하면서도 골치 아픈 주제가 또 있을까? 물건이나 서비스를 판매할 때 최적의 가격을 알 수 있다면 아마도 비즈니스가 훨씬 쉬워질 것이다. 이론상으로는 쉽다. 일반적으로 경영의 목적은 기업의 이윤을 극대화하는 데 있고 가격 책정 또한 그 목적과 관련이 있다. 가격이 내려갈수록 더 많은 사람들이 구매하고 판매량이 늘어나는 반면, 가격이 오를수록 판매량은 줄어들지만 판매 건당 이익의 폭은 커진다. 그 사이의 어느 지점에 최적의 가격이 있을 것이다. 이 정도는 중고등학교에서 다루는 수준의 경제학만 알아도 이해할 수 있다.

하지만 현실은 그리 녹록지 않다. 경제학 이론을 따르면 가격을 얼마로 책정했을 때 얼마나 팔리는지를 정확히 예측할 수 있을 것 같기도 한데, 일반적으로는 이 예측이 어렵다. 그러니 학교에서 백날 공부 열심히 해봐야 사회 나와서는 아무 짝에도 쓸모없다는 이야기가 나오는 것이다. 또한 그래서 회사의 상품 기획 및 마케팅 담당자들이 머리를 싸매고 고민하는가 하면, 가격 결정만 전문적으로 도와주는 컨설팅 같은 것도 있는 것이다.

여기서 한 단계 더 들어가면 더욱 골치 아픈 세계가 펼쳐진다. 가격 책정을 전문적으로 연구하는 사람들은 가격 세분화 전략에 대해 이야기한다. 물건 하나에 가격이 꼭 하나일 필요가 없다는 것이다. 똑같은 물건이라고 해도 100만 원의 지불의사를 나타내는 사람에게는 100만 원의 가격을 책정하고 10만 원의 지불의사를 나타내는 사람에게는 10만 원의 가격을 책정하는 것이다. 그럼 100만 원에 산 사람들이 바보가 되는 것 아니냐고 할 수 있지만, 그들에게는 다른 가치를 추가로 제공하는 방식으로 가격 차별화 전략을 성립시킬 수 있다.

최저가격을 유지하기 위한 노력

_____ 쿠팡은 가격 책정에 관해 골치 아픈 고민을 하지 않는다. 가격에 대한 정책은 딱 하나, '온라인 최저가격을 맞춘다'이다. 왜 그런 정책만 둘까? 온라인에서는 전환비용이 제로에 가깝기 때문이다. 주유소를 예로 들어보자. 당장 차에 기름이 떨어져가는 순간에 주유소를 발견한다면 가격이 얼마든 들어가서 주유

를 해야 한다. 꼭 기름이 떨어져가는 순간에만 주유를 하는 건 아니다. 다른 주유소의 기름값이 더 싸다는 보장이 없으니 주유소를 발견한 김에 기름을 넣는 경우도 있다. 또 스마트폰으로 검색해서 더 싼 곳을 알아낸다 해도 그 곳까지 가는 데 시간이 걸린다면 조금 비싸도 처음 발견한 주유소에서 그냥 주유를 하는 것이 이익일 수 있다. 그런데 온라인 매장에서 쇼핑을 할 때는 다르다. 클릭 몇 번만 하면 바로 다른 곳으로 가서 같은 상품을 구매할 수 있다. 쿠팡이 다른 곳보다 비싸다면 당연히 소비자는 쿠팡을 외면하고 다른 곳으로 갈 것이다.

왜 '온라인 최저가격'일까? 만약 오프라인에서 더 싼 가격에 물건을 파는 곳이 있으면 어떻게 되나? 실제로 육아용품을 전문적으로 판매하는 베이비 페어 같은 곳에 가보면 유모차나 카시트 같은 각종 육아용품들이 온라인에서보다 더 싼 가격에 팔리는 경우가 있다. 쿠팡에서는 가격을 검수할 때 이런 경우까지 고려하지는 않는데 가장 큰 이유는 역시 전환비용에 있다. 그 가격에 물건을 구입하려면 직접 전시회에 나가야 한다. 이러한 노력을 들여가면서 더 싼 가격에 물건을 구입하려는 고객까지 고려하기는 어렵다는 것이 쿠팡의 판단이다. 사실 현실적으로 이런 경우까지 일일이 찾아다닐 수 없다는 물리적인 한계도 있다. 무엇보다 쿠팡은 장기적으로는 온라인이 오프라인보다 낮은 가격을 제공할 수 있다는 자신감을 갖고 있다.

한편 온라인에서는 시간을 더 많이 투자하면 보다 낮은 가격에 살수 있는 경우가 있다. 가령 오픈마켓에서 쿠폰을 잘 찾아서 활용하면 더 싸게 살 수 있는 방법이 있는데, 이런 경우 또한 쿠팡이 말하는

'온라인 최저가'에서의 비교 대상이 아니다. 그 이유는 역시나 전환비용에 있다. 그런 불편을 감수하더라도 시간을 투자해서 더 싼 가격을 찾는 고객은 어쩔 수 없다고 본다.

쿠팡에는 쿠팡 사이트가 최저가격을 유지할 수 있도록 하는 팀이 있다. 이들이 하는 일은 여러 소셜커머스 사이트들을 돌아다니면서 쿠팡보다 더 싸게 판매하고 있는 곳이 있는지 찾고, 만약 그런 곳이 있다면 조치를 취하는 것이다. 말로는 쉽게 들릴 수도 있지만 사실 한정된 인원으로 쿠팡에서 팔리고 있는 수십만 가지 물건의 인터넷 최저가격을 일일이 조사하는 것은 물리적으로 불가능에 가까운 일이다. 과연 이 일은 얼마나 원활하게 이루어지고 있을까?

쿠팡에서 일을 시작한 지 얼마 되지 않았을 때 다른 소셜커머스 경쟁사에 다니는 친구를 만난 적이 있다. 바에 가서 가볍게 술을 마시면서 회사에 관한 이야기를 했는데, 마침 바에서 일하는 여자분이 고양이 모래를 항상 온라인에서 산다는 말을 꺼냈다.

모래가 다 떨어져서 살 때가 되었는데 귀찮다는 그분의 이야기를 듣는 순간 나는 생각했다. 쿠팡에서도 고양이 모래를 판매하고 있지 않을까? 애완동물 용품은 그 당시에 회사 차원에서 나름대로 관심을 기울이는 카테고리였기 때문에 당연히 팔고 있을 것 같았다. 그런데 친구가 먼저 자기네 사이트에서 팔고 있을 것이라며 선수를 쳤다. 그분은 에버크린이라는 브랜드의 제품을 찾고 있었는데 친구가 다니는 경쟁사 사이트를 찾아보니 약 2만 원 정도 가격에 팔리고 있었다. 내가 "그거 쿠팡에도 있을 텐데요. 아마 더 싸지 않을까 싶은데……"라고 말하자 친구가 한마디 건넸다. "그럼 한번 비교해보죠. 비싼 쪽이 오늘 술값 내는 것으로 합시다." 나는 쿠팡의 가격 검수 팀을 믿고 흔쾌히 내기에 동의했다. "좋아요. 한번 보죠." 그런데 막상 가격을 비교해보니 쿠팡이 500원 정도 비쌌다. 그날 양주 한 병을 마셔 술값이 20만 원쯤 나왔는데 결국 내가 다 내고 말았다.

살짝 분통이 터져서 다음 날 아침에 회사로 출근해서 즉시 행동을 개시했다. 쿠팡에는 내부 직원들이 서비스의 버그를 신고할 수 있는 시스템이 있는데, 최저가격이 아닌 가격도 신고를 할 수 있다. 여기에서 쿠팡에서 판매하고 있는 상품과 상세 페이지 링크, 그리고 경쟁사에서 판매 중인 동일한 상품의 링크를 따서 신고를 했다. 가격 검수팀에서 이 내용을 확인하고 대응을 하는 데 과연 몇 시간이나 걸릴까? 한 시간쯤?

잔뜩 기대를 하고 있었는데 두 시간이 지나도, 세 시간이 지나도 가격이 안 바뀌었다. 심지어 다음날 아침이 되었는데도 바뀌지가 않았다. 어찌 할까 고민하다 이번에는 이 내용을 메일로 써서 범에게 직접 보낼 생각까지 했다. 그간의 사정을 설명하고 '우리가 왜 이래야 합니까?'라며 호소하는 내용의 메일을 작성했다(저 대사는 범이 답답한 일이 있을 때에 다른 사람들에게 자주 하는 말이다. 장난기가 도져서 한번 패러디를 해보고 싶었다). 내가 20만 원 손해를 봤으니 그들도 곤욕을 치러야 하지 않겠는가?

보내기 버튼을 누를까 하다가 차마 못 누르고 가격 부분을 담당하던 동료 PO에게 먼저 이야기를 했다. 그랬더니 그분이 사색이 되어 "저희를 죽이려고 작정을 하셨군요"라면서 사정을 들려주었다. 상품의 종수는 그때 당시 이미 10만 단위를 넘어가고 있었는데 가격 검수를 할 인원은 턱없이 부족해서 모든 상품을 다 추적할 수가 없었다. 그래서 많이 팔리는 상품과 사입을 하는 상품 위주로 일부 품목에 대해서만 가격 검수를 한다는 것이었다. 그분은 웃으면서 말했다. "열심히 하고 계시지만 그분들도 힘들어요." 어쨌든 담당 PO에게 알려주었으니 할 일은 한 셈이었다. 준비했던 메일은 보내지 않고 삭제했다.

온라인 최저가격을 유지한다는 것은 어려운 문제다. 이것만 잘해도 따로 회사 하나 차려도 될 만하다. 물건 하나 살 때 인터넷 사이트 몇 군데를 보는가? 그리고 시간을 얼마나 투자하는가? 고객이 쇼핑하는 과정을 직접 볼 기회가 있었는데, 물건 하나 사기 위해 30분 동안이나 최저가격을 찾아다니고 있었다. 가격 검수를 하시던 분이 이를 보고 "아니, 물건 하나 가지고 30분씩이나 가격 검수를 하는 사람을 어떻게 당해내냐?"라면서 혀를 내둘렀던 적이 있다. 만약 한 곳에서 최저가격을 바로 알 수 있다면 다른 곳에 갈 이유가 없을 것이다.

최저가격에 도전하고 있는 곳은 쿠팡 말고도 몇 군데 더 있다. 핵심 이슈는 상품의 매칭이다. 동일한 상품도 판매자마다 붙이는 이름이 조금씩 달라 기계적으로는 같은 상품인지 알기 어렵다. 그나마 정확한 모델명이 있는 전자제품 같은 경우는 좀 낫지만 대개는 같은 상품인지 알아보기 어렵다. 그래서 결국엔 사람이 일일이 내용을 살펴보고 비교해야 한다. 기술을 통해 사람의 품을 얼마나 덜 들이게 만들 수 있는지가 관건인 셈이다.

coupang

월마트가 한국에서
실패한 이유

한국 시장은 참 신기하다. 잘나가는 글로벌 기업들이 줄줄이 실패하는 곳이 바로 한국 시장이다. 네이버가 장악하고 있는 검색 서비스 시장은 이 분야 세계 1위인 구글도 어찌하지 못하고 있다. 유통업계 또한 비슷한 사례가 있다. 1990년대, 전 세계적으로 유통업계를 석권한 월마트와 까르푸가 한국 시장을 공략하기 위하여 야심차게 사업을 추진했으나 모두 실패하고 2000년대 중반까지 완전히 철수하고 말았다.

그중에서도 이마트에 밀린 월마트의 사례는 유명하다. 월마트는 미국에서 그야말로 독보적인 위치에 올라 있는 대형 할인마트이다. 미국에서는 월마트가 어떤 품목으로 '원 플러스 원' 행사를 하느냐에 따라서 그날 저녁식사 메뉴가 바뀐다는 말이 있을 정도이다. 전 세계적으로 매장의 숫자가 1만 개가 넘고, 220만 명이 근무를 하고 있다. 삼성전자의 직원 수가 2015년 현재 10만 명이 채 못된다는 것을 생각해보면 그 규모가 얼마나 어마어마했는지 짐작할 수 있다. 바로 이 월마트가 1990년대 말 한국 시장에 진출했는데, 당시 한국은 외환위기로 인해 자산 가격이 많이 내려가 있는 상태였다. 무척이나 좋은 타이밍을 잡았다고 판단한 월마트는 서울 강남 한복판에 야심차게 매장을 열었는데, 정작 소비자들은 월마트를 거들떠보지도 않았다.

패인은 월마트의 전략이었다. 월마트의 전략은 가격에 초점이 맞추어져 있었다. 물건만 싸면 무조건 잘 팔릴 것이라는 예상이 월마트가 가지고 있던 비즈니스 가설이었다. 그렇기 때문에 매장의 운영에 들이는 비용 또한 최소화했다. 물건 구입을 돕는 인원도 최소한으로 배치했고 진열에도 그다지 신경을 쓰지 않았다. 게다가 상품의 크기도 단가를 낮출 수 있도록 사이즈가 큰 것들만을 가져다 놓았다. 전형적인 '아메리칸 센스'다.

합리적인 전략인 것은 분명하지만 한국의 소비자들에게는 중요한 가치가 하나 더 있었다. 바로 편의성이다. 한국의 소비자들은 가격이 아무리 싼 상품도 구매하기 불편하면 외면하는 성향이 있다. 월마트는 이 점을 간과했다. 월마트는 비록 상품의 가격은 싸게 책정했지만 한국의 소비자들에게는 너무나도 불편하고 불친절한 구조의 매장을 운영한 탓에 외면당했던 것이다.

고객 편의성이라는
철학

쿠팡에서 이커머스 비즈니스의 핵심으로 생각하는 요소 중 마지막이 바로 컨비니언스, 즉 편의성이다. 가격이 싸고 물건이 다양하다는 것은 무척이나 중요한 요인이지만 한국 시장에서는 그것만으로는 성공할 수 없다. 사용자들이 더 편리하게 쇼핑을 할 수 있도록 끊임없이 서비스를 개선해야 한다. 아마도 투입되는 인력 규모로 봤을 때 쿠팡에서 가장 많이 공들이고 있는 분야가 바로 이 컨비니언스일 것이다.

할인 쿠폰을 예로 들어보자. 유통 사업자의 입장에서 할인 쿠폰은 비교적 쉽게 매출을 증대시킬 수 있는 수단이다. 옥션이나 지마켓 같은 오픈마켓에서 일했던 분들의 이야기에 따르면, 소비자는 단돈 100원이라도 싼 곳을 어떻게든 찾아서 움직인다고 한다. 그래서 쿠폰을 뿌리면 거의 무조건적으로 매출이 오른다는 것이다. 실적을 보여주어야 하는 사업 책임자의 입장에서는 쿠폰에 유혹을 느끼지 않을 수 없다.

하지만 쿠폰은 동시에 여러 가지 비용을 발생시킨다. 먼저 이익의 폭을 깎아먹는다. 형태야 어쨌든 쿠폰의 본질은 가격 할인이기 때문이다. 그래서 쿠폰 프로모션을 진행하는 마케터는 비용을 최소한으로 낮추면서 매출을 극대화하기 위해 여러 가지 고민을 한다. 가장 흔한 접근 방법은 고객 세분화에 기반을 둔 타기팅이다. 즉, 할인을 해주어야만 물건을 살 고객이 있고, 할인을 안 해줘도 물건을 살 고객이 있다면 전자에게만 쿠폰을 지급하는 것이다. 당연히 쿠폰을 찾아서 쓰는 것도 쉽지 않게 되어 있다. 시간을 투자해서 단돈 100원이라도 싸게 사자고 쿠폰을 10분, 20분씩 찾아다니는 사람들만이 쿠폰을 쓸 수 있게 하고 그 외의 사람들은 쓰지 말라는 것이다. 물론 쿠폰을 중시하는 고객을 얼마나 잘 선별해낼 수 있느냐는 또 다른 문제이고, 이런 디테일을 잘 살리는 마케팅을 하는 것도 중요하다.

개인적으로 쿠팡에 들어갈 때 기대가 컸던 부분이 바로 이 쿠폰 마케팅이었다. 회사 이름이 '쿠팡'이었기 때문이다. 왠지 모르겠지만 쿠폰 마케팅을 기가 막히게 잘해서 대박을 팡팡 터트리고 있는 회사의 이름 같지 않은가? 쿠폰 마케팅과 관련해서 뛰어난 동료들을 만나 함께 일하면서 내 능력도 펼치고 새로운 것도 많이 배울 수 있을 것이라고 기대했었다. 하지만 직접 확인해보니 쿠팡이라는 네이밍은 쿠폰과는 전혀 관계가 없었다. 뿐만 아니라 쿠팡은 할인 쿠폰에 관해서 전혀 다른 관점을 가지고 있었다.

이 분야를 담당하는 PO와 이야기해보니 쿠팡은 쿠폰을 고객 편의성을 저해하는 요소로 보고 있었다. 쿠폰 할인을 받으려면 추가적으로 뭔가를 해야 한다. 어딘가에서 쿠폰을 찾아야 하고 조건을 확인해야 하며 그 조건에 맞추어서 쿠폰을 사용한다는 의사를 시스템에 입력해주어야 한다. 이 모든 과정들이 고객을 불편하게 만든다는 것이다. 그래서 쿠팡의 PO들은 쿠폰을 붙여서 할인을 할 요량이면 차라리 그냥 처음부터 가격을 낮추어 제공하는 것이 올바른 접근 방법이 아니겠냐는 관점을 갖고 있었다. 이것이 쿠팡에서 쿠폰 프로모션을 가급적 하지 않는 이유였다.

물론 그렇다고 해서 쿠팡이 쿠폰 프로모션을 아예 하지 않는 것은 아니다. 경쟁사에서 공격적으로 쿠폰 프로모션을 진행하면 당장에 시장 점유율을 빼앗기게 된다. 이것을 가만히 눈 뜨고 지켜보기는 어렵다. 당연히 대응을 한다. 하지만 이렇게 대응을 하는 경우에도 고객 편의성을 최대한 고려한다. 쿠폰을 일일이 찾아 붙여야 하는 방식이 아니고, 원칙적으로 사용할 수 있는 조건만 맞으면 자동으로 할인이 되는 방식으로 프로모션을 진행한다. 이로써 고객의 편의를 해치지 않는 범위 내에서 경쟁사의 쿠폰 프로모션에 대응할 수 있다(쿠팡 퇴사 후 다시 확인해보니 일일이 쿠폰을 적용해야 하는 방식으로 바뀌어 있었다. 그 이유는 나도 잘 모르겠지만 쿠팡이 이커머스 업계의 주자들 가운데 쿠폰 마케팅에 상대적으로 소극적인 것은 현재까지도 마찬가지다). 이런 정책은 가격 세분화 전략이나 고전적인 쿠폰 마케팅의 입장에서 보면 이해가 잘 안 될지도 모른다. 그러나 고객 편의성이라는 관점에서는 납득이 되는 방침이다.

가격보다 더 결정적인 것

_____ 쿠팡에서 공들여 추진하고 있는 일들은 대부분은 고객 편의성과 관련이 있다. 가령 로켓배송과 같은 서비스도 고객 편의성을 위해서 하는 일이다. 간편 결제 같은 기술을 도입하거나 모바일 앱을 보다 사용하기 편리하도록 개선하는 일도 고객 편의성을 추구한다. 내가 담당했던 서비스 개인화 및 상품 추천도 마찬가지였다.

싼 가격에 다양한 물건을 살 수 있으면 물론 좋은 서비스이다. 그러나 이미 살펴본 바와 같이 소비자의 성향이 까다로운 한국 시장에서는 이것만 가지고는 소비자들을 만족시킬 수 없다. 그 이상으로 소비자들이 원하는 것은 한마디로 편의성이다.

쿠팡은 매우 다이나믹하게 변화하는 조직이다. 내가 쿠팡에서 일한 기간은 그리 길지 않았지만, 그 짧은 기간에도 회사의 전략이나 방향, 심지어는 문화까지도 빠른 속도로 변화하고 있었다. 하지만 그 와중에도 쿠팡이 중요하게 여기는 이커머스 비즈니스의 핵심 성공 요인 세 가지, 즉 셀렉션과 프라이스 그리고 컨비니언스에 대한 생각은 바뀌지 않았다. 그리고 회사에서 하는 일들이 실제로 이 세 가지 요소와 어떤 형태로든 명확히 연관이 되어 있다. 물론 쿠팡은 방향이 잘못됐다고 생각하면 재빨리 그리고 미련 없이 돌아서는 회사이기 때문에 장담할 수는 없지만, 이 세 가지 요소에 대한 쿠팡의 생각은 당분간 유지되지 않을까 싶다.

생산자와 소비자를
직접 연결하라

쿠팡은 원래 소셜커머스 모델로 비즈니스를 시작했다. 하지만 시간이 지남에 따라 변화에 적응하기 위하여 비즈니스 모델을 계속 바꾸어왔다. 물론 처음 시작했던 소셜커머스 비즈니스 모델을 완전히 버린 것은 아니지만 현재는 그 모델에서 발생하는 매출의 비중은 많이 줄어들었고 다른 쪽에서 발생하는 매출이 훨씬 많다. 이 점은 쿠팡뿐만이 아니고 다른 소셜커머스 업체들 또한 마찬가지이다.

그런데 쿠팡이 여타의 소셜커머스나 오픈마켓 등과 분명히 차별화되는 부분이 있다. 현재 쿠팡에서 구축하고 있는 비즈니스 모델은 이른바 '다이렉트 커머스'라고 하는 것이다. 이는 생산자와 소비자 사이의 단계를 최소한으로 줄이는 것을 지향한다. 궁극적으로는 생산자와 최종 소비자 사이에서 오직 쿠팡만을 거치도록 하는 것이 목표이다.

기존의 소셜커머스 업체나 오픈마켓에서 물건을 판매하는 방식은 위탁판매라는 것이다. 소셜커머스 사이트에서 판매하고 있지만 정확히는 소셜커머스 사이트에서 파는 것이 아니라 그 물건을 판매하는 판매자가 별도로 있고 최종 소비자는 그 판매자로부터 물건을 구입하는 방식이다. 물건의 소유권이 소셜커머스나 오픈마켓 업체를 거치지 않고 판매자로부터 구매자로 바로 넘어가고, 소셜커머스나 오픈마켓 사이트는 수수료를 뗄 뿐이다.

일부 품목에 대해서는 쿠팡이 직접 물건을 매입하기도 한다. 이른바 사입이라 일컫는 방식이다. 사입한 물건을 최종 소비자에게 판매할 때는 물건의 소유권이 쿠팡으로 완전히 넘어왔다가 다시 최종 소비자에게 넘어가는 것이라 할 수 있다. 이러한 판매 방식은 회계적으로도 법적으로도 완전히 다르게 처리된다. 가령 1000원짜리 물건을 위탁판매로 팔고 수수료로 100원을 떼는 방식으로 비즈니스를 하는 경우에는 매출이 100원으로 잡힌다. 하지만 900원에 사입해서 1000원에 판매하는 경우에는 매출이 1000원으로 잡힌다(물론 이익은 똑같이 100원이다).

사입을 하는 경우에는 쿠팡맨이 배송을 직접 해준다. 이 두 가지, 사입과 직접배송을 하는 이커머스 업체는 쿠팡을 제외하면 아직까지 한국에 존재하지 않는다.

쿠팡, 우리가 혁신하는 이유

경쟁자들이 쉽게
따라 할 수 없는
비즈니스 모델

_____ 다이렉트 커머스는 어떤 점이 좋을까?

사입의 이점 중 하나는 가격 경쟁력이다. 일반적인 경우에는 유통 과정이 복잡할수록 생산자가 판매를 하는 가격과 최종 소비자가 구매를 하는 가격 사이에 차이가 많이 난다. 당연하다. 그 사이에 있는 중간 유통업자들이 마진을 붙여서 먹고살기 때문이다. 아마도 유통 과정에서 가장 많은 단계를 거치는 것은 농산물일 것이다. 생산자로부터 1차 수집상, 2차 수집상, 도매상, 소매상 등을 거쳐서 최종 소비자의 손에 들어가면 가격이 엄청나게 뛰어 있다.

쿠팡이 추구하는 다이렉트 커머스 모델은 가급적 그 단계를 줄이자는 것이다. 일부 품목의 경우에는 생산 공장에서 직접 매입하는 경우도 있다. 당연히 보다 낮은 가격에 고객들에게 물건을 제공할 수 있다. 얼마 전에 국내 굴지의 유통전문 그룹에서 일하고 있는 분을 만날 기회가 있었다. 그분이 다니는 회사도 업계에서 알아주는 강자이고 그분도 업계 상황을 정확히 파악하고 있는 베테랑이었다. 그런데 이분이 "대체 쿠팡은 어떻게 하는지 모르겠어요. 일부 품목의 경우에는 저희도 도저히 그 가격 못 맞추겠더라고요. 쿠팡에서 물건 가져다가 팔아야 하나 하는 농담까지 한다니까요"라면서 혀를 내둘렀다. 알고 보니 그가 언급한 '일부 품목'은 바로 쿠팡에서 사입을 하고 있는 품목과 일치했다. 쿠팡의 전략이 적중하고 있는 셈이었다.

한편 직접배송의 이점은 서비스의 품질을 제어할 수 있다는 것이다. 이커머스 비즈니스에서는 특히 배송에 관한 문제가 많다. 온라인으로 물건을 구입하는 소비자들이 가장 민감해하는 부분이 배송이라고 해도 과언이 아니다. 배송 서비스의 질이 낮으면, 가령 배송이 지연되거나 불친절하면 고객들이 체감하는 만족도는 확 떨어져버린다. 그런데 다른 이커머스 업체들은 배송을 협력업체, 즉 일반 택배회사에 맡긴다. 이렇게 되면 배송 서비스의 품질을 마음대로 제어하기 어렵다. 택배회사에 배송을 맡기면서 쿠팡 물건만 더 빨리 배송해달라거나 쿠팡 물건을 배송할 때 더 친절하게 해달라고 할 수는 없을 테니 말이다. 하지만 쿠팡이 배송까지 직접 하게 되면 더 나은 서비스가 가능해진다.

다이렉트 커머스 모델은 이렇게 좋은 점만 있을까? 그럴 리가 없다. 만약 그렇다면 다른 이커머스 업체들이 금방 따라 했을 것이다. 사실 어떤 측면에서는 매우 위험한 전략이고 많은 노하우를 필요로하는 것이 다이렉트 커머스다.

일단 사업을 하기 위해서는 자체적으로 물건을 살 돈이 필요하다. 그것도 매입 단가를 낮추어 사업의 실질적인 이점을 누리기 위해서는 한 번에 많은 양을 사야 한다. 운영비용 자체가 높아지는 것이다. 그뿐만이 아니다. 사입을 하게 되면 그 즉시 재고에 대한 부담이 생긴다. 만약에 물건을 샀는데 생각보다 안 팔리면? 그러다가 유통기한이라도 지나버리면? 같은 제품에서 새로운 모델이 나오면? 사입을 하면 이 모든 경우에 고스란히 손실을 떠안게 된다. 그렇다고 해서 무작정 재고를 적게 가져갈 수도 없다. 당장에 고객이 주문을 하려는데 재고가 떨어져서 주문을 못 하면 고객들은 아마도 큰 불편을 겪을

쿠팡, 우리가 혁신하는 이유

것이다. 더구나 재고가 떨어졌는데 그 정보가 고객에게 전달이 안 되어 주문을 받아버리면 더 큰 문제가 생긴다. 고객은 분명히 판매 중이라고 해서 주문을 했는데 재고가 없으니 기다리라는 소리를 듣게 된다. 고객이 이런 경험을 한번 하게 되면 회사의 신뢰가 확 깎여나간다.

게다가 재고를 쌓아둘 공간도 필요하다. 이른바 물류창고가 필요하게 되는데 쿠팡과 같은 전략을 쓴다면 물류창고의 요건이 달라져야 한다. 단순히 물건의 보관만을 위한 물류창고라면 그 위치가 땅값이 싸고 외진 곳에 있어도 좋다. 하지만 쿠팡의 경우에는 최종 소비자에게 배송할 물건을 쌓아두기 위한 물류창고이며 이런 경우 물류창고가 최종 소비자와 가까운 곳에 있어야 한다. 즉 대도시 인근에 땅값이 비싼 지역에 물류창고를 만들어야 하는데 여기에 들어가는 자금이 어마어마하다.

게다가 배송을 직접 하는 것도 막대한 투자를 요구하는 일이다. 가장 먼저 장비 문제가 있다. 차량 한 대당 1000만 원씩만 계산해도 1000대면 100억 원이다. 배송에 드는 인건비까지 고려하면 엄청난 돈이 들어가는 셈이다. 게다가 이 돈은 물건이 안 팔려도 계속해서 들어가는, 흔히 말하는 고정비다. 다이렉트 커머스 전략을 구사하는 순간에 고정비용이 발생해버리고, 이것은 바로 경영에 부담으로 다가온다. 그러므로 쉽게 시도할 수 있는 전략이 아니다.

이러한 다이렉트 커머스의 리스크를 피하기 위해서는 어떠한 노하우가 필요할까? 가장 중요한 것은 적절한 물류창고의 위치를 선정하는 것이다. 이 단계에서 행여나 실수라도 하면 막대한 손실을 입는다.

다음으로 필요한 것은 재고관리에 관한 노하우이다. 재고관리의 목표는 간단하다. 최소한으로 재고를 유지하되 떨어지게 해서는 안 되는 것이다. 이를 달성하기 위해서는 수요 예측이 필수적이다. 얼마나 팔릴지를 알아야 재고가 언제 떨어질지를 예측할 수 있고, 그전에 다시 주문을 해서 재고가 떨어지지 않도록 관리를 할 수 있다. 이 수요 예측은 데이터 사이언스와도 깊은 관련이 있다. 데이터 사이언스를 통해 과거의 판매 데이터를 바탕으로 미래의 판매량을 예측하기 때문이다. 이와 같은 면에서 실력이 뒷받침되어야 다이렉트 커머스 전략을 제대로 구사할 수 있다.

쿠팡은 현재 국내 이커머스에서는 유일하게 물건을 직접 매입해서 택배사에 의존하지 않고 직접 고객에게 배송하는 다이렉트 커머스 비즈니스 모델을 구축하고 있다. 모든 물건을 이렇게 판매하는 것은 아니지만 전략적으로 중요한 물품부터 시작해서 품목을 계속해서 늘려나가고 있다. 이는 얼핏 보기에는 여타의 이커머스와 비슷해 보이지만 실제로는 전혀 다른 구조이며 경쟁자들이 쉽게 따라할 수 없는 모델이다. 다이렉트 커머스를 구축하기 위해서는 자금도 필요하고 노하우도 필요하다. 쿠팡은 비록 시작은 미숙했지만 빠른 속도로 관련된 노하우를 차근차근 쌓아가고 있다.

모든 것을 바꿔놓은
스마트폰, 그 이후

2000년대 들어서 새로 나온 발명품들 가운데 지금까지 사람들의 생활을 가장 많이 바꾸어놓은 물건을 꼽으라면 아마도 스마트폰이 1위를 차지하지 않을까? 나에게 스마트폰을 정의하라면 '전화기 기능이 있고 인터넷이 가능한 초소형 휴대용 컴퓨터'라고 말할 것이다. 어찌 보면 별반 새로울 것이 없는 개념이다. 휴대용 컴퓨터도 예전부터 있던 것이고 휴대용 전화기도 마찬가지다. 그런데 그것을 하나로 통합한 기계가 우리의 생활을 영원히 바꾸어놓았다.

스마트폰은 우리의 IT 생활 패턴을 완전히 바꿨다. 가장 중요한 변화는 사람들이 예전만큼 PC를 켜지 않게 되었다는 점이다. 그런데 인터넷에 연결되어 있는 시간은 훨씬 더 길어졌다. 요즘 사람들은 거의 하루 24시간 내내 인터넷에 로그인한 상태와 다를 바 없다. 출퇴근 지하철에 보면 다들 스마트폰을 들고 뭔가를 하고 있다. 물론 스마트폰이 PC를 완전히 대체할 수는 없다. 스마트폰은 크기가 작아 사용하기 불편할 때가 있다. 문서를 작성하거나 뭔가 복잡한 일을 하려면 여전히 PC를 사용할 수밖에 없다. 하지만 간단한 웹서핑이나 메일 확인 정도는 스마트폰으로도 충분하다. 결국 업무용으로는 PC를 쓰게 되고 그 외의 소소한 작업들은 대부분 스마트폰에 의존하는 경우가 흔해졌다.

IT 기반의 비즈니스를 하는 입장에서 스마트폰의 보급은 엄청난 기회이다. 사람들이 스마트폰을 들고 무엇인가를 하는 시간이 늘어난 만큼 비즈니스 기회가 더 생겨난 것이다. 그 시간에 무엇을 하도록 할 것이냐가 문제인데, 자투리 시간을 즐겁게 보낼 수 있게만 해줘도 충분히 가치가 있다. 그래서 모바일 게임이 대박을 치는 것이다.

소셜커머스 업체들이
유리하다

_____ 스마트폰이 일으킨 변화는 누구에게는 기회이지만 누구에게는 또한 리스크이기도 하다. 게임 시장만 해도 스마트폰 때문에 판도가 완전히 바뀌었다. 구글 플레이스토어나 애플 앱스토어에서 랭킹 1위부터 300위 가운데 280개 이상을 게임이 차지하고 있다. 그 정도로 모바일 게임은 시장에서 중요한 부분을 차지하고 있다. 그런데 사용자의 시간은 한정되어 있다. 스마트폰으로 게

임을 하면 아무래도 PC로 게임을 하는 시간은 줄어들기 마련이다. 그래서 기존의 PC 기반의 게임 서비스를 하던 대형 게임 회사들은 성장세가 많이 꺾였고, 그 틈을 모바일 게임을 만드는 작은 회사들이 파고들고 있다. PC 기반의 게임과 모바일 기반의 게임은 추구하는 방향이 많이 다르다. PC 기반의 게임은 블록버스터 영화에 비유할 수 있다. 한번 잡으면 보통 한두 시간 이상씩 붙잡고 해야 한다. 스케일이 방대하기 때문에 제작비도 많이 들어가지만 게임의 수명 또한 상당히 길다. NC소프트에서 제작해서 서비스하고 있는 리니지 시리즈는 시장에 출시된 지 10년이 훨씬 넘었지만 오늘날까지도 꾸준히 매출을 발생시키고 있다.

반면에 최근 나오는 모바일 게임은 추구하는 방향이 전혀 다르다. 말하자면 짤막짤막한 UCC 동영상 같은 느낌이다. 짧게는 30초나 1분, 길어야 10~20분 정도밖에 안 된다. 아무 때고 자투리 시간에 할 수 있으며 중간에 끊어져도 별 부담이 없다. 나중에 다시 봐도 되고 못 봐도 그만이다. 말하자면 모바일 기반으로 만들어지는 게임은 훨씬 더 간편하게 즐길 만하다. 그래서 블록버스터 스타일의 PC 기반 게임을 만들던 기존의 대형 게임 회사들이 모바일 시장에 성공적으로 진입하지 못한 경우도 많다.

스마트폰은 사실 게임 시장뿐만 아니고 이커머스 시장도 바꾸어 놓았다. 예전에는 온라인 쇼핑을 하려면 일단 PC를 켠 다음에 몇 군데 사이트를 돌아다니면서 상품을 찾고 가격 비교를 하다가 마음에 드는 것이 있으면 구매를 했다. 요즘은 스마트폰으로도 쇼핑을 하는 사람들이 부쩍 늘었다. 이러한 변화를 선도하고 또한 가장 잘 활용한 회사가 바로 소셜커머스 회사들이다.

사실 스마트폰으로 이뤄지는 쇼핑용 소프트웨어를 만드는 데는 제약이 많다. 스마트폰은 화면이 좁다 보니 PC보다 불편하다. 원하는 상품을 찾기도 어렵고 상품에 관한 정보를 효율적으로 제공하기도 어렵다. 여러 가지 장벽이 있는 것이다. 하지만 일단 이러한 장벽들만 제거하면 접근성 자체가 PC보다 훨씬 유리하다. 출퇴근길에 스마트폰으로 상품을 보다가 물건을 주문할 수도 있지 않은가.

소셜커머스 비즈니스 모델은 스마트폰 기반의 서비스를 제공하는 데 있어서는 기존의 오픈마켓 비즈니스 모델보다 오히려 유리하다. 우선, 소셜커머스 회사들은 다른 오픈마켓에 비해 상품 가짓수가 적다. 상품 가짓수가 적으면 고객 입장에서는 아무래도 물건을 찾기가 쉽다. 똑같은 물건이라도 1만 개 중에서 내가 원하는 물건을 찾는 것은 100만 개 중에서 찾는 것보다 훨씬 더 쉬울 것이다.

또 소셜커머스 회사들은 콘텐츠, 즉 상품의 설명이나 사진 하나하나를 직접 만들어서 올린다. 그래서 콘텐츠 변경이 비교적 쉽다. 오픈마켓에서는 콘텐츠를 만들어 올리는 일을 판매자가 한다. 그런데 만약에 판매자가 올린 사진이 스마트폰에서 봤을 때 너무 작게 보여서 어떤 상품인지 이해하기가 어렵다면 어떻게 해야 할까? 혹은 판매자가 올린 상품 설명이 너무 길어서 스마트폰에서 봤을 때에는 읽기 불편하다면 어떻게 해야 할까? 판매자들에게 일일이 연락해서 "당신네 상품이 스마트폰에서 잘 안 보이니 사진을 새로 찍어서 올리고 상품 설명도 좀 줄이시오"라고 말할 수는 없는 노릇이지 않은가? 오픈마켓 비즈니스 모델은 상품 등록을 판매자 자율에 의존하기 때문에 근본적으로 콘텐츠 변경을 빨리 하기가 어려운 구조이다. 하지만 소셜커머스는 충분히 가능하다. 콘텐츠가 모바일 서비스에 적합하지 않으면 이에 적합하도록 직접 변경하면 된다. 이러한 이유로 모바일 쇼핑 분야에서는 소셜커머스 업체들이 앞서나가고 있다. 소셜커머스에서 스마트폰에서 발생하는 매출이 PC에서 발생하는 매출을 넘어서기 시작한 것은 내가 기억하기로는 2013년경이고 지금까지 이런 추세가 이어져서 현재는 모바일 매출 비중이 훨씬 더 높다.

모바일에
최적화된 구조

_____ 쿠팡은 이러한 추세에 발맞추어 '모바일 퍼스트 전략'을 구사하고 있다. 구체적으로 설명하자면 뭔가 새로운 기능을 넣고 개선을 할 때 모바일 앱, 더 정확히는 안드로이드 앱에 가장 먼저 적용한다. 그 결과를 보면서 결과가 괜찮으면 점차 아이폰이나 PC웹에도 적용해나가는 것을 회사의 기본 방침으로 하고 있다. 북미에서는 아이폰을 많이 쓰지만 한국에서는 안드로이드의 비중이 압도적으로 높기 때문이다.

얼마 전 어느 컨퍼런스에서 페이스북에서 일하고 계신 분을 만난 적이 있었다. 그분은 쿠팡의 성공 요인이 모바일에 최적화된 구조에 있다고 보인다고 말했는데 오히려 내가 "아, 그런가요?" 하고 별 생각 없이 맹한 대답을 했다. 아마도 상대는 내가 신이 나서 한 30분쯤 쿠팡의 모바일 서비스에 관해 자랑이라도 할 것을 기대했다가 실망

했을지도 모르겠다. 내부에서 봤을 때에는 너무나 당연해서 그게 무슨 대수인가 했지만 나중에 생각해보니 매우 날카로운 포인트였다.

물론 모바일 퍼스트 전략을 추진하는 데에도 장벽이 없는 것은 아니다. 일단 모바일 앱은 업데이트가 어렵다. PC웹의 경우에는 구조적으로 모든 데이터와 프로그램이 서버에 있고, 사용자들의 PC는 서버에 접속하여 프로그램과 정보를 긁어가서 실행하는 형태이다. 그래서 PC웹 서비스를 개선할 때에는 회사에서 관리하는 서버의 내용만 변경하면 된다. 하지만 모바일 서비스는 앱이 사용자의 스마트폰에 깔려야 하고, 서비스 변경을 하려면 사용자가 새로운 버전의 앱을 설치하도록 해야 한다. 이것은 더 까다롭고 많은 시간이 걸리는 일이다. 더군다나 빠른 기능 개선이 요구되는 상황에서는 더욱 불리하다. 이런 장벽이 있음에도 불구하고 쿠팡은 상당히 일찍부터 모바일 앱을 최우선으로 보고 서비스를 개선해나가고 있다.

coupang

쿠팡은 어떻게 오프라인
커머스를 뛰어넘을 것인가

쿠팡은 배송을 직접 하기 전까지는 고정비용 지출이 거의 없었고 대
규모 투자도 별로 필요가 없는 상태였다. 비용이라고 해봐야 직원들
월급이 대부분이어서 재무적으로 크게 부담스러운 상황은 아니었다.
하지만 배송을 직접 시작하면서 모든 것이 바뀌었고, 외부 투자가 없
으면 유지하기 어려운 상태가 되어버렸다. 누가 시켜서 한 것도 아니
고 자체적인 판단으로 이런 가시밭길을 선택한 것이다. 쿠팡은 대체
무슨 생각으로 직접배송이라는 길을 선택했을까?

처음에는 쿠팡이 배송을 직접 한다는 이야기를 듣고 그 이유가 아
마도 비용과 관계가 있을 것이라고 추측했었다. '쿠팡이 성장하면서
물동량이 늘어나고 있고, 이 정도 물동량이면 자체로 택배회사를 하

나 차려도 충분히 운영이 가능할 것이다. 그러니 괜히 남 좋은 일 하지 말고 배송까지 우리가 해버리자.' 한국의 대기업을 보면 이런 경우가 많지 않은가? 대기업 계열사마다 SI System Integration 회사 하나씩은 대부분 가지고 있다. 그런 회사들은 대부분 계열사의 전산 시스템을 구축해주고 먹고산다. 전산 시스템은 필요하지만 다른 그룹 계열사가 돈 벌게 해주기는 싫고 인력만 투입하면 그리 어려운 일도 아닌 것 같으니 이참에 계열사 하나 만들자는 사고방식으로부터 SI 회사들이 출발했을 것이다. 쿠팡이 배송을 직접 하겠다는 것도 비슷한 맥락이 아닐까 하는 것이 내 생각이었다. 그런데 알고 보니 쿠팡은 전혀 다른 계산을 하고 있었다.

고객 경험을 지배하라!

먼저 쿠팡은 배송이 온라인 커머스 서비스의 질을 결정하는 핵심 요소라고 보고 있다. 앞서 이야기한 이커머스 비즈니스의 세 가지 요소에 적용시켜 이야기하자면 배송은 컨비니언스와 관련 있는 것이다. 오프라인 커머스에서는 매장 전체가 고객과의 접점이다. 매장에 들어오는 순간부터 나가는 순간까지 모든 과정이 서비스의 일부이다. 하지만 온라인 커머스의 경우에는 고객과의 접점이 몇 군데 없다. 일반적으로 인터넷에서 주문을 하고 택배기사에게 물건을 받는 것이 서비스 과정의 전부다. 불만이 있을 때에 고객센터에 전화를 걸어서 콜센터 직원과 통화를 하는 정도가 추가될 수 있을 것이다. 말하자면 고객의 입장에서는 서비스, 배송, 고객센터가 쿠팡 그 자체이다. 뒤에서 그 서비스를 누가 만들고 있는지는 별로 중요하지 않다. 만약 고객과 직접 접하는 절차에서 고객에게 불쾌한 경험을 하게 만든다면 그 결과는 치명적이다.

이 세 가지 접점 가운데 IT 서비스, 즉 인터넷 사이트나 스마트폰 앱 개발은 쿠팡이 직접 한다. 만약 서비스에 문제가 생기면 쿠팡의 엔지니어들이 직접 문제를 해결할 수 있는 것이다. 고객센터도 쿠팡의 정직원에 의해 업무가 처리된다. 그래서 서비스에 부족한 부분이 있다면 쿠팡의 손으로 개선할 수 있다. 하지만 배송은 협력업체, 즉 일반 택배회사에 의존하고 있었다. 그래서 협력업체의 서비스가 불충분하다고 생각하더라도 별반 대안이 없었다. 물론 협력업체를 바꾸는 정도가 대안이 될 수도 있겠지만, 그 어떤 협력업체도 쿠팡이 고객에게 제공하고자 하는 수준의 서비스를 해주지 않는다면 어떻게 해야 할까? 그때는 직접 할 수밖에 없을 것이다. 쿠팡이 직접 배송을 시작한 이유가 바로 여기에 있었다.

기존의 택배 서비스가 지닌 문제는 무엇일까? 개인적으로는 기존의 택배 서비스에 관해서 별로 불만이 없었다. 불친절? 내 경우에는 대부분 부재중일 때에 택배가 오기 때문에 경비실에 맡겨달라고 한다. 그래서 택배기사와 직접 마주칠 일이 별로 없고, 설령 어쩌다가 한두 번 마주칠 일이 있다고 해도 "택배 왔습니다. 여기에 사인 좀 해주세요" 하면 사인을 해주고 물건을 받는 게 다다. 배송 과정에서 물건이 파손되거나 하는 일은 요즘은 다들 포장을 워낙 철저하게 해서 여간해서는 생기지 않는다. 물건을 집어던지거나 하는 일도 적어도 내가 보는 데서는 없었다. 온라인으로 상품을 주문했을 때 배송에 걸리는 시간이 약간 들쭉날쭉할 수는 있다. 빠르면 주문한 다음 날 배송이 되지만 늦으면 며칠씩 걸리기도 한다. 판매자가 재고 문제로 늦게 발송을 하는 경우도 있을 것이고, 택배회사에서 처리를 하다가 지연되는 경우도 있을 것이다. 하지만 어쩌겠는가? 택배 서비스가 원래 그런 면이 있지 않은가?

그런데 나처럼 생각하는 사람만 있다면 아마도 세상에 혁신은 일어나지 않을 것이다. 택배 서비스 하나만 놓고 생각해보면 별 문제가 없다고 느낄 수도 있을 것이다. 하지만 시야를 쇼핑 경험 전체로 넓혀서 보면 이야기가 달라진다.

온라인 커머스가 오프라인 커머스와 근본적으로 다른 부분이 무엇일까? 대형 마트에 가서 물건을 직접 사는 것과 인터넷에서 클릭하고 결제해서 필요한 물건을 사는 것의 차이 말이다. 오프라인 쇼핑은 아무래도 귀찮은 면이 있다. 직접 매장에 나가야 하고 구입한 물건을 들고 와야 한다. 요즘은 마트에서도 배송 서비스를 해주지만 그 서비스에도 불편한 점이 있다. 반면에 생생한 쇼핑을 즐길 수 있다는 것은 오프라인 쇼핑의 장점이다. 매장에 나가서 직접 눈으로 보고 만져보고 입어보고, 심지어는 먹어보고 살 수 있다. 그리고 또 한 가지, 기다릴 필요 없이 물건을 즉시 가져올 수 있다는 것도 좋은 점이다.

쿠팡, 우리가 혁신하는 이유

온라인과 오프라인의
장점을 취하다

_____ 온라인 커머스와 오프라인 커머스의 장점
만을 추려내서 서비스를 만들 수는 없을까? 쿠팡의 배송 서비스는 사
실 이 고민에서부터 시작되었다. 물론 온라인 커머스는 오프라인 커
머스만큼 생생한 쇼핑 경험을 제공하기는 어렵다. 그런데 만약에 배
송 서비스의 질을 획기적으로 끌어올릴 수 있다면 어떻게 될까?

다음과 같은 상황이 가능하다고 가정해보자. 인터넷에서 주문을
하면 불과 두 시간이면 물건이 온다. 배송된 상품이 마음에 안 들면
그 자리에서 즉시 반품이 가능하다. 주문한 상품이 옷이라면 입어보
고 반품할 수도 있다. 이 정도가 되면 사람들이 마트에 갈 필요가 별
로 없지 않을까? 쿠팡 배송 서비스의 목표는 이렇게 온라인 쇼핑의
경험이 오프라인 쇼핑을 따라잡게 하는 것이다. 그래서 주문에서부
터 배송이 완료될 때까지 걸리는 시간을 고객 편의성을 구성하는 주
요 요소로 보고 이 배송 시간을 단축하기 위해 총력을 기울이고 있
다. 현재는 자정까지 주문을 하면 다음 날 배송되는 수준이지만 궁극
적으로 지향하고 있는 목표는 훨씬 더 혁신적인 서비스다.

여러분들은 어떻게 생각하는가? 내 생각에는 두 시간 배송이 가
능하다면 적어도 일반 생필품을 사기 위해서는 마트에 갈 필요가 없
을 것 같다. 어차피 대부분 규격대로 나오는 공산품인데 굳이 눈으로
직접 확인하고 사야 할 필요가 있을까? 물론 직접 보고 사는 게 나은
품목도 있을 것이다. 규격화가 제대로 되어 있지 않은 농축수산물이
나 보관이 까다로운 신선식품의 경우라면 보다 많은 준비와 연구가

필요할 것이다. 백화점에서 판매하는 고성능, 고가의 제품군도 생생한 쇼핑 경험이 훨씬 더 중요한 품목일 수 있다. 그러나 일반적인 경우라면 빠르고 친절한 배송으로 충분히 오프라인 커머스에 비해 경쟁우위에 설 수 있지 않을까?

두 시간 배송은 매우 이상적인 목표이다. 동네 피자집에서 오는 피자도 주문부터 배달에 이르기까지 30분은 걸린다. 동네 마트에서도 비슷한 서비스를 제공한다. 쿠팡의 경우는 물류센터에서부터 배송하는 것이다. 주문을 받자마자 바로 포장해서 출발한다고 해도 두 시간이면 아슬아슬하다. 이런 서비스를 전국적인 규모로 하려면 당연히 어마어마한 투자가 필요할 것이다. 하지만 쿠팡은 정말로 한다. 물론 모든 지역에서 모든 상품을 두 시간 안에 배송할 수는 없겠지만 물류센터로부터 가까운 일부 지역에 한한다면 최소한의 비용으로 시험 삼아 해볼 수 있다. 거기서 고객들의 반응을 보고 그에 맞추어 대응하면 된다. 만약 고객들의 반응이 신통치 않다면 왜 그런지 분석해서 보완하면 된다. 일단 운영을 해보면 이 서비스를 확장할 때 무엇이 얼마나 필요할지 계산이 더 정확하게 나온다. 이러한 과정을 단계적으로 밟아나가면 결국에는 효율적인 서비스망을 구축할 수 있다.

쿠팡은 이런 생각으로 두 시간 배송을 실제로 테스트해봤다. 기존에 구축된 물류망을 최대한 활용해서 물류센터에서 가까운 일부 지역에 대해 실시해봤는데, 결론은 실패였다. 그래서 실험은 중단되었다. 이건 내가 직접 했던 일도 아니고 회사 떠난 다음에 결정이 난 부분이어서 정확히는 모른다. 아마도 '직접 해보니 들어가는 비용에 비해 고객 만족도를 높이는 데에 별반 도움이 안 된다'는 결론이 나왔기 때문에 중단했을 것이다. 쿠팡의 사고방식으로는 이런 과정이 큰 문제는 아니다. 최소한의 비용으로 가설을 테스트했고 아니라는 것을 확인했으면 된 것이다. 대신 오프라인 커머스와의 간극을 줄일 수 있는 다른 방법을 찾기 위해 노력할 것이다.

쿠팡은 언젠가는 온라인 커머스가 오프라인 커머스를 대체할 것으로 내다보고 있다. 많은 사람들이 귀찮게 발품 파는 것을 싫어하기 때문이다. 그러나 아직까지는 온라인 커머스가 오프라인 커머스와 비교해서 서비스의 질에서 확실하게 우위에 서 있지 못하고, 사람들은 여전히 마트에 가고 있다. 쿠팡은 보다 빠른 배송을 통해 오프라인 커머스가 가지고 있는 강점을 온라인 커머스가 뛰어넘을 수 있을 것이라는 가설을 가지고 있다. 아직까지는 확실하지 않지만 충분히 가능성이 있는 이야기다. 만약에 이 가설이 사실로 밝혀지고, 오프라인의 강점을 뛰어넘는 온라인 서비스가 실제로 생긴다면 우리의 삶은 극단적으로 바뀔 것이다.

혁신은 결국 기술력이다

회사에서는 다양한 직군의 사람들이 함께 모여 일을 한다. 일선에서 영업을 뛰는 사람들도 있고 마케팅을 하는 사람들도 있으며 소프트웨어 개발을 하는 사람도 있다. 누군가는 일반적인 인사나 총무를 담당하기도 한다. 그런데 이들 모두가 회사를 위해 함께 힘을 합쳐 일을 해도 어떤 회사에서든 핵심적인 부서와 그렇지 않은 부서가 갈리기 마련이다. 이런 부분은 회사가 하는 비즈니스가 무엇이냐에 따라서 달라진다.

예를 들어 게임 서비스를 하는 회사에서는 실제로 게임을 제작하는 사람들이 가장 핵심적인 역할을 한다. 그리고 다른 부서나 조직은 이들을 지원하는 데 초점이 맞추어진다. 게임을 만드는 회사에서 마케팅을 할 때에는 게임 제작 부서에서 "우리가 이번에 게임을 이렇게 만들었으니 거기에 맞추어 마케팅 캠페인을 진행해주십시오"라고 말하는 것이 일반적인 형태이지, 거꾸로 마케팅 부서에서 "우리가 이번에 마케팅을 이렇게 할 계획이니 게임을 이렇게 제작해주십시오"라고 이야기하는 일은 드물다.

사정은 회사마다 다르다. 게임 회사라면 마케팅 담당자들이 지원자 역할을 하지만 만약에 전문 마케팅 대행사라고 하면 어떨까? 이때는 당연히 마케팅 담당자들이 핵심적인 역할을 하고 다른 사람들이 거기에 맞추어 지원을 하는 입장이 될 것이다.

이커머스 비즈니스의 경우는 시작하는 단계에서는 IT 역량이 큰 문제가 되지는 않는다. 상품을 올려서 주문을 받고 결제를 하는 쇼핑몰 정도는 요새는 100만 원도 채 들이지 않고도 만들 수 있다. 이런 영세 쇼핑몰은 한국에도 제법 있고, 소셜커머스 업체들 중에도 시작 단계에서는 아웃소싱을 통해 IT 서비스를 만든 회사가 있다. 이 비즈니스에서 주로 고민하는 것은 어떤 상품을 가져다 팔 것인지와 마케팅을 어떻게 해야 할 것인지 등이다. IT에 관련된 사항은 별로 관심의 대상이 아니다.

하지만 사이트가 커지면서 상품과 방문자가 많아지면 IT에 병목이 생기기 시작한다. 예를 들어 상품이 늘어나면 사용자가 사이트를 방문했을 때 상품이 보이는 속도가 느려질 수 있는데, 이러한 문제를 해결하는 데에는 기술적인 역량이 필요하다. 그리고 비즈니스가 계속해서 바뀌어가기 때문에 IT 쪽에서도 그 변화에 따라 새로운 기능을 추가하면서 개편해나가야 한다. 실제로 이런 비즈니스의 경우에는 처음엔 전일제로 일하는 개발자 없이 아웃소싱으로 사이트를 만드는 것으로 시작하기도 한다. 그러나 시간이 지나 서비스가 성공적으로 자리를 잡으면 본격적으로 IT 개발팀의 중요성이 대두된다. 이때가 되면 전담 조직이 생기고 그 규모가 점점 커지는 것이 일반적이다.

이커머스의
성패를 가르는 것

_____ 쿠팡은 IT에 상당히 많은 투자를 하고 있다. 쿠팡은 2014년에 미국의 유명 VC Venture capital 인 세쿼이아 캐피탈에서 투자를 받았다. 오라클과 구글을 포함해서 IT 분야에서 쟁쟁한 회사들이 여기서 투자를 받은 적이 있다. 실력이 있기로 소문이 나 있는 세쿼이아 캐피탈의 마이클 모리츠 회장이 직접 쿠팡을 방문해서 회사를 보고 투자 결정을 했는데, 모리츠 회장이 범을 만나 처음 한 질문은 "당신이 소프트웨어 개발을 할 줄 아느냐?"였다고 한다.

대체 왜 뜬금없이 그런 질문을 했을까? 생각해보면 저 간단한 질문 하나에 여러 함축적인 의미가 담겨 있다. 짐작하건대 그는 이커머스 비즈니스의 승패가 결국 IT 개발 역량에서 갈릴 것이라고 보고 있는 것이다. 기술적 역량이 바탕이 되지 않으면 혁신을 일으킬 수 없고, 결국 경쟁에서 승리할 수 없다. 그렇기 때문에 소프트웨어 개발을 모르는 사람은 이커머스 비즈니스 조직을 제대로 이끌 수 없다는 것이 그의 생각이었을 것이다. 그래서 회사를 이끄는 사람이 소프트웨어를 아는지 날카롭게 물어봤던 것이다.

이 질문을 들은 순간 범은 핀치에 몰린 셈이다. 그는 하버드에서 정치학을 전공했고 보스턴 컨설팅 그룹에서 경력을 쌓은 비즈니스 전문가이지 소프트웨어 개발을 실제로 해본 사람은 아니다. 그렇다고 거짓말을 할 수도 없다. 그는 "나는 소프트웨어 개발은 할 줄 모른다. 하지만 그 중요성은 알고 있다"라는 말로 위기를 모면했다.

범은 "이제는 모든 것이 소프트웨어 기반으로 돌아가기 때문에 소프트웨어를 모르면 비즈니스를 할 수 없는 세상이 되어버렸다. 나도 내 아이들에게 어려서부터 소프트웨어를 가르치고 있다"라고 말한다. 재미있는 것은 처음부터 이런 관점을 가졌던 것은 아니었다고 한다. 쿠팡 초기에는 "개발? 그거 개발자 한 명 데려다 놓으면 되는 거 아냐?"와 같은 말을 한 적도 있다고 한다. 그러나 지금은 180도 관점이 바뀐 것이다. 그래서 진정성에 살짝 의문이 들기도 한다. 그의 말이 쿠팡이라는 회사의 경영에 진짜로 반영되어 있을까?

회사의 모습을 보면 실제로 IT에 많은 투자를 하고 있다. IT에 대한 투자는 결국 사람에 대한 투자다. 더 좋은 사람을 더 많이 채용하고 그들에게 좋은 근무 환경을 제공하는 것이다. 2015년 현재 IT 개발 조직의 구성원만 400명 가까이 있고, 회사에서는 1000명을 목표로 계속해서 채용을 늘려가고 있다. 내가 보기에는 그 절반만 있어도 서비스를 운영하는 데에는 별 문제가 없어 보인다. 비슷한 규모로 비슷한 성격의 비즈니스를 하는 다른 회사도 개발조직의 규모가 훨씬 작다. 한 경쟁사의 경우에는 실제로 50명도 채 안 되는 개발자로 비슷한 사이즈의 서비스를 떠받치고 있는 실정이다.

그런데 쿠팡은 대체 왜 이렇게까지 사람을 늘리고 있는 것일까? 처음에는 이해가 안 되었지만 실제로 부딪혀보니 이유를 충분히 짐작할 수 있었다. 쿠팡은 하고 싶은 일이 많기 때문이다. 현재의 수준에 안주하지 않고 계속해서 혁신을 만들어내려는 것이다. 일부에서는 '그냥 투자자 보기에 그럴듯하게 보이는 회사 만들려고 개발자 뽑아 숫자 채우는 거 아닌가?'라는 의견도 있지만 쿠팡은 내가 느낀 바로는 정말 하고 싶은 일이 많은 회사였다.

소프트웨어 개발자를 존중하는 기업의 미래

———————————— 그 외에도 쿠팡에는 회사 차원에서 개발자들을 우대해주는 정책들이 제법 많다. 일례로, 쿠팡에서 소프트웨어 개발 프로젝트를 할 때 일정에 관해서는 개발자들의 의견을 존중해준다. 보통의 커머스 회사에서 개발조직은 지원조직의 위치가 되는 경우가 많다. 사업 부서에서 원하는 일정에 원하는 제품을 만들어내는 것이 개발조직의 최대 목표가 되기 때문에 일정에 대한 압박이 분명히 존재하며 일정을 지키지 못하면 개발조직에 책임이 돌아간다.

이런 회사의 개발조직에서는 대개 '아니, 말도 안 되는 일정 잡아놓고 그걸 우리더러 맞추라니, 이건 너무하는 것 아니냐?' 하는 불평이 터져나온다. 그래도 별수 없다. 밤을 새워가며 작업을 해서라도 일정에 맞추는 수밖에. 하지만 쿠팡의 개발 프로세스는 실제로 상당히 다르다. 비즈니스 조직에서 요구사항을 내면서 "이런 거 해줄 수 있느냐? 작업을 하는 데 시간이 얼마나 걸리느냐?"라며 요청을 하면 개발조직에서 검토를 해보고 얼마나 걸릴지에 대해 피드백을 준다. 그러면 사업조직은 개발조직이 제시한 일정에 맞추어 향후 일정을 준비한다. 물론 어느 회사든 이런 절차가 전혀 없지는 않겠지만 쿠팡에서는 이런 과정 속에서 개발자의 의견에 힘이 실리는 편이다.

개발조직 외부에서는 개발조직에서 소요 일정을 과도하게 잡는 것 같다면서 불평을 늘어놓기도 한다. 예를 들어 일주일이면 끝날 일을 2주 걸린다고 하는 것이다. 아마 실제로 이런 경우도 있겠지만, 오해도 있을 것이다. 소프트웨어 개발은 간단한 것 하나 하는 데도 다양한 이유 때문에 생각보다 시간이 많이 걸릴 수 있다. 이러한 사정을 제대로 알지 못하면 오해하기도 쉽다. 그러나 내가 직접 경험한 바로는 대부분의 엔지니어들은 정직하게 일정을 제시했으며 회사에서도 이를 충분히 이해했다. 이런 과정을 보면 분명 개발자들의 의견이 조직 내에서 존중받는 구조인 것은 맞다. 포털 같은 경우와 비교하면 별로 대단할 것이 없을지도 모르겠지만 커머스 업계라는 것을 감안하면 개발자로서 일하기 괜찮은 환경이 아닐까?

쿠팡은 진정한 혁신은 기술력을 바탕으로 일어나며 또 그렇게 할 때 경쟁 우위를 만들어낼 수 있다고 믿고 있다. 그래서 실제로 IT에 많은 투자를 하고 있다. 아마존 같은 경우도 처음에는 온라인 서점으로 시작했지만 커머스로 발전했고 요즘은 AWS 아마존 웹 서비스 라고 하는, 커머스와는 전혀 관계없는 기술 기반의 클라우드 서비스 사업을 하고 있다. 이 분야에서는 심지어 구글이나 페이스북 같은 기존의 IT

회사들보다도 앞서 있다. 쿠팡 또한 비슷한 꿈을 꾸고 있다. 아직은 결과가 나오기에는 조금 이르지만, 언젠가는 진짜로 기술 기반의 비즈니스를 실행하는 회사로 성장해갈 수 있기를 기대한다.

쿠팡은 왜 개편을
잘 안 하는 것처럼 보일까?

대개의 경우 무엇이든 상용 제품을 만들 때는 완성도가 무척이나 중요하다. 한번 만들어서 내보내면 되돌리기가 어렵기 때문이다. 자동차나 스마트폰을 만들어서 파는 회사가 설계상의 결함을 발견하면 어떻게 될까? 최악의 경우 해당 제품을 리콜해야 한다. 수리를 해주거나 결함이 없는 제품과 교환을 해주어야 하는 것이다. 이런 일이 발생하면 회사 입장에서 막대한 손실이 발생한다. 내가 이 글을 쓰고 있는 지금도 삼성전자 제품인 갤럭시노트 7의 배터리에서 결함이 발견돼 사용 중지 권고에 관한 뉴스가 뜨고 있다. 이 사건으로 삼성전자는 아마 재무적인 측면에서 상당한 손해를 보게 될 것이다.

하지만 상상을 해보자. 설계도만 바꾸면 이미 판매한 제품이 바뀐다고 말이다. 갤럭시노트 7의 배터리 결함이 발견됐을 때 삼성전자에서 배터리 설계도만 바꾸면 문제가 해결될 경우, 리콜 같은 것은 필요 없을 것이다. 문제점이 알려지는 즉시 연구를 해서 이를 보완한 새로운 설계도만 그려내면 된다.

물론 현실 세계에서는 이런 일이 벌어지지 않는다. 하지만 이것이 실제로 가능한 분야가 있다. 바로 소프트웨어 개발 분야다. 소프트웨어 개발 또한 예전에는 제품의 수정이 어려웠기 때문에 제조업과 비슷한 프로세스를 가지고 있었다. 하지만 인터넷이 보급되면서 이러한 전통적인 소프트웨어 개발 프로세스가 비효율적이라는 의견이 제기되었다. 소프트웨어 제품 수정이 가능해진 근본적인 이유는 소프트웨어를 유통시키는 방법이 달라졌기 때문이다. 예전에는 소프트웨어를 DVD 같은 매체에 담아서 패키지의 형태로 판매했다. 당연히 한번 판매를 하고 나면 그것으로 끝이었다. 다음번 업그레이드 버전은 시간이 한참(보통 1년 이상) 지난 다음에야 나오고, 나온 다음에는 새로운 제품으로 간주되고 팔렸다. 기존 고객에게는 할인가에 구매할 수 있는 혜택을 주는 정도였다.

반면 오늘날에는 새로운 버전의 소프트웨어가 나오면 즉시 업그레이드를 해준다. 거의 대부분의 컴퓨터가 인터넷에 물려 있기 때문에 이것이 가능하다. 사용료는(만약 있다면) 지속적으로 사용하는 기간 동안 지불한다. 이렇게 되면서 소프트웨어 제작자는 완성도에 관한 부담이 줄어들었다. 예를 들어 소프트웨어에 A, B, C 세 가지의 기능을 추가한다고 하면, 예전에는 A, B, C 세 가지의 기능을 모두 묶어 개선한 다음에야 새로운 버전으로 소프트웨어를 판매했다. 하지만

쿠팡, 우리가 혁신하는 이유

오늘날에는 A만 먼저 만들어서 배포하고, 그다음에 B를 만들어서 배포하는 식으로 하나씩 기능이 만들어질 때마다 즉시 제품에 적용한다. 이러한 비즈니스 환경에 맞추어 제안된 소프트웨어 개발 방법론이 '애자일agile'이다.

애자일 프로세스의 철학을 보면 좋은 이야기는 다 들어가 있다. 가령 이런 식이다. '우리의 최우선 순위는 가치 있는 소프트웨어를 일찍 그리고 지속적으로 전달해서 고객을 만족시키는 것이다.' 말은 쉽지만 문제는 '어떻게?'다. 이를 달성하는 데 도움이 되는 방법들이 여러 가지 알려져 있는데, 애자일 프로세스 관련 이야기만으로도 책 한 권 분량이고 애자일 컨설팅으로 먹고사는 사람도 있을 정도이니 여기서는 더 이상 언급하지 않겠다. 어쨌든 문제는 듣기에는 그럴듯하지만 막상 실무에 적용해보면 잘 안 된다는 것이다. 한국의 많은 소프트웨어 회사들이 애자일 프로세스를 도입하려고 하다가 현실적인 문제에 부딪혀서 중단하고 기존의 프로세스로 되돌아갔다.

애자일 프로세스의 철학

그러나 쿠팡은 애자일 프로세스를 도입해서 전사 차원에서 매뉴얼대로 실행하고 있다. 시행착오도 많았고 '이게 더 효율적인 것이 맞나?' 하는 의문도 있었으나 아직까지도 꾸준히 한 방향으로 나아가고 있다.

일반적으로 다른 회사에서는 서비스 개편을 상당히 크게 한다. 개선의 포인트를 잡고 기획자가 설계를 하면 디자이너가 디자인을 입히고, 엔지니어는 완성된 설계도(기획서)대로 개발을 진행한다. 결과물은 대개 누가 봐도 '뭔가 바뀌었구나'라는 생각이 들 정도로 기존의 것과 달라진다. 서비스 개편을 크게 하면 개편 직후 사용자들은 달라진 서비스에 익숙해질 때까지 혼란스러워하기도 한다. 그럼에도 불구하고 큰 개편을 단행하는 이유 중 하나는 아마도 일을 한 티가 잘 나기 때문 아닐까?

쿠팡에서는 큰 개편보다는 작은 개선 위주로 최적화 프로젝트를 진행한다. 일단 PO가 서비스를 보면서 문제점을 찾아 제기한다. 새로운 기능을 제안할 때에도 보통은 콘셉트 정도까지만 이야기한다. 문제를 해결하는 방법은 엔지니어들이 찾는다. 그렇게 해서 작업 진행에 시간이 얼마나 걸릴지를 예측하면 PO는 그 예측 결과를 토대로 다시 우선순위를 결정한다.

만약에 문제점을 해결하는 방법을 엔니지어들이 제시하지 못하면? 이 경우에 내가 써먹었던 방법은 다른 회사에서 하는 것처럼 간단한 기획서를 제시하면서 '이를테면 이렇게 하자는 뜻입니다'라고 설명하는 것이었다. 경험상 이런 기획안은 꼭 완벽하지 않아도 괜찮다. 빈틈이 눈에 보여야 엔니지어들이 "그렇게 할 거면 차라리 이렇게 하는 것이 낫지 않나요?"라면서 쉽게 의견을 내기 때문이다. 이런 반응이 나오면 성공이다. 그 의견에 적극적으로 호응해주면 그때부터는 의견을 낸 사람이 알아서 잘한다. 심지어 할 일 자체가 실무자진과의 논의를 통해 바뀌기도 하는데, 자신들의 의사가 반영되면 대개 더 열정적으로 달려들게 된다.

일이 이런 식으로 진행되기 때문에 쿠팡에서는 눈에 띌 정도로 큰 개편은 잘 안 한다. 복잡한 요구사항은 전달하기도 어려울뿐더러 PO의 입장에서는 간단히 버튼 색깔 하나 바꿔서 매출을 0.1퍼센트 올리든 복잡한 신기능을 도입해서 매출을 0.1퍼센트 올리든 결과는 똑같기 때문이다. 그러니 자연히 쉽게 적용할 수 있는 간단한 아이디어부터 먼저 시도하게 된다. 사실 이런 건 바뀌더라도 직접 바꾼 사람이나 알지, 다른 사람들은 뭐가 바뀌었는지도 잘 모른다. 데이터로 자세히 봐도 간신히 보일까 말까 한 수준의 미세한 변화다. 물론 너무 이런 작업만 하면 엔지니어들은 기술적 도전 의지나 흥미를 잃어서 그들이 할 일도 금방 고갈되기 쉽다. 그래서 쿠팡은 장기적으로 추진하는 프로젝트도 함께 끌고 간다.

다른 회사의 제품을 벤치마킹할 때도 재미있다. 인터넷 서비스를 만드는 사람들은 원래 타사 서비스들도 유심히 관찰하면서 많이 써본다. 괜찮은 아이디어를 발견하면 가져다가 자신이 만들고 있는 서비스에 적용하기 위해서이다. 쇼핑 앱들을 쓰다 보면 여러 회사의 서비스들이 비슷하다고 느껴지는 경우가 많은데, 서로 베끼고 있기 때문이다.

혁명보다 진화를
추구하는 이유

_____ 일반적인 경우에는 누군가가 경쟁사 서비스를 보다가 못 보던 기능이 발견되면 "경쟁사에서 이번에 이런 기능 넣었네요. 괜찮은 것 같은데 우리도 하죠" 하고 프로젝트를 추진

한다. 그러면 기획을 하고 디자인을 입혀서 개발을 한다. 그런 다음에 "우리도 그 기능 넣었어요"라고 보고를 하는 것으로 끝난다. 쿠팡에서는 일이 보통 한 번에 끝나는 경우가 별로 없다. 똑같은 기능을 넣어도 데이터상으로 개선이 안 되는 경우가 많다. 그러면 조금 바꿔서 수치상으로 개선이 확인될 때까지 다시 시도한다. 끝끝내 안 되면 포기하고 다른 일로 넘어가는 경우도 있다.

얼핏 보면 너무 더딘 것 아닌가 싶지만 사실은 그게 더 옳은 방법 아닐까? 눈으로는 잘 안 보일지라도 수치상으로 조금씩 개선되는 것들이 쌓여서 장기적으로는 큰 차이를 만들어내리라는 것이 쿠팡의 생각이다. 나도 데이터 분석을 전문 분야로 하고 있는 사람인 만큼 그렇게 믿고 있다.

그런데 기능과 매출의 상관관계를 명확하게 입증하기는 사실 곤란하다. 개인적으로 만났던 사람들 중에 쿠팡 앱이 좀 더 편리한 것 같다는 의견을 준 사람들도 있었지만, 객관적인 자료는 못 된다. 경쟁 서비스들의 구매전환율 같은 수치를 비교해야 하는데, 인터넷 쇼핑의 경우에는 앱이 전부가 아니라서 객관적인 비교가 어렵다. 또 앱 자체가 똑같다고 해도 구비하고 있는 상품이 더 좋으면 구매전환율이 올라간다.

쿠팡이 소프트웨어를 만드는 방식은 혁명 revolution 보다는 진화 evolution 에 가깝다. 큰 개편을 한 번에 하기보다는 작은 개편을 여러 번 하고 검증을 철저하게 해서 지속적으로 서비스의 품질을 향상시키는 전략을 구사한다. 오늘날 인터넷 환경에서는 이러한 개발 방법이 더 적합하다고 알려져 있다. 방법이 적절하면 결과도 더 좋지 않을까 주목해볼 필요가 있다.

쿠팡, 우리가 혁신하는 이유

좋은 것은 무엇이든 벤치마킹한다

비즈니스 용어로 '벤치마킹'은 '모방'을 매우 고상하게 표현한 것이다. 벤치마킹은 중요하다. 하늘 아래 완전히 새로운 것이 나오기는 어렵고, 어차피 비슷한 업계에서는 할 수 있는 것들이 별반 다르지 않다. 그러므로 당연히 경쟁자들이 무엇을 하고 있는지 촉각을 곤두세우고 지켜봐야 한다. 그중에 좋은 것이 있으면 재빨리 받아들일 줄도 알아야 한다. 물론 무비판적으로 그저 '남들이 하니까 우리도 한다'라는 식은 곤란하다.

쿠팡도 다양한 경영 사례들을 끊임없이 연구하면서 쿠팡의 실정에 맞다 싶은 것은 과감하게 적용한다. 적용해보고 작동하지 않거나 적합하지 않다는 결론이 나면? 그때는 또한 미련 없이 빼버린다.

쿠팡의 벤치마킹 대상 가운데 하나가 코스트코이다. 코스트코는 1976년에 '프라이스 클럽'이라고 하는 회원제 창고형 소매 매장으로 시작한 유통업체인데, 처음에는 비행기 격납고에서 비즈니스를 시작했다고 한다. 한국에는 매장이 몇 개 없지만, 미국에서는 가장 성공적인 유통업체 가운데 하나이다. 코스트코 방문객들의 평균 구매금액은 400달러, 원화로 환산하면 50만 원 가까이 된다. 그리고 매장에 한번 가면 10만 원 미만으로 쓰는 것이 거의 불가능하다고 한다. 어떻게 이것이 가능했을까? 코스트코의 전략에는 다른 유통업체들과 차별화되는 독특한 점들이 많다.

선택의 폭을
줄이는 것의
좋은 점

_____ 가장 먼저 코스트코는 매장에 갖추어놓은 물건의 가짓수가 약 4000종밖에 안 된다는 것을 지적할 만하다. 아마 이 수치가 많은지 적은지 감이 잘 안 올 텐데, 월마트가 12만 5000종의 물건을 갖추어놓고 판매하고 있다는 것과 비교하면 가늠하기가 좀 더 쉬울 것이다. 코스트코는 보통 한 종류의 물건에 대해 한 가지 내지는 많아야 두 가지 상품만 취급한다. 직관적으로 생각할 때에는 선택의 폭이 좁다면 소비자 입장에서는 불편할 것 같다. 하지만 소비자에게 선택의 폭을 줄여줌으로써 오히려 구매 결정을 촉진하는 측면이 있다. 이것을 '선택의 역설'이라고 하는데, 실제로 어느 정도 이

상이 되면 선택할 수 있는 물건의 가짓수가 많아질수록 구매할 확률이 떨어진다고 한다. 게다가 오프라인 매장 운영시 재고관리 측면에서도 이점이 생긴다.

코스트코의 매장은 배치 또한 독특하다. 코스트코에서 가장 경쟁력이 있는 분야가 신선식품인데, 이것은 매장 가장 끝에 배치되어 있다. 고객은 다른 종류의 상품들을 모두 본 다음에서야 신선식품 매장에 갈 수 있다. 그리고 매장의 상품 배치도 주기적으로 바꾸어서 고객이 매장 전체를 돌아볼 가능성을 높인다.

코스트코는 상품을 두 가지 분류로 나눈다. 트리거trigger 와 트레저treasure 다. 트리거는 생활필수품 종류를 말한다. 이를테면 세제, 시리얼 같은 것들이다. 이런 물건이 떨어지면 사람들은 구입을 하기 위해서 매장에 온다. 코스트코에서 판매하는 4000종의 물건 가운데 약 4분의 3이 트리거에 해당된다. 나머지 4분의 1이 트레저인데 이것은 전혀 기대하지 않았던 물건들을 살 기회를 제공하는 것이다. 이를테면 명품 시계 같은 제품이 말도 안 되게 싼 가격에 나오기도 하는데, 이런 기회는 딱 하루뿐이며 다음날이 되면 사라져버린다. 이러한 요소 덕분에 코스트코에서의 쇼핑은 한층 더 즐거워진다.

마진을 거의 남기지 않는다는 점도 코스트코의 독특한 전략 중 하나이다. 평균 마진이 8~10퍼센트 정도이고, 최대 15퍼센트를 넘지 않는다. 그나마 이 마진의 대부분은 직원에게 주는 임금을 비롯해서 매장을 운영하는 데 들어가는 각종 비용에 충당된다. 그렇다면 이익은 대체 어디서 남기는가? 코스트코는 회원 가입비가 있다. 미국의 경우 1년 가입비가 55~110달러 사이인데, 이익의 80퍼센트가 회원

가입비에서 나온다. 더구나 회원들의 재가입율이 90퍼센트에 이른다. 그만큼 회원들의 만족도가 높은 것이다.

경쟁자들은
무엇을 잘하고
어떻게 하는가

_____ 물론 코스트코가 시행하는 모든 것을 쿠팡이 벤치마킹하는 것은 아니다. 쿠팡은 상품의 가짓수를 줄이는 방침이 온라인 커머스에서는 적합하지 않다고 보고 가능한 한 상품 숫자를 늘리는 방향으로 나아가고 있다. 매장의 배치 또한 벤치마킹의 대상은 아니다. 소셜커머스 초기, 상품 가짓수가 얼마 되지 않을때에는 모든 상품을 다 보도록 하는 방법이 통할지 모르겠지만 지금 쿠팡의 입장에서는 그것이 물리적으로 불가능하다.

마진에 관한 사고방식은 비슷한 데가 있다. 이익의 폭이 큰 비즈니스는 외부의 공격에 취약하다. 다른 곳에서도 똑같은 물건을 싸게 팔수 있기 때문이다. 그래서 대부분의 경우 이익의 폭은 시간이 갈수록 줄어든다. 스마트폰 같은 상품들이 그렇다. 초기에는 이익의 폭이 컸지만 시간이 흘러갈수록 보다 많은 업체에서 만들게 되고 경쟁이 붙으면서 가격이 떨어진다. 반면에 이익의 폭은 얼마 안 되지만 저변이 매우 넓은 비즈니스를 구축하는 경우는 경쟁업체에서 공략하기가 쉽지 않다. 이와 같은 박리다매 전략을 쿠팡도 채택하고 있다. 가격에는 신경을 쓰지만 마진에는 크게 신경을 쓰지 않는다.

쿠팡, 우리가 혁신하는 이유

트리거와 트레저의 구분 또한 쿠팡의 비즈니스 모델에 녹아 있는 내용이다. 소셜커머스 비즈니스 모델 자체가 트레저에서 시작된 것이다. 지역 자영업자들이 제공하는 서비스를 한시적이라는 단서를 달아 파격적인 가격에 제공하는 모델 말이다. 지금은 이런 종류의 티켓 형태의 상품보다 배송 상품의 매출 비중이 훨씬 더 높지만 아직까지도 한시적으로 파격적인 가격에 제시되는 상품들이 쇼핑을 더 즐길 수 있게 해준다.

쿠팡이 제공하는 서비스 가운데 정기배송이라는 것이 있다. 글자 그대로 주기적으로 물품을 배송해주는 서비스인데, 정기배송의 대상이 되는 품목이 바로 트리거에 해당되는 상품들이다. 생수나 인스턴트 커피, 라면 같은 식료품이나 기저귀, 분유와 같은 육아용품이 그 예다. 아마존에서 제공하는 서비스를 벤치마킹한 이 정기배송은 사업자와 고객 양쪽 모두에게 이점이 있다.

먼저 사업자의 입장에서는 고객을 서비스에 묶어두는 효과가 있다. 한번 정기배송을 시켜두면 다른 곳에서 쇼핑을 할 때도 해당 품목은 자연스럽게 제외하고 생각하게 된다. 경쟁자들과 비교해서 우선적인 위치를 차지할 수 있게 된다. 추가 구매를 유도할 수 있다는 점도 좋다. 주기적으로 고객에게 정기배송에 대한 안내를 보내고 서비스를 원치 않는 고객으로부터는 취소를 받는다. 그 과정에서 고객이 한 번 더 쿠팡에서 판매중인 물건을 보고 혹시 더 주문할 만한 물건이 없는지 생각해보게 된다.

재고관리가 수월해진다는 점도 정기배송의 장점이다. 유통업에서 가장 핵심적이고 중요한 문제 가운데 하나가 재고관리이다. 그런데 정기배송을 통해 발생하는 매출 비중이 늘어날수록 수요 예측이 가능해지고 재고관리에 대한 부담이 줄어든다. 매출 역시 예측 가능한 부분이 늘어나게 된다. 이러한 점 때문에 쿠팡은 정기배송의 고객 수와 매출을 늘리는 데 총력을 기울이고 있다.

한편 고객의 입장에서 봐도 정기배송은 꽤 훌륭한 서비스다. 한 번만 신청해놓으면 손 하나 까딱하지 않아도 주기적으로 물건이 집으로 배송된다. 물건을 소비하는 속도가 일정치 않아 배송 주기를 맞추기 어렵다는 문제점이 있으나, 이런 경우 고객이 불편을 초래하지 않도록 여러 가지 장치들을 만들고 있다. 가령 물건이 남아 있으면 정기배송 건너뛰기를 쉽게 할 수 있다. 약간의 추가적인 할인 혜택도 있다. 아마존에서는 이 서비스의 이름이 'Subscribe and Save정기배송 신청하고 할인 받아가세요'인데, 최대 15퍼센트의 할인을 제공한다. 쿠팡도 현재 5~10퍼센트의 할인 혜택을 제공하고 있다.

소비자의 입장에서는 여러 회사가 만들어내는 서비스나 제품이 다 비슷하다고 느낀다. 경쟁하고 있는 기업들이 서로 벤치마킹을 하고 있기 때문이다. 소비자 입장에서야 식상할 수 있지만 기업 입장에서는 살아남기 위해 최선을 다하고 있는 것이다. 당연히 조금이라도 참고할 만한 내용이 있으면 가져다 쓴다. 쿠팡은 한국을 벗어나 세계로 눈을 돌린다. 그리고 좋은 서비스 사례를 발굴해서 한국의 비즈니스 실정에 맞게끔 적용함으로써 서비스의 경쟁력을 높여가고 있다.

쿠팡의 비즈니스 모델은
계속 진화한다

쿠팡은 현재 오픈마켓으로 비즈니스 모델을 전환해나가고 있다. 원래 쿠팡은 비즈니스 모델을 빠른 속도로 바꾸어오긴 했지만 이는 어찌 보면 의외의 행보이기도 하다.

소셜커머스 회사들이 걸어온 길을 찬찬히 되짚어보자. 소셜커머스는 원래 음식점이나 미용실 같은 지역 자영업자들의 비즈니스를 활성화시키기 위한 모델이었다. 실력은 있지만 홍보가 안 돼서 고전하고 있는 자영업자들에게 파격적인 할인 프로모션을 제안하는 방식이다. 거의 반값에 가까운 할인 프로모션을 기획하고 진행하면서, 할인이라는 무기를 이용해 사이트에서 대대적으로 홍보를 해준다. 이 모델은 나름 가치가 있다. 지역의 사업자 입장에서는 파리 날리는 것보다 반값이라도 손님이 북적북적하는 것이 낫다. 수익은 안 나더라도 이벤트로는 충분히 해볼 만한 것이다. 또 고객의 입장에서는 반값에 서비스를 받아볼 수 있는 기회다. 비록 유명한 곳은 아니지만 그래도 소셜커머스 회사의 영업 담당자들이 서비스를 직접 경험하고 괜찮다고 판단한 가게들이니, 반값이라고 하면 충분히 가볼 만하다고 느낀다.

하지만 이 비즈니스 모델은 이내 한계에 부딪혔다. 장사가 잘되는 가게는 이 서비스를 할 이유가 없기 때문이다. 비즈니스가 성숙 단계로 접어들었을 때 소셜커머스에 딜이 올라오는 가게는 주로 망하기 직전이거나 아니면 처음 오픈한 곳뿐이었다. 처음에는 신선했던 소셜커머스가 지속가능하지 않은 것이 되어갔다. 그래서 소셜커머스 회사들은 온라인 쇼핑 영역으로 눈을 돌렸다. 소셜커머스의 영업방식이 음식점뿐만이 아니고 온라인 상품 판매에도 똑같이 적용될 수 있음을 발견한 것이다. 그러나 얼핏 비슷해 보이는 온라인 상품 판매는 사실 전혀 다른 비즈니스다.

이 비즈니스 영역에는 이미 기존의 사업자가 있었다. G마켓이나 옥션과 같은 오픈마켓 사업자들이다. 하지만 소셜커머스에는 이들과도 차별화되는 요소가 있었는데, 바로 상품에 대한 검증이다. 오픈마켓은 누구나 자신의 물건을 올려서 판매할 수 있는 중개 서비스다. 기본적으로는 판매자와 구매자 간의 거래이고 오픈마켓 사업자는 중개만을 할 뿐이다. 상품에 대한 책임은 판매자가 진다. 반면 소셜커머스는 소셜커머스 회사가 직접 물건을 올리면서 검증 과정을 거친다. 가격은 적절한지, 판매자는 믿을 만한지 등을 담당자가 알아보고 괜

쿠팡, 우리가 혁신하는 이유

찮다고 판단되는 경우에만 상품을 올리는 것이다. 그렇기 때문에 문제가 생기면 소셜커머스 회사가 일차적인 책임을 진다. 고객의 입장에서 보면 소셜커머스는 오픈마켓보다 상품 개수는 적지만 판매자가 믿을 만한지를 걱정할 필요가 없다. 그리고 상품을 직접 올리기 때문에 사이트도 훨씬 깔끔하다. 이러한 요소 때문에 소셜커머스 쇼핑은 고객의 호평을 얻었고, 오픈마켓의 훌륭한 대안으로 자리 잡았다.

그런데 쿠팡은 이제 와서 오픈마켓으로 비즈니스 모델을 전환하고 있다. 현재는 판매자가 직접 상품 등록을 할 수 있는 구조다. 이것은 소셜커머스 비즈니스 모델을 스스로 부정하는 것이 아닌가? 신문을 찾아봐도 이 부분을 정확하게 설명해주는 기사는 없다.

오픈 마켓으로 되돌아가는 것은 퇴보인가

_____ 이 행보를 제대로 이해하려면 쿠팡이 비즈니스를 바라보는 관점을 알아야 한다. 쿠팡의 비즈니스 목표는 바뀌지 않았다. 예나 지금이나 Wow, 즉 고객 감동이다. 그리고 고객 감동을 만들어내기 위해서 필요한 요소를 셀렉션과 프라이스, 그리고 컨비니언스로 보고 있으며 이 세 가지 요소를 지속적으로 개선하여 고객 경험을 강화한다는 방침도 변함 없다.

오픈마켓과 소셜커머스 비즈니스 모델을 비교해보면 장단점이 명확하다. 셀렉션과 프라이스의 측면에서는 오픈마켓이 유리하다. 누구나 상품을 등록할 수 있는 오픈마켓은 진입장벽이 낮아 상품의 개수를 비교적 쉽게 늘릴 수 있는 비즈니스 모델이다. 가격 측면에서도 마찬가지다. 상품의 개수가 늘어나는 만큼 그중에 더 싼 상품이 있을 가능성이 크다. 하지만 편의성이라는 측면에서는 소셜커머스 비즈니스 모델이 더 유리하다.

오픈마켓에서는 판매자가 자신의 이익을 극대화하는 방법으로 상품을 등록한다. 할인쿠폰이나 배송비, 옵션 같은 수단을 이용해서 상품의 가격을 더 싸 보이게 만든다. 그래서 오픈마켓 비즈니스 모델에서는 소비자가 상품 간 비교를 하는 데 생각보다 시간이 많이 걸린다. 하나하나 클릭해서 옵션의 가격이나 쿠폰, 기타 조건을 전부 세세히 읽어봐야 어떤 것이 더 싸고 좋은지를 알 수 있다. 오픈마켓 비즈니스 모델에서는 판매자의 이러한 활동을 막는 것이 구조상 곤란하다. 반면 소셜커머스 모델은 소셜커머스 회사 직원이 직접 상품을 등록하기 때문에 이러한 요소를 원천적으로 차단할 수 있다. 하지만 이 방법으로는 상품의 개수를 늘리는 데 한계가 있다. 직원이 일일이 검수를 해야 하기 때문이다.

그렇다면 양쪽 다 만족시킬 방법은 없을까? 오픈마켓과 소셜커머스의 장점만을 가져와서 서비스를 만들 수는 없을까? 쿠팡의 진정한 고민은 여기에 있다. 그에 대한 답이 다이렉트 커머스와 오픈마켓, 그리고 가격 비교 서비스의 융합이다.

쿠팡은 오픈마켓을 이용하기 불편한 까닭이 무엇보다 상품 비교가 어렵기 때문이라고 보고 있다. 그래서 쿠팡의 오픈마켓은 상품 비교 기능을 서비스 자체에 녹여서 여러 명의 판매자가 동일한 상품을 올린 경우에 소비자에게 가장 유리한 상품을 찾아 보여주는 형태이다. 이것은 다나와나 네이버의 지식쇼핑과 같은 가격비교 서비스와 G마켓이나 옥션과 같은 오픈마켓 서비스가 융합된 형태의 서비스다.

가격 비교는 결코 만만한 영역이 아니다. 두 명의 서로 다른 판매자가 올린 상품이 실제로 동일한 상품인지 여부를 판단하기가 어렵기 때문이다. 가격 비교 사이트는 바로 이 문제를 어떻게 풀 것이냐를 집중적으로 고민한다. 또 컴퓨터만으로는 일을 처리하기 어렵기 때문에 사람의 수작업에 많은 부분을 의존하고 있다. 하지만 쿠팡은 자체적으로 상품 정보를 가지고 있기 때문에 기계적으로 처리할 수 있는 여지가 많다. 상품을 등록할 때 모델명과 같이 상품을 특정할 수 있는 항목을 지정하도록 하면 나중에 그것만 보고도 동일한 상품인지를 알 수 있다.

물론 모든 상품에 대해서 이렇게 할 수 있는 것은 아니다. 의류 같은 경우에는 원천적으로 모델을 특정할 수가 없기 때문에 이러한 방법이 불가능하다. 하지만 가공식품이나 가전제품과 같이 대량으로 생산되는 공산품의 경우에는 가능하다. 그렇다면 어떻게 할 것인가? 쿠팡의 스타일은 언제나 똑같다. 할 수 있는 부분부터 먼저 적용하고 고객의 반응을 보면서 점차적으로 확대해나가는 것이다.

얼핏 보기에는 별것 아닌 것 같아 보이지만 다이렉트 커머스와 오픈마켓, 그리고 가격 비교 사이트의 융합은 상당히 규모가 큰 프로젝트다. 상품 정보를 처리하는 내부 시스템의 구조가 그 융합이 가능하도록 설계되어 있어야 하기 때문이다. 처음부터 그것을 전제로 시스템을 설계했다면 모를까, 이미 비즈니스를 하고 있는 상황에서 기존 서비스에 악영향을 주지 않으면서 자연스럽게 전환하는 것은 더욱더 어려운 일이다. 쿠팡은 내가 처음 합류했던 2014년 여름에 이미 이 프로젝트를 한창 진행 중이었다. 이야기를 들어보니 시작은 2013년 말쯤에 했다고 한다. 2015년 하반기에 오픈마켓 서비스를 처음으로 개시했고, 내가 이 글을 쓰는 시점인 2016년 9월에는 소셜커머스 비즈니스 모델을 완전히 걷어내는 방향으로 움직이고 있다. 쿠팡의 입장에서는 상당히 오래전부터 많은 인력을 투입해서 꾸준히 진행해온 핵심 프로젝트 가운데 하나이고, 그 결실이 조금씩 보이고 있는 것이다.

진정한 기술 기반의
한국형 혁신 기업

_____ 쿠팡은 고객 편의성을 최대한 유지하면서 상품의 수를 늘리는 방향으로 비즈니스 모델을 발전시켜 나가고 있다. 그중에서 특히 중요한 품목들, 고객들이 반복적으로 많이 구매하는 상품의 경우에는 규모의 이점을 활용해서 쿠팡이 직접 사입해서 배송까지 책임지겠다는 것이다. 이것이 현재 쿠팡이 지향하고 있는 비즈니스 구조다.

쿠팡은 비즈니스 모델을 계속해서 바꾸어왔고, 지금도 계속 진화해가고 있다. 오픈마켓 모델로의 전환은 얼핏 보기에는 혁신이 아니라 퇴보인 것 같지만, 자세히 살펴보면 그렇지가 않다. 기존 오픈마켓 비즈니스 모델의 약점을 보완하기 위한 장치를 함께 융합시켜 서비스를 제공하고 있기 때문이다. 이것은 기술적으로도 상당히 큰 도전이다. 현 시점에서 쿠팡이 지향하고 있는 비즈니스 모델은 오픈마켓에 가격 비교 기능을 붙여놓고 일부 품목은 쿠팡에서 직접 판매하는 형태이다. 사실 이 모델을 만들어낸 것은 아마존이다. 쿠팡은 그대로 한 걸음 한 걸음 따라가고 있을 뿐이다.

한국 사회는 구글이나 아마존 같은 진정한 기술 기반 혁신 기업의 출현을 갈망하고 있다. 그래서인지 '우리는 한국의 구글을 표방한다' 혹은 '우리는 한국의 아마존을 지향한다'라고 주장하는 회사나 경영자들이 간혹 있다. 하지만 구체적으로 무엇을 하고 있는지를 보면 실제로 하는 일은 하나도 없이 구호뿐인 경우가 대부분이다. 쿠팡은 진짜로 아마존 출신의 직원을 데려다 놓고 그들이 하고 있는 비즈니스 자세히 들여다보면서 차근차근 벤치마킹하고 있다. 어쩌면 한국에서 아마존에 가장 근접해 있는 회사는 쿠팡일지도 모른다.

coupang

data management

future

culture

strategy

데이터 경영 ;

무엇이 쿠팡을
쿠팡답게 만드는가

현대의 디지털 기반 비즈니스 환경에서는 데이터에 바탕을 두고 마케팅 활동의 성과 분석을 정량적
으로 엄밀하게 할 수 있다. 기존의 고전적인 마케팅 캠페인과 더불어 이 디지털 마케팅 분야는 이제
마케터들에게 필수적인 영역이 되어가고 있다. 쿠팡은 마케팅에 있어서도 고전적인 마케팅뿐만이 아
니라 데이터에 기반을 둔 최적화 역시 중요하다는 점을 깨닫고 투자를 해나가는 등 다른 회사들보다
한발짝 앞서가고 있다.

쿠팡, 우리가 혁신하는 이유

coupang

쿠팡의 데이터 경영은
무엇이 다른가

19세기 영국의 수리물리학자인 켈빈 경은 측정에 대해 다음과 같은
말을 남겼다.

"측정하는 것이 아는 것이다To measure is to know."

"측정할 수 없는 것은 개선할 수 없다If you can not measure it, you can not
improve it."

켈빈 경은 물리학의 현대적인 토대를 정립한 과학자다. 절대온도
의 단위인 켈빈이 바로 그의 이름을 딴 것이다. 그가 했던 말 또한 자
연과학 분야를 염두에 두고 남긴 것이다. 그러나 오늘날에는 측정에
관한 그의 말을 자연과학뿐만 아니라 경영학 분야에 있어서도 되새
겨볼 만하다.

쿠팡의 경영진을 살펴보면 이상적인 목표를 추구하는 열정적이고 몽상가적인 창업자의 모습, 그리고 일단 만들어진 비즈니스를 데이터에 기반을 두고 냉정하게 분석해서 경영을 해나가는 전문경영자의 모습을 함께 발견할 수 있다. 그리고 그 두 모습을 연결해주는 것이 데이터의 역할이다.

데이터 경영이
어려운 이유

_____ 쿠팡은 전사적 차원에서 Wow, 즉 고객 만족을 최종 목표로 삼고 있다. 이것은 좋은 비전이지만 사실 이것만으로는 경영을 할 수가 없다. 크게 두 가지 면에서 한계가 있다.

첫째, Wow라는 비즈니스의 목표 자체가 지나치게 추상적이기 때문에 측정을 할 수 없다는 점이다. 켈빈 경의 말대로 측정할 수 없으면 개선을 할 수가 없다. 그런데 고객 만족을 위해서 여러 가지 일을 하고는 있어도 정말로 고객이 만족하는지를 알 방법은 없다. 만약 누군가가 '고객 만족도 100점 만점에 92점'과 같은 식으로 명확하게 측정을 해준다면 그것을 기준으로 삼으면 된다. '고객 만족도가 작년에는 90점이었으니 올해는 93점으로 올리자'와 같은 식으로 목표를 잡고 여러 가지 행동을 취하면서 고객 만족도가 실제로 올라가는지를 봐도 될 것이다. 하지만 실제로 고객 만족도를 이렇게 정량화해볼 방법은 없다.

둘째, 고객 만족이라는 목표가 너무 종합적이어서 실무와 동떨어질 수 있다는 점이다. 가령 엔지니어가 소프트웨어 개발을 하는 것도 쿠팡에서는 궁극적으로 고객 만족도를 끌어올리기 위한 것이라고 할 수는 있다. 하지만 실무를 진행하는 입장에서 생각을 해보자. 내가 소프트웨어 프로그램을 하나 만들었다고 해서 고객 만족도가 90점에서 91점으로 올라갈까? 이것이 가능하다면 경영이 무척이나 쉬워질 것이다. 하지만 고객 만족도는 회사 전체의 목표이고, 나 말고 다른 사람들하고도 관계가 있는 것이다. 내가 잘해도 떨어질 수도 있고, 내가 잘 못해도 올라갈 수 있는 것이 고객 만족도와 같은 수치이다. 따라서 고객 만족도와 관련해서는 회사 전체의 성과는 측정할 수 있지만 개개인의 성과는 측정할 수 없다.

사업적인 성과를 정량적으로 측정하고 이를 통해 개선하는 일은 사실 이미 많은 기업에서 하고 있는 일이다. 다른 회사에서는 대개 측정의 문제는 쉽게 해결이 된다. 매출이나 이익처럼 명확하게 수치화할 수 있는 개념을 회사의 최종 목표로 삼고 있기 때문이다. 영업 사원과 같은 특수 직군의 경우에는 자신의 성과를 명확하게 수치로 표현할 수 있다. 자신이 따온 계약이 곧 그 사람의 실적이다. 그렇지만 대부분의 직군에서 이렇게 실적을 수치로 명확하게 보여줄 수 있는 것은 아니다.

쿠팡에서는 측정에 관한 문제에 아직까지 정답을 못 찾고 있다. 하지만 어떻게든 최대한 근사치라도 얻기 위해 노력한다. 가령 쿠팡의 로켓배송 서비스를 이용하고 나면 '고객님께서 경험하신 배송 서비스에 대한 간단한 설문 조사를 요청드립니다'라는 메시지와 함께 설문 조사 페이지 링크를 문자로 받게 된다. 이런 방식으로 Wow를 일부 수치화하기 위해 노력한다. 그러나 이것은 전수조사가 아니라는 한계가 있다. 이 수치 역시 충분히 왜곡될 수 있다는 한계를 뻔히 알면서도 더 나은 방법이 없으니 감안하고 보는 것이다. 그 밖에 쿠팡에서는 외부 평가 기관에서 진행하는 브랜드 소비자 만족도 조사 결과 같은 것도 참고한다. 그러나 이것 역시 1년에 한 번 정도 발표되는 수치라서 중장기적으로 '우리가 올바른 방향으로 가고 있구나' 하는 것을 확인하는 정도이다.

고객 감동이라는 목표가 너무 종합적이라는 문제는 목표를 세분화하는 방법으로 해결한다. 최종적인 목표를 달성하기 위한 세부적인 목표를 정하고 그것을 측정할 방법을 찾는 것이다. 로켓배송 서비스를 예로 들어보자. 배송 서비스의 질이 좋아지면 고객 편의성이 좋아질 것이며, 그 결과 고객 만족도가 올라갈 수 있을 것이다. 그렇다면 배송 서비스의 질은 어떻게 측정할까? 배송 서비스의 만족도를 측정하는 요소들은 여러 가지가 있는데 배송에 걸리는 시간도 그중 하나로 볼 수 있다. 즉, 배송이 빠를수록 고객의 만족도는 올라갈 것이다. 배송에 걸리는 평균 시간으로 고객 만족도를 측정한다면 어떨까? 빠른 배송만이 고객 만족도를 결정하는 것은 아니지만 고객 만족도를 구성하는 요소 가운데 하나일 가능성은 높다. 여기까지 오면 이제는 명확하게 측정이 가능해진다. 즉, Wow를 직접 측정하기는 어렵지만 평균 배송시간은 객관적인 지표로써 측정이 가능해진다. 실제로 실무자들이 개선해야 하는 지표는 Wow가 아니고 평균 배송시간이다. 배송 프로세스를 개선하는 프로젝트의 담당자들은 Wow가 아닌 평균 배송시간을 최적화한다. 이런 식으로 문제를 점차 해결해나가면 외부 요인이 끼어들 여지가 대폭 줄어든다.

현재까지 알고 있는
최선의 답

_____ 쿠팡은 이러한 방식으로 비즈니스의 목표를 세분화한다. 쿠팡이 그 고객 만족이라고 하는 목표를 달성하기 위해 챙겨야 하는 요소는 셀렉션과 프라이스, 그리고 컨비니언스다. 그리고 그것을 다시 하위 개념으로 세분화한다. 앞의 경우에는 배송 서비스의 만족도를 컨비니언스를 구성하는 하위개념으로 본 것이다. 배송 서비스의 만족도를 측정하는 방법도 여러 가지가 있다. 예를 들면 평균 배송시간이나 배송 문제로 인한 고객센터 불만 유입 수 등을 측정할 수 있을 것이다. 즉, Wow는 측정이 불가능하지만 Wow를 위한 세부 사항은 측정할 수가 있다. 실무자들은 이렇게 측정 가능한 지표를 기준으로 그것이 Wow와 어떻게 연결이 되어 있는지를 이해한 상태에서 비즈니스 프로세스를 개선하고 있다.

쿠팡이 최종 목표를 매출이 아닌 고객 만족으로 잡고 있다는 것은 사실 오해의 소지가 있다. 나만 해도 프로젝트를 진행할 때 '고객 1인당 매출'을 기준으로 삼았다. 매출은 Wow의 하위개념으로 어딘가에 들어가 있다. 고객이 구매를 했다는 것 자체가 쿠팡의 서비스에 만족했다는 증거라고 보기 때문이다. 그러나 매출 발생이 Wow에 저해된다고 판단되는 경우에는 주저 없이 매출을 포기한다. 할인쿠폰 같은 경우가 그 예이다.

쿠팡에서 데이터는 바로 이러한 지표를 측정하고 궁극적으로는 지속적인 개선을 할 수 있게 해주는 도구이다. 배송의 경우에는 배송 서비스를 하면서 발생한 기록들을 전부 집계한다. 그러면 고객이 현재 어떤 서비스를 받고 있는지를 알 수 있으며 문제가 발생하는 즉시 파악이 가능하다. 측정할 수 없으면 개선할 수 없다는 것은 반대로 측정이 가능해지면 개선이 가능하다는 뜻이다. 다양한 시도를 해보고 실제로 지표가 좋아지는지를 확인하면 된다.

그런데 한 가지 의문이 있다. 과연 배송시간을 단축하면 정말로 고객 만족도가 올라갈까? 논리적으로는 개연성이 높지만 반드시 그렇다고 보기는 곤란하다. 그저 '현재는 그렇게 보고 있는 것'이다. 아니라는 증거가 나오거나 고객 만족을 계량화할 수 있는 더 좋은 방법을 찾는다면 바뀌겠지만 그러기 전에는 현재까지 알고 있는 최선의 답을 가지고 비즈니스를 끌고 갈 수밖에 없다. 만약에 전제가 잘못되었다면 어떻게 될까? 예를 들면 열심히 노력해서 배송시간을 단축시켰는데도 고객 만족도가 올라가지 않는다면? 이런 경우에 그에 대한 책임은 일차적으로는 담당 PO, 더 나아가서는 경영진이 진다. 그 후 어떻게든 문제점을 찾아서 보다 나은 측정지표를 만들어내야 한다.

쿠팡에서는 데이터를 통해 비즈니스의 성과를 측정하고 개선해나간다. 이상적인 목표를 두되, 그 자체는 측정하기가 어렵기 때문에 그것을 달성할 수 있는 보다 직접적이고 현실적이고 측정 가능한 세부지표를 찾아 비즈니스를 평가하는 기준으로 삼는다. 이렇게 찾아낸 지표를 모니터링하고 분석해서 개선할 수 있는 부분을 찾아내고 개

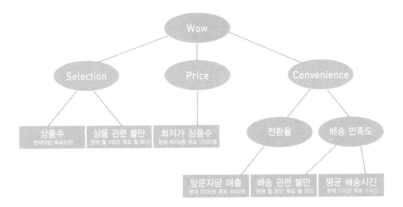

그림 2 **쿠팡의 비즈니스 목표 체계**

선 시험을 한 다음에 효과를 보면서 지속적인 개선을 해나간다. 그렇게 함으로써 데이터 중심 경영이 가능해지는 것이다.

온라인 쇼핑의
미래를 읽는 법

내가 쿠팡에서 담당했던 분야는 개인화와 추천이었다. 개인화 personalization 란 소비자의 연령대, 성별, 관심사, 과거 구매 이력과 같은 정보를 바탕으로 해당 고객에게 특화된 서비스를 제공함으로써 고객 편의성을 높이는 것을 말한다.

온라인 커머스에서는 개인화를 통해 사용자의 편의성을 증대시킬 수 있는 여지가 많다. 마트에서 손님에 따라 진열되어 있는 상품이 달라진다면 어떻게 될까? 아이가 있는 사람에게는 육아용품이 잘 보이고 자동차가 있는 사람에게는 차량용품이 잘 보인다면? 세제가 떨어져서 마트에 갈 때는 세제가, 식료품을 사러 갈 때는 식료품이 한눈에 들어온다면 아마도 쇼핑을 더 편하게 할 수 있을 것이다. 실제

쿠팡, 우리가 혁신하는 이유

마트에서는 이렇게 하는 것이 불가능하지만, 온라인 커머스라면 이런 꿈같은 이야기가 어느 정도는 가능하다. 바로 이런 것을 가능케 하는 기술이 개인화다.

이론상으로는 설득력 있게 들리지만 실제로 개인화나 추천 기술을 적용해서 성과를 내려면 분야나 상황이 잘 맞아야 한다. 방향을 잘못 잡으면 아무리 열심히 해도 성과가 나지 않는다.

키워드는 개인화다

_____ 예전에 게임 회사에서 일할 때 게임 포털에서 게임을 추천하는 배너를 만든 적이 있었다. 비즈니스 목표는 사용자가 즐기는 게임의 가짓수를 늘림으로써 사용자가 포털 서비스를 떠날 확률을 낮추는 것이었다. 포털에서 한 가지 게임만을 즐기는 사용자에게 지금은 하지 않는 게임 중에서 그가 좋아할 만한 게임을 예측해서 추천해준다. 그렇게 해서 이 사용자가 두 개 이상의 게임을 번갈아가며 즐기게 만드는 것이 목표였다.

이렇게 추천이 가능해지면 뭐가 좋을까? 게임을 하다 보면 당연히 싫증이 날 때도 있다. 어떤 게임 포털에서 한 가지 게임만 계속해서 즐기는 사용자의 경우 그 게임이 싫증나면 포털을 떠날 가능성이 크다. 하지만 여러 가지 게임을 하고 있는 사용자는 어떤 특정 게임을 하지 않게 되더라도 다른 게임을 하려고 게임 포털을 지속적으로 방문할 것이다. 따라서 사용자가 즐기는 게임의 개수를 늘리면 이탈 가능성이 줄어든다. 논리적으로는 타당한데 실제로도 그럴까? 이 회사는 이 가설을 사용자 행동 데이터에 기반을 두고 입증한 바 있었다. 다른 조건이 전부 동일할 때에는 즐기는 게임의 가짓수가 많은 사용자가 실제로 이탈율이 낮다. 똑같이 일주일에 열 시간 게임을 하는 사용자라고 해도 한 게임만 하는 사용자보다는 두 가지 이상의 게임을 하는 사용자가 이탈 가능성이 낮다는 것이다. 뿐만 아니라 구매를 포함한 여러 가지 고객 지표들이 좋다. 이러한 분석이 기초가 되어서 '사용자가 즐기는 게임의 다양성을 높인다'라는 방향을 잡을 수 있었다. 접근 방법은 합리적이었다.

실제로 나는 사용자 데이터를 분석해서 모델을 만들었고, 이에 기반을 두고는 특정 광고 배너 영역에 각 사용자에게 맞는 게임을 보여주는 기능을 만들어 게임 포털에 적용했다. 이것 또한 개인화 기술을 바탕으로 한 콘텐츠 추천의 일종이다. 적용을 해놓고 보니 추천의 결과가 제법 그럴듯했다. 하지만 성과를 분석한 결과 실제로 개인화 기술이 적용된 게임 배너 광고를 보여주었을 때 사용자들이 전에 하지 않던 게임을 새로 하게 만드는 효과는 아쉽게도 찾아볼 수 없었다.

왜 그랬을까? 가장 큰 이유는 게임의 가짓수가 너무 적었기 때문이다. 당시는 스마트폰에서 하는 모바일 게임이 활성화되기 이전이었고, 게임이라고 하면 보통 PC로 하는 게임을 의미했다. 그 회사는 국내 굴지의 게임 포털이었지만 그렇다고 해도 불과 30가지 정도의 게임을 가지고 있었고, 그 가운데서 실제로 유명하고 사용자가 많은 게임은 너댓 개가량에 불과했다. 고객들이 이미 게임에 대해 뻔히 알고 있으니 추천이라고 해봐야 별 소용이 없었다. 결국 해당 영역은 새로 개발한 게임이 있을 때 소개를 하는 데 활용하는 것으로 결론이 났다. 물론 스마트폰 게임이 활성화된 지금이라면 결과가 달라질 가능성이 크지만 당시엔 그랬다.

검색인가, 추천인가

초기 소셜커머스의 경우 판매하는 상품이나 티켓의 종류를 다 합쳐봐야 1000가지도 안 되었다. 이 단계에서는 소비자가 구매할 상품을 찾는 일이 그리 어렵지 않았다. 처음부터 하나하나 전부 다 본다고 해도 상품 목록 쭉 훑어보는 데 그리 많은 시간이 걸리지 않았다. 초기 소셜커머스 서비스는 대체로 이런 모습이었다. 하지만 상품의 종류가 점점 늘어나면서 상품을 찾기가 어려워졌다. 이렇게 되면 서비스 제공자가 가장 먼저 시도하는 접근 방법이 카테고리를 이용한 상품분류다. 가령 식품, 유아동, 패션, 가전 등과 같은 카테고리로 상품을 나누고 사용자들이 관심 있는 카테고리를 선택해서 해당 카테고리의 상품만을 보게 한다.

그러나 상품의 개수가 더 늘어나서 하나의 카테고리에 상품이 수백 개가 되면 이런 방법으로도 소비자가 원하는 상품을 찾기가 어려워진다. 카테고리를 지속적으로 세분화해도 해결이 안 되면 마지막으로 등장하는 기술이 검색과 개인화 그리고 추천이다. 검색은 사용자가 능동적으로 키워드를 입력하면 해당 키워드와 관련된 상품이 쭉 나오는 것이고, 개인화와 추천은 사용자가 여러 상품을 둘러보다가 우연히 자신이 필요로 하는 상품을 볼 수 있도록 하는 것이다.

실제로 상품의 개수가 많은 온라인 쇼핑몰에서 검색이나 개인화 기능 없이 물건을 찾으려는 시도를 해보면 매우 답답하고 시간도 오래 걸린다. 심지어 아예 못 찾을 수도 있다. 가령 쿠팡의 경우 블루투스 스피커를 상품분류 체계를 통해 찾으려면 1차 카테고리로 가전/디지털을 선택하고 2차에서 디지털/액세서리, 3차에서 이어폰/스피커를 선택해야 한다. 그런데 문제는 그렇게 하고도 나오는 상품이 정확히 블루투스 스피커가 아니라는 점이다. 실제로 해당 카테고리의 상품목록을 보면 블루투스 스피커보다 헤드셋이나 이어폰 종류들이 훨씬 더 많이 나온다. 반면에 '블루투스 스피커'라는 키워드로 검색을 하면 원하는 상품을 대부분 찾을 수 있고, 이어폰 같은 다른 상품들은 거의 안 나온다. 결과적으로 사용자가 키워드만 올바르게 입력한다면 온라인 커머스에서는 검색이 상품을 가장 효과적으로 찾을 수 있는 방법이다.

소비자에게 검색은 상품을 찾는 좋은 방법이지만 사용자가 능동적으로 움직이기 전에는 그들이 원하는 것을 온라인 쇼핑몰은 알기가 어렵다. 아무리 검색 기능이 좋다고 해도 사용자가 적절한 키워드를 입력하지 않으면 답을 줄 수 없다. 바로 이 부분을 보완하는 것이 개인화와 추천 기술이다.

개인화와 추천은 사용자가 따로 무엇인가를 입력할 것을 요구하지 않는다. 이 기술은 사용자가 과거에 구매한 상품, 구매까지는 아니더라도 관심을 보였던 상품, 과거에 검색했던 키워드 등 다양한 데이터를 기반으로 사용자가 현재 관심을 보일 만한 상품을 찾아내는 것이

쿠팡, 우리가 혁신하는 이유

다. 그래서 사용자가 원하는 상품을 보여주는 것이 검색보다 더 어렵다. 하지만 검색이 다루지 못하는 영역을 개인화와 추천이 다루기도 한다. 사용자가 적절한 검색 키워드를 찾기 어려운 경우에는 다른 방식으로 상품을 찾을 수 있다면 분명 도움이 될 것이다. 또한 사용자가 무언가를 구매해야 하는데 다른 상품을 보다가 원래 구매하려던 상품을 잠시 잊어버릴 경우 개인화나 추천 기술을 통해 해당 상품을 보고는 주문하게 될 수도 있다. 훗날 개인화 기술이 비약적으로 발달하면 사용자가 아무런 입력을 주지 않아도 필요한 상품을 높은 정확도로 찾아내서 추천해줄 수 있을 것이다. 그때가 되면 대부분의 매출이 개인화와 추천 기술을 통해 발생할 것이다. 하지만 아직까지 개인화나 추천 기술이 찾아내는 상품이 그 정도까지 정확하지는 않다. 실제로 별로 관계가 없거나 매력적이지 않은 상품을 보여주고 있는 경우도 많다. 바꾸어 말하면 앞으로도 이 분야는 개선의 여지가 많다는 뜻이기도 하다.

우리는 인터넷을 통해 모든 정보가 연결되어 있는 세상에 살고 있다. 하지만 정보의 양이 너무 많아서 정작 자신이 필요로 하는 것을 얻기는 어렵다는 게 문제다. 검색이든 추천이든 본질은 같다. 둘 다 인터넷에 있는 하고많은 정보들 가운데 지금 당장 필요로 하는 정보에 접근할 수 있게 해주는 것이다. 그렇기 때문에 검색과 추천은 이커머스뿐만 아니라 검색 포털이나 게임 등을 포함하는 디지털 비즈니스 전반에서 핵심적인 기술이다.

검색이나 추천이나 궁극적인 목적은 같지만 실제 접근 방법에 있어서는 차이가 있다. 검색은 사용자가 자신이 원하는 것을 키워드의 형태로 입력했을 때 작동하는 기술인 반면 추천은 사용자가 원하는 것을 명시적으로 표시하지 않은 상태에서 짐작하는 기술이다. 그래서 검색과 추천은 사실 상호보완적인 관계다. 현재는 검색 기술이 더 정확도가 높아 실제로 더 중요한 비중을 차지하고 있으나 추천 기술도 현재 빠른 속도로 발전하고 있다. 언젠가는 이 드넓은 인터넷에서 우리가 필요로 하는 정보를 정말 쉽게 찾을 수 있게 될 것이다. 그 정보가 동영상이든 그림이든 상품이든 간에 말이다. 검색과 추천 기술은 그것을 가능하게 할 것이다.

상품 추천을
가장 잘하는 회사

새로운 일을 맡았을 때 가장 먼저 해야 하는 일은 현황 파악이다. 나는 쿠팡에서 일을 맡았을 때, 개인화와 추천을 어떻게 해오고 있는지, 개선의 여지가 있는지, 그리고 개선 프로젝트를 진행할 수 있는 환경이 제대로 구축되어 있는지를 조사하는 일부터 시작했다. 기존의 문서를 샅샅이 뒤지고 쿠팡 앱과 웹 페이지에서 개인화 및 추천 기술이 적용되어 있는 곳을 찾아 어떻게 되어 있는지도 조사했다. 기존에 이와 관련된 일을 해왔던 사람들과 티타임을 가지면서 이것저것 물어보는 것 또한 중요한 일이었다.

상품 추천을 가장 잘한다고 알려져 있는 회사는 미국에서 전자상거래 시장을 이끌고 있는 아마존이다. 아마존은 원래 인터넷 서점으로 시작한 회사이지만 지금은 전혀 다른 모습이다. 아마존과 그 설립자 제프 베조스Jeffrey P. Bezos에 관한 책《아마존, 세상의 모든 것을 팝니다》에 소개된 바와 같이 현재 아마존에서 판매하고 있는 상품은 매우 다양해졌고 계속해서 아마존의 비즈니스 영역은 확장되고 있다. 전자상거래 분야에서는 이미 아마존이 기존 강자인 이베이를 넘어선 지 오래다. 뿐만 아니라 클라우드 서비스 분야에서도 현재 독보적인 1위가 아마존이다.

클라우드 서비스는 서버용 컴퓨터를 직접 구입하는 대신에 저렴한 비용으로 임대해서 쓸 수 있게 하는 서비스다. 2012년 미국의 오바마 대통령이 재선을 위한 캠페인을 할 때 아마존의 클라우드 서비스를 이용해 저렴한 비용으로 안정적인 IT 시스템을 구축하는 데 성공했다고 알려져 있다. 최근에는 스타트업을 포함한 많은 IT 기반의 회사들이 IT 서비스를 구축할 때 직접 장비를 사서 운영하기보다는 클라우드 서비스를 활용하는 쪽으로 방향을 잡고 있다. 비용이 저렴할 뿐만 아니라 사용량이 갑자기 많아지거나 줄어드는 경우에도 손쉽게 대응할 수 있기 때문이다. 이 분야에서는 아마존이 심지어 구글이나 MS, IBM 같은 회사들보다도 앞서 있다. 현재의 아마존은 페이스북, 구글, 넷플릭스Netflix와 어깨를 나란히 하는 진정한 기술 기반 혁신 기업이다.

아마존의
협업적 필터링

_____ 아마존은 초기에 인터넷 서점으로 비즈니스를 시작했다. 도서 판매는 몇 가지 특성을 가지고 있다. 먼저 상품의 종류가 매우 다양하다. 지금 이 순간에도 수많은 책들이 쏟아져 나오고 있어서 어떤 책들이 팔리고 있으며 어떤 책들이 새로 나오고 있는지 파악하기 어렵다. 한편 독자의 취향도 다양하다. 소설만 열심히 읽는 사람도 있고 경제경영 분야에 주로 관심이 있는 사람도 있다. 이러한 환경에서는 추천 기술을 통해 서비스의 품질을 끌어올릴 수 있는 여지가 많다. 실제 국내에서도 인터넷 서점이 추천 기술 쪽으로 가장 빠르다.

아마존은 상품 추천에 있어서 큰 혁신을 이루어냈다. 상품 추천에는 '협업적 필터링collaborative filtering'이라는 기술을 쓰는데, 이는 여러 사용자들의 구매 패턴을 분석해서 추천할 상품을 찾아내는 방법이다. 원래는 협업적 필터링이라고 하면 사용자가 중심이 되는user based 방식을 의미했다. 이 기술은 사용자에게 취향이 비슷한 다른 사람들이 구입한 물건을 추천해준다. 이론상으로는 가능하지만 계산 자체가 오래 걸리고, 실제로 해보면 매 순간 변하는 사용자의 니즈에 대응하기 어려워 정작 필요한 상품이 추천되지 않는 경우가 많다는 것이 문제다. 아마존은 이 문제를 사용자가 아닌 상품을 중심으로item based 추천하는 방식으로써 해결했다. 사용자가 하나의 상품에 관심을 보여 클릭을 하면 해당 상품의 상세 설명과 함께 그와 관련된 다른 상품들을 보여주는 것이다.

평소 가전제품에 관심이 많고 자주 구매하는 사용자가 있다고 가정해보자. 그런데 이 사용자가 오늘은 어찌된 일인지 화장품에 관심을 보이고 클릭을 하고 있다. 이 사용자에게 사용자 기반 추천을 하면 십중팔구 가전제품이 추천된다. 그가 평소에 관심을 가진 상품이 가전제품이기 때문이다. 하지만 상품 기반 추천을 하면 다른 화장품이 추천된다. 현재 관심을 가지고 보는 상품이 화장품이기 때문이다. 이러한 차이 때문에 상품 기반 추천이 실질적으로 쇼핑에 도움이 되는 경우가 많다. 요즘은 전자상거래 분야에서 상품 기반 추천이 폭넓게 활용되고 있지만 이 방법은 2000년대 초반에 아마존에 의해 처음 도입되었다. 현재도 아마존의 상품 추천 시스템은 사용자 기반이 아닌 상품 기반 추천 위주로 되어 있다.

보통 온라인 쇼핑몰에서 사용자가 구매에 이르는 단계를 살펴보면 검색 혹은 카테고리 선택을 통해 관심 있는 상품의 목록을 먼저 확인하는 것이 그 시작이다. 상품의 이름과 사진 정도가 나타난 목록을 쭉 훑어보다가 관심이 가는 상품이 있으면 클릭해서 상세 내용을 확인한다. 상세 내용을 살펴보고 마음에 들면 장바구니에 담은 다음 결제를 진행한다. 결제가 끝나면 사용자에게 구매가 성공적으로 이루어졌음을 알리는 페이지가 나타난다. 이런 식으로 구매의 한 과정이 완전히 끝난다.

쿠팡의 서비스도 이와 동일한 구조로 이루어져 있다. 사실 상품 목록을 보는 단계에서는 상품 기반 추천을 적용할 여지가 크지 않다. 사용자가 상품을 선택하지 않은 상태이기 때문에 구체적으로 어떤 상품에 관심을 가지고 있는지를 모르기 때문이다. 다음 단계, 즉 상품의 상세 설명이 나오는 페이지가 상품 기반 추천에 있어서 가장 비중이 큰 영역이다. PC나 스마트폰에서 쇼핑을 할 때 하나의 상품을 보다가 그와 유사한 다른 상품을 보려면 보통은 상품 목록으로 되돌아간 다음에 목록에서 다시 상품을 선택해야 한다. 이렇게 하려면 한 상품에서 다른 상품으로 이동하는 데 최소한 두 번의 클릭이 필요하다. 하지만 상품 상세 페이지에 유사한 다른 상품을 보여주면 목록으로 되돌아가지 않고 한 번의 클릭으로 바로 다른 상품의 상세 설명으로 넘어갈 수 있다. 인터넷 서비스에서는 그 한 번의 차이가 크다. 즉 불필요한 단계를 줄이면 사용자 편의성이 많이 개선되는 것이다. 결과적으로 상품 상세 페이지의 추천 기능을 통해 사용자는 동일한 시간에 더 많은 상품을 보고 비교할 수 있게 된다.

장바구니 단계에서도 추천은 가능하다. 어떤 상품을 장바구니에 담았다는 것은 본격적으로 해당 상품을 구매할 의사가 있다는 뜻이다. 이 단계에서는 함께 구매할 만한 상품을 적절히 추천해주면 교차 판매를 통해 매출을 끌어올릴 수 있는 여지가 크다. 마지막으로 결제가 끝난 다음에 보이는 구매 완료 페이지 역시 추천을 고려할 만한 영역이다. 이미 구매한 상품과 함께 시너지를 낼 만한 상품을 추천해서 추가 구매를 유도할 수 있다.

쿠팡이 하면
달라야 한다

─────────────── 쿠팡의 서비스를 조사해보니 상식적인 수준에서 쉽게 떠올릴 만한 연관 상품 추천은 이미 대부분 적용되어 있었다. 관련자들과 이야기를 해봤더니 대부분 '우리는 상품 추천을 할 만큼 하고 있다'라는 시각을 갖고 있었다. 내 경험으로도 다른 국내 쇼핑몰에서 하는 만큼은 하고 있는 것 같았다. 그러면 쿠팡에서 내가 할 일은 무엇일까? 나는 기회를 보아 상사인 비벡에게 내 생각을 솔직하게 말하고 추천을 어떤 방향으로 개선해야 한다고 생각하는지 물어봤다. 그랬더니 재미있는 답변이 돌아왔다. "그 방향은 당신이 찾아라. 당신이 그 분야의 전문가 아니냐? 현재 상태가 최선이고 더 이상 개선의 여지가 없다고 생각하느냐?" 어찌 보면 무책임하다고 느껴질 수도 있지만, 그만큼 내 전문성과 역량을 인정하고 존중해주는 입장에서 건넬 수 있는 답변이기도 했다. 비벡의 말을 들으니 책임이 훨씬 무겁게 느껴졌다. 나는 알았다고, 내 스스로 방법을 찾고 방향을 제시하겠다고 말할 수밖에 없었다.

나도 그동안 여러 회사들을 경험하면서 직장 생활을 해봤지만 제대로 상대방의 전문성을 존중해주면서 일을 맡길 줄 아는 상사는 별로 없었다. 대부분의 보스는 일의 세부 사항에 하나하나 개입해서 자신이 생각하는 방향으로 바꾸어놓는다. 그리고 그것이 본인에게 맡겨진 소임을 다하는 것이라 믿는다. 하지만 이렇게 하면 결국 보스가 생각하는 범위를 벗어날 수 없고, 보스 혼자서 일하는 것이나 다를 바 없다. 이렇게 되는 것을 피하려면 자신이 상사라도 상대방의 생각을 존중해야 한다. 그리고 필요하다면 권력을 내려놓고 설득할 줄도 알아야 한다. 비백은 이것을 실제로 할 줄 아는 사람이었다.

이런 식의 상하관계가 작동하려면 일을 받는 쪽에서도 능력과 전문성을 갖춰야 한다. 일을 맡긴 쪽에서 별로 할 말이 없을 정도로 스스로 계획을 세워서 추진하고 결과를 낼 수 있어야 한다. 쿠팡은 이렇게 할 수 있는 사람에게는 편한 곳이지만 자신이 스스로 할 일을 찾을 줄 모르는 사람에게는 매우 힘든 곳이기도 하다.

coupang

서비스 최적화를 위한
간단하고 과학적인 방법

학생에게 과외 지도를 해보면 0점 받는 학생을 60점 받게 만드는 것
보다 70점 받고 있는 학생을 80점으로 끌어올리는 것이 훨씬 어렵다.
70점 받는 학생은 이미 공부를 할 만큼 하고 있어서 더 이상 끌어낼
잠재력이 별로 없기 때문이다. 쿠팡의 개인화와 추천을 개선하는 프
로젝트는 70점 받고 있는 학생의 성적을 끌어올리는 일과 같았다.

예전부터 하던 일이었지만 몇 가지 개선의 여지가 있었다. 첫 번째
는 이미 존재하는 추천 UI User Interface 자체의 최적화였다. 똑같은 상
품이라고 해도 추천 상품의 목록을 가로로 보여주는지 세로로 보여
주는지에 따라, 혹은 화면 중간에 보여주는지 하단에 보여주는지에
따라 사용자 반응이 달라질 수 있으니 목록이 나타나는 방식을 고려

해 최적화시킬 수 있어야 했다. 두 번째는 추천 상품을 계산하는 로직 자체를 개선하는 방향이었다. 똑같은 위치에 똑같은 형태의 UI로 추천을 하더라도 추천하는 상품이 달라지면 사용자 반응은 달라진다. 연관성이 더 좋은 상품을 찾는다거나 추천 결과에서 이전에 구입한 상품은 제외시키는 식으로 시도해볼 수도 있을 것 같았다. 알아보니 이런 방향으로의 최적화는 그동안 거의 하지 않았다. 그 밖에 지금까지 시도하지 않았던 새로운 방식의 상품 추천에 관한 아이디어도 몇 가지 있었다.

개선을 위한 아이디어는 많지만 문제는 측정과 평가다. 기존에 하고 있던 것과 비교해서 개선된 추천 방식이 더 낫다는 것을 어떻게 입증할 수 있는지가 문제다. 인터넷 서비스는 한번 만들고 끝나는 것이 아니다. 지속적으로 다양한 기능을 추가하면서 서비스를 개선해야 한다.

다른 분야에서는 처음 구상한 것이 100이라면 최대한 100에 근접하게 제품을 만들어 내놓는다. 한번 제품을 만들면 수정하는 것이 쉽지 않기 때문이다. 하지만 인터넷 서비스는 얼마든지 업데이트가 가능하다. 그래서 처음 구상한 것과 비교해서 마음에 안 드는 부분이 있어도 최소한의 요건만 만족시키면 일단 출시부터 하고 부족한 부분은 나중에 보완한다. 이런 방식으로 서비스를 만들어가기 때문에 초기에는 개선할 부분이 눈에 확확 들어온다. 아이디어가 많아도 일단 최소한을 반영했기 때문이다.

하지만 시간이 흘러갈수록 개선을 위한 아이디어가 소진된다. 할만한 일은 다 해보고, 뭔가 새롭게 개선을 했다고 해도 사용자가 폭발적으로 늘어난다거나 하는 경우는 찾아보기 힘들다. 이쯤 되면 일하는 사람 스스로도 '정말로 내가 가고 있는 방향이 올바른가?' 하는 의구심을 갖기 시작한다. 대개 이 단계에 오면 개선 프로젝트가 한계에 부딪혀서 기존의 서비스는 유지보수 단계로 넘기고 인력을 다른 새로운 프로젝트로 돌린다. 여기서 서비스의 품질을 더 개선하려고 하면 데이터에 기반을 둔, 보다 과학적인 방법이 필요하다. 간단하면서도 합리적인 방법이 있다. 실제 서비스에서 직접 실험을 하면 된다.

실험은 방향을 제시한다

────────────── 지금으로부터 약 300년 전, 18세기에 바닷길이 열리면서 전 세계가 하나로 연결되기 시작하던 시절의 이야기다. 당시에 해상 교역이 활발해지면서 장거리 항해를 하는 경우가 많아졌다. 그런데 장거리 항해를 하다 보면 선원들 사이에서 괴혈병이라는 치명적인 병이 돌았다. 1740년 영국 해군의 조지 앤슨 제독의 함대가 4년 만에 세계 일주를 성공시키고 영국으로 돌아왔는데, 전투에서 죽은 사람은 몇 명 안 됐지만 괴혈병으로 죽은 사람은 무려 1000명 가까이나 되었다고 한다.

이 병에 대해서 최초로 과학적인 실험을 사람은 스코틀랜드의 해군 의사 제임스 린드였다. 1747년 군함 솔즈베리호를 타고 항해를 하던 그는 괴혈병 증상을 보이던 열두 명의 환자를 선발해 두 명씩 여섯 조로 나누어 서로 다른 보충 음식을 주었다. 며칠 후에 환자의 상태를 다시 보니 레몬이나 오렌지 같은 감귤류의 과일을 먹은 환자들만 괴혈병이 나은 것을 확인할 수 있었다. 이 결과는 1753년에 논문을 통해 발표되었지만 정설로 받아들여져서 실제로 영국 해군 장병들에게 레몬 주스가 보급되기 시작한 것은 1795년이 되어서였다. 더욱 구체적인 원리가 밝혀진 것은 한참 뒤인 1930년대였다. 그제서야 괴혈병이 비타민 C의 결핍에 의해 발생한다는 것과 감귤계 과일에 비타민 C가 많이 함유되어 있어서 괴혈병 예방 효과가 있다는 사실이 구체적으로 알려진 것이다. 그러나 린드 의사는 구체적인 원리가 밝혀지기 전에 실험 결과를 이용해서 환자들을 괴혈병에서 해방시킬 수 있었다.

괴혈병 치료에 좋은 음식을 알아내는 실험과 비슷한 시도를 요즘은 인터넷 서비스 최적화에 활용한다. 스마트폰 앱을 만들 때 버튼을 녹색으로 해야 좋을까, 아니면 주황색으로 해야 좋을까? 사람들에게 물어봐도 어느 쪽이 더 좋은지 의견이 분분하다. 그러면 실험을 한다. 사용자를 절반으로 나누어서 한쪽은 주황색 버튼을 보여주고 다른 한쪽은 녹색 버튼을 보여주는 것이다. 그리고 사용자들의 반응이 어느 쪽이 더 좋은지를 수치로 비교한다. 앱의 사용에는 궁극적인 목적이 있다. 가령 전자상거래 앱의 사용자는 상품 구매를 하는 것이 최종 목표다. 사용자가 최종 목표를 달성하는 것을 전환conversion 이라고 하는데, 어느 쪽 집단이 더 전환이 많이 되는지를 비교하여 서비스 최적화를 어떤 방향으로 할지 결정할 수 있다(그림3 참조).

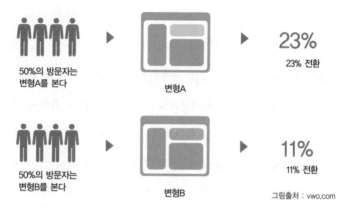

변형A

23%

23% 전환

변형B

11%

11% 전환

50%의 방문자는
변형A를 본다

50%의 방문자는
변형B를 본다

그림출처 : vwo.com

그림 3 AB테스팅 진행 방법

　이러한 실험을 AB테스팅이라고 하는데, 방법 자체는 꽤 널리 알려진 것이다. 인터넷 기반의 서비스에서는 서비스 최적화를 위해 AB테스팅을 해온 지가 10년도 더 됐다. 2012년 오바마 대통령이 재선을 위한 선거 운동을 할 때 데이터 기반의 첨단 마케팅 기법을 활용해서 성공적인 캠페인을 진행했던 적이 있다. 이때에도 최적화에 AB테스팅 기법을 많이 사용했다.

AB테스팅에
근거한 선택

_____ 선거 캠페인을 할 때 가장 중요한 문제 가운데 하나가 선거 자금을 모으는 것이다. 미국은 이메일 활용도가 높아 지지자들에게 후원을 부탁하는 이메일을 보내서 자금을 마련하기도 한다. 문제는 대부분의 사람들이 메일 제목만 보고 바로 삭제

쿠팡, 우리가 혁신하는 이유

해버린다는 점이다. 그래서 메일 제목을 어떻게 쓰느냐에 따라서 사용자가 메일을 읽을 확률이 달라진다.

오바마 캠프에서는 최적의 이메일 제목을 AB테스팅 기법으로 찾아냈다. 브레인스토밍을 통해 이메일 제목 후보 목록을 만든 다음 무작위로 선택된 소수의 실험 대상에게 각기 서로 다른 제목으로 메일을 보내서 클릭율과 후원금 실적을 분석한 것이었다. 실험 결과로는 이메일 제목에 따라서 최대 약 6배 정도의 후원금의 차이가 날 수 있다는 것이 확인되었다. 가장 많은 후원금을 모은 이메일 제목은 '후원금을 추월당하게 생겼습니다'라는 다소 자극적인 것이었다. 실제로 해당 제목으로 메일을 보낸 결과 예상했던 후원금과 거의 비슷한 금액의 후원금이 모였다.

이메일 제목	예상 후원금
후원금을 추월당하게 생겼습니다	$2,540,866
두려운 숫자들	$1,941,379
우리가 하고자 하는 일을 믿는다면	$911,806
마지막 호소: 미셸과 오바마	$894,644
만나고 싶습니다	$755,425
미셸을 위해서 해주세요	$714,147
오바마와 함께 변화를!	$711,543
가장 인기 있는 오바마	$659,554
미셸 타임	$604,813
데드라인: 미셸과 저와 함께합시다	$604,517
감사하는 하루하루	$545,486
여론조사가 정확히 맞힌 것	$403,604

표 1 고한석 저, 《빅데이터 승리의 과학》에서 발췌

AB테스팅은 과학적이고 합리적이다. 이 방법을 적용하면 명확한 측정 기준이 생긴다. 그리고 의사 결정에 있어서 논란의 소지가 없어진다. 보통의 조직에서는 의사 결정을 할 때에 직관에 많이 의존한다. 버튼의 색깔이 녹색이 좋은지 주황색이 좋은지를 결정한다고 하면, 회의실에 모여 앉아 각자 자신의 의견과 그 근거를 제시한다. 왜 녹색이 좋은지 혹은 주황색이 좋은지를 나름의 논리로 설명하는 것이다. 그런 다음 조직장이 생각하기에 논리적으로 가장 그럴듯하게 들리는 제안을 선택한다. 하지만 명확한 실험 결과가 있으면 이런 식으로 할 필요가 없다. 실험 결과가 좋은 쪽을 선택하면 되는 것이다.

국내에서는 인터넷 기반 서비스를 하는 회사들 중에서도 AB테스팅을 제대로 하는 회사가 거의 없다. 실험적으로 혹은 특수한 경우에 몇 번 해보는 곳은 있었지만 회사 전체 조직이 AB테스팅을 적용하는 경우는 극히 일부였다. 위에서 시켜서 한두 번 하다가 결과가 생각대로 안 나오면 흐지부지되는 경우도 많다. 그런데 쿠팡은 전사 차원에서 모든 서비스 개선 작업에 대해 AB테스팅을 하고 있다. 디자인이 아무리 그럴듯하게 보여도 기존의 것보다 낫다는 것이 수치상으로 입증되지 않으면 개선안이 채택되지 못한다. 상품 추천 기능도 이러한 방법으로 평가한다.

coupang

쿠팡은 AB테스팅을
제대로 하고 있을까?

AB테스팅은 내가 쿠팡에 합류하면서 특히 관심 있게 살펴본 분야다. AB테스팅에 대한 이야기를 듣는 사람들은 당연히 그것을 적용해야겠다는 반응을 보인다. 하지만 AB테스팅을 실제로 하려고 하면 여러 난관이 많기 때문에 제대로 이것을 활용하고 있는 회사는 한국에는 거의 없다. 쿠팡에서는 AB테스팅을 제대로 활용한다고 듣기는 했지만 나는 내 눈으로 직접 확인하기 전에는 안 믿었다. 밖으로는 아무리 훌륭하다고 소문이 나 있는 조직이라고 해도 막상 내부를 직접 보면 실망스러운 경우가 많으니까.

AB테스팅은 다음 장에서 소개할 클릭스트림 분석의 일부라고 할 수 있다. 이를 실행에 옮길 때 가장 먼저 생각해볼 수 있는 방법이 이미 만들어져 있는 분석용 도구를 사용하는 것이다. 구글에서 제공하는 GA Google Analytics, 구글 분석기 에서도 AB테스팅을 손쉽게 수행할 수 있는 기능을 제공하고 있다. 하지만 AB테스팅과 관련된 기능도 GA가 제공하는 다른 분석 기능과 마찬가지로 분석에 관한 니즈가 고도화될수록 답답한 부분이 생긴다. 그런데 쿠팡은 이미 GA 같은 만들어진 툴이 아닌, AB테스팅을 수행하기 위한 자체적인 플랫폼을 구축해서 사용하고 있었다.

무엇이 문제인지
제대로 알아야 한다

_____ 막상 쿠팡의 AB테스팅 플랫폼을 가만히 살펴보니 사용자를 무작위로 나누는 로직이 잘못되어 있었다. AB테스팅을 수행할 때에는 사용자를 실험군과 대조군으로 나누어서 실험군에는 새로운 UI를 보여주고 대조군에는 기존의 UI를 보여준다. 한번 실험이 끝나고 다른 주제를 가지고 실험을 할 때에는 실험군과 대조군을 처음부터 새로 선정해야 한다. 그러나 쿠팡에서 당시에 사용하던 AB테스팅 플랫폼은 한번 선정한 실험군과 대조군을 이후의 실험에서도 계속해서 그대로 쓰고 있었다.

이건 통계학을 제대로 아는 사람의 입장에서 보면 어이가 없다고 느낄 만한 큰 실수다. 새로운 약을 개발하는 과정에서 실시하는 임상 실험에 비유해보자. 새로 개발한 약이 효과가 있는지 검증하기 위해 실제로 환자에게 투약을 해보는 임상 실험에서 참가자들을 두 집단으로 나누어 한쪽에만 신약을 투입한다. 그런 다음에 두 집단에서 차도에 차이가 있는지를 본다.

첫 번째 실험이 끝난 다음에 이전과는 전혀 다른 신약이 또 개발되어 임상 실험을 새로 한다고 가정해보자. 그런데 첫 번째 실험에서 신약을 투약했던 사람들에게는 두 번째 신약을 투약하고 첫 번째 실험에서 신약을 투약하지 않았던 사람들에게는 두 번째 신약도 투약하지 않는다고 생각해보자. 그러면 설령 두 집단 사이에 차이가 있다고 하더라도 그 차이가 첫 번째 신약 때문인지 두 번째 신약 때문인지 알 수가 없다. 이것이 통계학에서 말하는 '사건의 독립성'에 대해 고찰할 수 있는 예다. 여러 개의 AB테스팅을 할 때도 각 실험은 독립적이어야 한다. 그런데 한번 선정한 실험군과 대조군을 계속 쓰던 당시에는 지금까지 한 AB테스팅의 결과 전체가 의심스러워질 수밖에 없었다.

이에 대해 개발자들에게 문제를 제기했더니 반응이 다양했다. 대체 뭐가 문제인지 이해를 못하겠다는 표정을 짓는 사람도 있고, "아는데 다른 일 하느라 바빠서 손을 못 댔어요"라고 말하는 사람도 있었다. 내가 보기에는 이건 말이 안 되는 일이었다. 정말로 이 문제를 제대로 이해하고 있다면 다른 모든 일에 앞서 이것부터 해결해야 한다. 열심히 앞으로 달리기만 하면 될까? 나침반이 엉뚱한 방향을 가리키고 있는데.

내 옆자리에는 찰스라고 하는 중국계 미국인이 앉아 있었다. 이 친구의 직함은 최고 데이터 과학자였다. 스탠포드에서 경영학Management Science 으로 박사를 했고 IBM에서 수십 명 규모의 데이터 사이언스

팀을 이끈 적이 있다고 했다. 당시에는 한국과 미국을 오가며 실리콘 밸리에 있는 쿠팡 오피스를 세팅하는 일을 하고 있었다. 실리콘밸리 오피스에서 일할 사람을 뽑고, 본사 개발조직과 협업을 할 수 있도록 조율하고 있었던 것이다. 하도 답답해서 이 친구를 붙잡고 안 되는 영어로 열심히 이야기해가면서 하소연을 했더니 이 친구는 제대로 이해하며 말해주었다. "아, 그 문제 우리도 찾았어요. 그래서 지금 쓰고 있는 시스템을 버릴 계획으로 처음부터 새로 만들고 있는 중이에요. 몇 달 기다리면 될 것 같으니 조금만 참아요." 그는 새로 만들고 있는 AB테스팅 플랫폼의 설계 문서를 내게 보여주었다. 찬찬히 읽어보니 내가 생각한 내용이 이미 대부분 반영되어 있었다.

그날의 논의가 인연이 되었는지 나중에 AB테스팅 플랫폼을 새로 만드는 프로젝트를 잠깐 담당할 기회가 있었다. 실리콘밸리의 쿠팡 오피스가 어느 정도 안정되자 찰스는 한국으로 완전히 들어와 데이터센터장 직책으로 본사에 있는 데이터 사이언스 관련 조직을 전부 떠맡게 되었다. 이때 그가 나한테 제안했다. "내가 진행하고 있던 프로젝트들 좀 맡아서 진행해줄 생각 없어요? 이제부터는 관리 업무 하느라 바빠서 아무래도 신경을 못 쓰게 될 것 같아요." 당시에 이 친구가 진행하던 프로젝트가 네 개였는데, AB테스팅 프로젝트는 나도 원래부터 관심이 있던 터라 비벡에게 사정을 설명하고 그 프로젝트에 참여하게 해달라고 부탁했다. 비벡은 썩 내키는 모습은 아니었지만 찰스도 함께 부탁하자 결국 허락을 해줬다.

쿠팡, 우리가 혁신하는 이유

새로운 시스템을
도입한다는 것

_____ AB테스팅 플랫폼 개발을 담당하는 팀은
미국 실리콘밸리에 있다. 그 팀 사람들의 경우 한국에 몇 번 온 적이
있어 얼굴은 알고 있었지만 그래도 이건 장벽이 꽤 높았다. 영어로,
그것도 주로 이메일에 의존해서 커뮤니케이션을 하고, 컨퍼런스 콜
(원격 화상회의)도 일주일에 한 번뿐이었다. 시차가 있어서 퇴근할 때
메일을 보내놓으면 다음 날 아침에서야 답장이 왔다.

한번은 이런 일이 있었다. 실리콘밸리 오피스에 사람이 늘어나면
서 인터넷 사용량이 많아져 회선의 용량을 초과했다. 그래서 컨퍼런
스 콜을 진행하는 도중에 중간중간 음성이 끊어져 서로의 말을 제대
로 알아듣기 힘든 상황이 되어버렸다. 답답했는지 저쪽에 있는 엔지
니어가 한마디했다. "야, 네가 말하는 내용이 자꾸 끊어져서 제대로
안 들려." 다행히 이 말은 들렸기에 나 또한 지지 않고 응수했다. "나
도 마찬가지거든? 어쩌라고? Me either!" 그랬더니 갑자기 저쪽이 웃음
바다가 되어버렸다. 그제야 서로가 같은 조건이라는 것을 안 것이다.
이런 악조건 속에서 프로젝트를 진행해야 했다.

다행히 나는 이슈를 대부분 파악하고 있었고, 설계는 거의 끝나 있
어서 개발팀이 본사의 개발 프로세스에 맞게 가이드라인을 지키도록
도와주기만 하는 상태였다. 나는 주로 중간에서 커뮤니케이션을 중
재하는 역할을 했다. 본사 개발조직이 요구하는 프로세스를 파악해
서 이것을 지키도록 개발팀에 요구하고, 개발팀이 작업해서 결과를
내놓으면 그것이 문제가 없는지를 본사 개발조직과 확인하는 식이었

다. 중간에서 몇 번 왔다 갔다 한 끝에 결국 가까스로 본사의 개발 프로세스에 맞추는 데 성공했다. 본사의 담당 엔지니어가 말했다. "이 정도면 최소한의 가이드라인은 지켰다고 할 수 있어요. 하지만 정말 최소한입니다. 제가 보기에는 문제가 발생할 가능성도 꽤 높아 보여요. 좀 더 테스팅을 해서 보완하시기를 권합니다."

시간을 더 투입해서 안정성을 높이는 길도 있지만, 나 또한 일정에 관한 압박을 심하게 받는 입장이었기 때문에 어쩔 수 없이 바로 실제 서비스에서 조심스럽게 가동시키는 길을 선택했다. 그런데 문제가 있었다. 어쨌든 새로 만든 플랫폼을 사람들이 써야 하는데 아직 제대로 검증이 안 된 시스템이라서 아무도 안 쓰려고 했던 것이다. 그래서 나는 본사에서 함께 개인화 추천 개선 프로젝트를 진행하던 개발팀에 새로 만들어진 플랫폼을 가지고 AB테스팅을 해보자고 제안했다. 그들은 "대체 왜 우리가 실험 쥐가 되어야 하느냐?"라면서 투덜대기도 했지만 "무슨 문제 있으면 내가 실리콘밸리 개발팀하고 이야기해서 다 풀어주겠다"라면서 간곡히 사정을 하니 들어주었다. 실제로 테스팅을 해봤더니 장애도 있었고, 그 밖에도 트러블이 있었지만 그럭저럭 작동했다. 처음이기에 당연히 마음에 안 드는 부분, 개선할 부분이 많았지만 이 정도면 일단 첫 걸음은 뗀 셈이었다.

쿠팡의 문화는 빠른 결과를 내는 것을 최우선으로 한다. 그러다 보니 아무래도 군데군데 임시방편으로 대응해놓은 부분들이 눈에 띈다. 영어로는 이런 것을 'quick and dirty 퀵 앤드 더티'라고 한다. AB테스팅 플랫폼만 해도 처음에는 별 문제가 없는 것을 보고 경영진에서 "앞으로는 계속 이렇게 하자"라고 하지 않았을까? 그래서 빨리 진행

쿠팡, 우리가 혁신하는 이유

하기 위해서 임시방편으로 만들어놓은 시스템을 계속 쓰게 되었을 것이다. 이런 방식은 일단 빨리 결과를 볼 수 있다는 장점은 있다. 하지만 특히 소프트웨어와 관련된 일은 빠른 진행만을 중시하는 식으로 처리하면 장기적으로 유지보수 비용이 더 커진다. 시스템이 누더기가 되어서 그 위에 뭔가 더 개선하기가 어려워지는 것이다. 임시방편을 쓴 것에 대한 부작용을 적절한 시점에 걷어내면서 시스템을 안정시킬 수 있어야 한다. 내가 본 쿠팡은 바로 이 단계에 있었다.

coupang

소비자가 구매에 이르기까지의
행동 하나하나를 분석하라

조지 오웰의 소설 《1984》에는 "빅 브라더가 당신을 지켜보고 있다Big brother is watching you"라는 문장이 나온다. 오늘날에는 거대 기업들이 개인의 사생활을 파악하고 감시하는 것에 대한 경계의 의미로 이 말이 많이 인용된다. 사실 이 분야에 직접 종사하는 입장에서 보면 대부분이 지나친 우려다. 기업에서는 개인의 데이터를 분석한다고 해도 개인으로 보지 않고 집단으로 본다. 데이터를 보면서 "서울 사는 아무개가 전기밥솥을 하나 주문했네?"라는 식으로 논의하는 경우는 거의 없다. 대부분의 논의는 "서울 지역에서 전기밥솥을 주문하는 사람이 늘고 있다"와 같은 형태에 가깝다. 요즘은 개인정보 보호도 많이 강화되어서 기업에서 데이터를 분석할 때에도 개인을 식별할 수 없는

쿠팡, 우리가 혁신하는 이유

형태로 처리해놓고 진행하는 경우가 많다. 그러면 기업은 어떤 데이터를 어떻게 분석하고 있을까?

전자상거래 비즈니스를 하는 회사라면 대개 최소한 거래 내역 데이터 정도는 제대로 관리하고 있다. 거래 내역이란 누가 어떤 상품을 샀는지에 관한 데이터다. 그런데 이 부분에서 문제가 발생하면 매우 큰 사고가 터진다. 상품을 구입한 고객이 환불을 요구하는데 상품 구입 기록이 사라졌다고 생각해보면 얼마나 심각한 문제인지 쉽게 이해할 수 있다. 이런 경우 고객의 입장에서는 사업자가 분명 돈 받고 물건을 팔았는데 판 적 없다고 잡아떼는 것으로 보일 테니 다시는 물건을 사고 싶지 않을 것이다. 거래 데이터가 제대로 관리되지 않으면 심지어 매출 파악조차 제대로 안 된다. 자칫 이처럼 심각한 문제가 터져버릴 수 있기 때문에 전자상거래 기업에서 거래 내역을 철저히 관리하는 것이다.

전자상거래 기업의
핵심 경쟁력

_____ 그런데 거래 데이터 관리를 잘하는 회사들은 여기서 한걸음 더 나아가서 고객이 구매에 이르기까지의 행동 하나하나를 보다 자세히 보고 분석해서 서비스의 문제점을 찾아 개선하는 데 활용한다. 고객이 꼭 물건을 구입하지 않더라도 스마트폰에서 물건을 클릭해 상세 내용을 확인한다거나 물건을 카트에 담는다거나 하면 일단 그 상품에 대한 관심이 있다는 것으로 볼 수 있다. 이

런 데이터를 이용하면 해당 고객에 대한 성향 파악이 가능하고 이를 이용해서 할 수 있는 일이 여러 가지 생긴다. 여기까지 고민하는 회사는 사용자들의 행동 하나하나를 전부 데이터로 남긴다. 사용자가 스마트폰에서 어떤 키워드로 검색했는지, 어떤 상품을 봤는지, 어떤 상품을 카트에 담았는지 등에 대해 일일이 데이터로 남기는 것이다. 이런 형태의 데이터를 이 분야에 종사하는 사람들은 흔히 '클릭스트림Clickstream 데이터'라고 부른다.

클릭스트림 데이터는 엄밀하게 말해서 필수는 아니다. 없어도 서비스 운영에 직접적인 타격은 없다. 이 데이터를 직접 사용하는 사람이 아니면 그 중요성을 잘 알지도 못한다. 하지만 보다 깊이 있는 분석을 위해서는 꼭 필요한 데이터다. 사용자들이 상품을 찾을 때 혹시 뭔가 어려움을 겪고 있지는 않나? 사용자들은 상품을 어떻게 찾고 있나? 검색을 하는지 아니면 초기 화면에 그냥 우연히 보이는 상품을 클릭하는지, 그것도 아니면 상품분류 체계를 이용해서 카테고리를 찾아 들어가는지 어떻게 알 수 있을까? 혹시 결제 단계에는 문제가 없을까? 이처럼 사용자들이 물건을 구입하는 과정에 대해 의문을 갖고 그들이 불편을 느끼지 않게끔 문제점을 찾아 해결해주는 것이 전자상거래 비즈니스에 있어서는 핵심 경쟁력 가운데 하나다.

사용자들이 느끼는 문제를 파악하는 방법 중에서 전통적인 방법은 소위 '사용성 연구'라는 것이다. 실제 사용자를 초대해서 서비스를 이용하도록 시켜놓고 어떻게 사용하고 있는지를 직접 보는 것이다. 사용자의 행동을 볼 수 있기 때문에 훨씬 더 많은 인사이트를 얻어낼 수 있고 직접 사용자들에게 여러 가지 질문을 해서 피드백을 받을 수 있다는 점 때문에 널리 쓰이는 방식이다. 쿠팡에서도 이 방식을 상당히 열심히 적용하고 있다. 내가 일할 때는 각 PO들에게 2주에 한 번씩 사용성 연구를 진행하라는 가이드가 내려오기도 했다.

물론 사용성 연구는 좋은 방법이지만 한정된 숫자의 사용자밖에 볼 수 없다는 한계가 있다. 그래서 클릭스트림 데이터를 분석해서 동일한 문제에 대한 답을 다른 관점에서도 함께 보는 것이다. 클릭스트림 데이터 분석은 정말 실사용 환경에서 발생하는 데이터에 기반을 두기 때문에 전수조사가 가능하고 신뢰성도 높다. 사용성 연구에서는 아무래도 보는 사람이 있다는 사실을 의식해서 사용자가 평소처럼 자연스럽게 행동하지 못하는 경우도 많다. 클릭스트림 데이터 분석은 이러한 약점을 보충할 수 있는 좋은 방법이다. 물론 클릭스트림 데이터 분석의 약점도 있다. 사용자를 직접 볼 수가 없다는 것이다. 심지어 사용자가 앱을 켜놓고 가만히 보고 있는 상태인지 아니면 보지도 않고 다른 일을 하고 있는 상태인지조차 구분할 수 없다. 그래서 클릭스트림 데이터 분석과 사용성 연구는 상호보완적인 관계이고, 쿠팡에서 프로젝트를 진행할 때에는 양쪽 모두를 참고한다.

클릭스트림 분석을
더 쉽게 할 수 있는
방법

_____ 클릭스트림 분석은 본래 상당한 투자를 필요로 하는 분야이다. 일단 데이터의 사이즈가 감당이 안 될 정도로

크다. 하루에 발생하는 거래 건수는 전자상거래 분야를 선도하고 있는 쿠팡이라고 해도 기껏해야 수십만 수준이다. 요즘에는 대부분의 거래가 신용카드를 통해 이루어지기 때문에 신용카드 회사들이 처리하는 거래 건수가 많아졌지만, 그래도 국내 주요 카드사가 처리하는 거래 건수가 하루에 수백만 단위에 불과하다.

그런데 이 클릭스트림 데이터는 발생량이 하루에 억 단위가 넘어간다. 이 정도 사이즈의 데이터를 처리하기 위해서는 당연히 IT 인프라에 투자를 해야 한다. 그렇기 때문에 기업에서는 클릭스트림 데이터 분석에 상당한 부담을 느낄 만하다. 실제로 예전에는 이것이 아무나 손댈 수 있는 영역이 아니었다. 이쪽 분야에 특화된 장비를 별도로 구매해야 했고, 그 투자 규모가 최소 수십억 단위부터 시작했다. 하지만 최근 들어 빅데이터 기술이 비약적으로 발전함에 따라서 훨씬 더 적은 비용으로 이 정도 사이즈의 데이터의 처리가 가능한 시스템을 구축할 수 있게 되었다. 오늘날에는 별도의 특화된 장비 없이 개인용 PC 수십 대 혹은 수백 대를 연결함으로써 클러스터를 구축해 이 문제를 해결할 수 있다.

방대한 데이터를 처리할 수 있는 시스템을 갖추더라도 부담이 완전히 사라지는 것은 아니다. 빅데이터 클러스터를 구축하고 운영하는 데에는 적합한 전문 인력이 필요하다. 규모가 어느 정도 되는 조직이라면 별 문제가 아닐 수도 있지만 스타트업처럼 몇 명 안 되는 규모의 조직에서는 전문 인력을 채용하기란 부담스러운 일이다. 그래서 많은 회사들이 이미 만들어져 있는 분석용 툴을 가져다 쓰는 방식으로 클릭스트림 분석을 한다. 이 분야에서 가장 유명한 분석용 툴

쿠팡, 우리가 혁신하는 이유

은 앞서 소개했던 구글분석기 GA이다. GA의 원리는 간단하다. 자신이 운영하는 홈페이지나 스마트폰 앱 프로그램에 구글이 제공하는 코드를 가져다가 포함시킨다. 그러면 사용자가 앱이나 홈페이지에서 어떤 행동을 할 때 사용자의 데이터가 자동적으로 구글로 날아간다. 그러면 구글은 그 데이터를 수집하고 분석해서 결과를 보여준다. 서비스를 분석하고자 하는 사람은 구글이 제공하는 분석 결과를 웹을 통해서 바로바로 확인할 수 있다. GA는 기본적으로 무료로 제공되는 서비스이며 돈을 내면 추가 기능을 쓸 수 있고, 기술 지원까지 받을 수 있다. 이러한 툴을 쓰면 하드웨어 인프라에 투자를 할 필요가 전혀 없고, 소프트웨어 개발자도 할 일이 줄어든다. 그래서 인터넷 기반의 서비스를 하는 회사에서는 보통 GA는 거의 표준처럼 받아들이고 사용한다.

이런 것을 보면 구글은 정말 대단한 회사라는 생각이 든다. GA 서비스 자체는 무료로 제공되지만 그 대가로 그들은 전 세계의 인터넷 이용자들이 어떤 사이트에 접속해서 무슨 일을 하고 있는지를 손바닥 보듯이 볼 수 있다. 마음만 먹으면 어느 회사가 잘나가고 있는지 혹은 쇠퇴해가고 있는지도 확인할 수 있다. 만약 당신이 GA를 이용해서 분석하고 있는 웹사이트에 접속해서 무엇인가를 했다면 당신의 데이터도 구글에 다 넘어가고 있는 것이다. 이것이 마음에 들지 않는다면 GA를 쓰지 않으면 되지만 대부분의 회사들에게 편의성은 결코 무시 못할 이점이다.

사용자들이 인터넷 서비스를 이용하면서 하는 행동 하나하나를 상세한 레벨까지 데이터를 남겨 분석하는 것, 즉 클릭스트림 분석을 이용하면 사용자의 일거수 일투족을 지켜볼 수 있다. 최근에는 기술의 발전으로 낮은 비용으로 클릭스트림 분석이 가능해졌다. 심지어 무료로 사용할 수 있는 툴도 있다. 앞서가는 회사들은 사용자에 대한 분석 데이터를 서비스 개선의 도구로 활용하고 있다.

coupang

프로파일링으로
소비자의 특성을 파악한다

'프로파일링'이라는 말을 들었을 때 머릿속에 무엇이 떠오르는가? 아마 어렴풋이 뭔가가 떠오르기는 하지만 막상 그게 뭔지 설명하기는 어려울 것이다.

프로파일링은 여러 분야에서 사용되는 말인데, 범죄 수사에 관한 이야기에서 흔히 들어봤음 직하다. 여기서 프로파일링은 특정 범죄자 혹은 용의자를 정확히 지목하기보다는 범죄를 저질렀을 가능성이 큰 잠재 범죄자 집단의 공통적인 성격이나 배경 등에 대한 정보를 바탕으로 수사 대상이 될 용의자의 범위를 좁히는 수사 기법을 뜻한다. 쉽게 말해서 범죄 현장에 있는 각종 단서를 분석해 '이 사건의 범인은 30~40대 남자로 약간 뚱뚱한 체형이고 안경을 쓰고 있을 가능성이 높다'와 같은 식으로 범인의 특징을 추정하는 방법이다. 물론 추론이기 때문에 틀릴 가능성도 크지만 많은 수사에 도움이 된다.

인터넷 서비스에서도 비슷한 접근 방법이 유효하다. 인터넷 서비스에서는 고객의 다양한 행동을 비교적 쉽게 데이터로 남길 수 있다. 이 데이터를 잘 분석하면 고객이 어떠한 특징을 가지고 있는지 알아낼 수 있다. 이러한 특징 중에서 해당 비즈니스에 도움이 될 만한 속성을 잘 추려서 프로파일링을 해두면 여러모로 편리하게 쓸 수 있다.

프로파일링을 할 항목은 비즈니스에 따라 달라진다. 왜냐하면 비즈니스 내용에 따라서 고객에 대해 궁금한 사항도 달라지기 때문이다. 예를 들어 온라인 게임 비즈니스를 하는 입장에서는 사용자의 일평균 사용량이나 사용자가 좋아하는 게임 종류, 주로 게임을 하는 시간대 같은 정보가 궁금할 것이다. 반면에 이커머스에서는 고객이 자주 구매하는 상품 카테고리나 주로 사용하는 결제수단 같은 정보가 궁금할 것이다.

소비자에 대해
궁금한 것들

_____ 내가 쿠팡에서 담당한 분야가 개인화였는데, 프로파일링은 서비스 개인화라는 분야와 밀접한 관련이 있다. 예전에 게임 회사에 있을 때 프로파일링 프로젝트를 통해서 성과를 냈던 경험이 있었기 때문에 나는 쿠팡이 프로파일링을 어떻게 하고 있

는지 자세히 살펴봤다. 확인을 해보니 마케팅 조직에서 프로파일링과 비슷한 일을 하고 있었는데 개선의 여지가 많아 보였다. 일단 가장 큰 문제는 다른 팀에서 고객 프로필 데이터를 쓰기가 어렵다는 점이었다.

고객 프로필 데이터는 무엇을 위해 쓰일까? 첫째, 분석을 위해 쓰인다. 가령 회사의 매출이 감소했다고 치자. 아마 경영진에서는 당장 원인을 찾아서 대책을 마련하라는 지시를 내릴 것이다. 이런 경우 원인 분석을 할 때 가장 쉽게 접근할 수 있는 방법이 세분화다. 가령 게임 회사에서 "지난 주말에 갑자기 사용자 수가 감소한 원인을 찾아라"라는 지시가 내려오면 직원들은 사용자 수를 성별이나 연령대, 시간대 등으로 나누어서 본다. 그러면 결론이 비교적 쉽게 나오는 경우가 많다. 예를 들어 "30~40대 남성 계층에서 특히 많이 영향을 받았고, 시간대별로 봤을 때 트래픽이 떨어진 때가 축구 경기 중계 시간과 거의 일치합니다. 아마도 축구 경기를 관전하느라고 다들 게임을 안 한 것 같습니다"와 같은 식으로 사람들이 수긍할 만한 논리를 어렵지 않게 구성할 수 있다. 이때 세분화할 수 있는 기준이 많으면 많을수록 유리하며, 고객 프로필 데이터를 세분화의 기준으로 삼으면 된다.

둘째, 고객 프로필 데이터는 개인화 서비스를 위해 쓰이기도 한다. 가령 식품을 자주 구매하는 사용자들을 대상으로 모바일 앱 메인 화면에서 식품 위주로 보여주는 서비스를 구상했다고 치자. 이런 일을 하려면 일단 기준을 잡아 대상자부터 추려내야 한다. 그러려면 분석을 통해 적절한 기준을 잡아야 하기 때문에 데이터 분석 전문가가 필요하다. 그런데 프로파일링 결과가 있다면 이 과정 없이 바로 개발에 착수할 수 있다. 어떤 기준에서든 자주 구매하는 카테고리가 식품이라고 프로필에 나와 있는 사용자들에게만 서비스를 적용하면 되기 때문이다.

프로필 데이터를 전사 공통으로 관리해야 하는 이유가 바로 여기에 있다. 가령 마케팅팀에서는 식품 구매자에게만 따로 별도의 앱 푸시를 보냈고 앱개발팀에서는 식품 구매자에게 식품 위주로 보여주는 기능을 넣었다고 치자. 만약 '식품 구매자'라는 기준이 서로 다르다면 고객 경험이 끊어지고 만다. 자칫하면 마케팅팀에서 보낸 앱 푸시를 보고 유입된 사용자가 개발팀이 만든 기능을 쓸 수 없는 경우가 생길 수도 있는 것이다. 이러한 문제를 피하기 위해서는 기준이 통일되어야 하고, 그러려면 회사 전체가 공통으로 쓰는 고객 프로필 정보가 있어야 한다.

나는 쿠팡 사내에서 공통으로 쓰이는 고객 데이터의 관리가 제대로 안 되어 있는 것을 발견하고 A4 한 장짜리 제안서를 간단히 썼다. 처음에는 개발팀에 보여줬는데 별다른 반응이 없었다. 찰스에게 보여줬을 때도 별로 관심을 안 보여서 이 프로젝트는 접어야겠다고 생각했다. 그런데 한두 달 지나서 어찌된 일인지 찰스가 갑자기 말했다. "지난 번에 프로파일링 프로젝트 제안했었지요? 그거 진행해보지요." 덕분에 프로파일링 프로젝트는 빛을 보게 되었다.

이렇게 해서 프로젝트가 순조롭게 진행되었으면 좋겠지만 그럴 리가 없다. 사실 내용으로만 보면 우리 팀과 잘 맞는 프로젝트였다. 그런데도 개발팀에서는 "우리끼리만 잘 쓰면 되지 왜 다른 팀에서 쓸

쿠팡, 우리가 혁신하는 이유

수 있게 만들어야 하느냐?"라며 부정적인 견해를 내비쳤다. 우리는 "잘 만들어놓으면 다른 팀에서도 관심을 가지고 쓸 가능성이 크다. 그러면 그 팀에서 나오는 성과를 공유할 수 있게 될 것이다. 일 조금만 하고도 밥숟가락 얹을 수 있다. 그리고 그리 어려운 일도 아니지 않느냐? 사용자 번호를 입력하면 프로필 정보 되돌려주는 시스템 정도는 어차피 우리가 쓰기 위해서도 만들어야 하지 않느냐?" 라면서 열심히 설득했다. 그러나 결국 개발팀에서 요구사항이 들어오면 그때 시도하자고 해서 이 부분은 빼고 나머지만 진행하게 됐다.

어떤 변화를
가져올 것인가

_____ 인터넷 비즈니스에서 프로파일링이라는 개념 자체는 그리 어려울 것이 없다. 전자상거래 회사에서는 거래 데이터를 정확히 관리한다 (표 2와 같은 형태). 프로파일링은 이 데이터를 분석해서 여러 가지 속성들을 뽑아내는 것이다(표 3과 같은 형태). 중요한 것은 어떤 속성에 대해 어떤 기준으로 프로파일링을 할지 결정하는 것이다. 그리고 프로파일링 결과를 실제로 활용하는 쪽과 긴밀히 협조해야 한다는 점도 중요하다.

가령 마케팅팀에서 프로파일링 결과를 쓸 수 있게 만들려면 그들이 주로 관심을 가지고 있는 고객 특성이 무엇인지를 알아야 한다. 주로 성별이나 연령과 같은 인구통계학적인 정보를 기준으로 고객을 바라보고 마케팅을 한다면 성별이나 연령 같은 항목은 프로파일링에 반드시 들어가야 한다. 혹시 해당 팀에서 내부적으로 사용하고 있는 고객 등급 같은 것이 존재하고 그것이 마케팅 활동에서 중요한 역할을 한다면 이러한 내용도 프로파일링에 반영되어야 한다. 자유롭게 아이디어를 내고 도움이 될 만한 특성을 찾아내서 거꾸로 현업 조직에서 활용해보도록 제안하는 것도 바람직하다.

사용자 식별번호	일시	구매상품	구매금액	분류	결제방법	취소 여부
195333742	2016-04-02	생수	12,000	식품	신용카드	
195333742	2016-04-02	참치 통조림	5,500	식품	신용카드	
195333742	2016-05-13	건전지	8,700	생활	신용카드	취소
195333742	2016-06-29	생수	12,000	식품	간편결제	
195333742	2016-06-29	냉동 볶음밥	8,800	식품	간편결제	
195333742	2016-07-04	커피믹스	4,800	식품	간편결제	
195333742	2016-07-04	두유	7,900	식품	간편결제	

표 2 전자상거래 회사에서 가지고 있는 거래 데이터(예시)

사용자 식별번호	195333742
주 구매 카테고리	식품
주 결제 수단	신용카드 → 간편결제
구매 빈도	월 1회 정도
취소 빈도	낮음
자녀 여부	없음

표 3 표 2의 데이터로부터 고객의 특성을 프로파일링을 한 결과(예시)

쿠팡, 우리가 혁신하는 이유

쿠팡에서는 재미난 프로젝트도 몇 가지 진행했다. 예를 들면 고객의 자녀의 성별과 연령을 추정하는 것이다. 쿠팡의 주력 상품 카테고리 가운데 하나가 육아용품이다. 육아용품 중에는 적정 연령대나 성별이 명시되어 있는 경우가 있는데, 그러한 상품을 구매한 고객은 해당 연령대나 성별의 자녀가 있을 가능성이 크다고 볼 수 있다. 이와 같이 고객의 구매 패턴으로부터 고객의 자녀에 관한 정보를 추론해낼 수 있다.

이렇게 프로파일링을 했는데 막상 결과가 맞는지를 확인할 방법은 마땅치 않았다. 그래서 팀원들끼리 둘러앉아서 이 시스템이 팀원들 자녀의 나이를 제대로 맞히는지를 검증해봤다. 이런 일을 할 때는 개인정보 보호를 위해 익명화한 상태로 진행하기 때문에 프로파일링을 해도 그 사용자가 누군지는 식별할 수 없다. 하지만 자기 자신의 사용자 식별 번호는 알 수 있기 때문에 팀원들끼리 모여서 맞혀보는 정도는 가능했다. 결과를 보니 대충은 맞았다.

프로파일링 기법을 눈에 띄는 방식으로 마케팅에 활용한 업체로는 미국의 대형 유통업체인 타깃Target을 들 수 있다. 어느 날 미국 미니애폴리스 인근의 타깃 매장에 한 남성 고객이 찾아와 자신의 10대 딸에게 이 회사가 아기 옷이나 임산부 옷 쿠폰을 보냈다며 관리자에게 항의했다. 관리자는 정중하게 사과했고, 뒤에 한 차례 더 사과하기 위해 고객에게 전화를 걸었다. 그런데 이때 그 고객의 딸이 실제로 임신했다는 이야기를 듣게 되었다. 임신 사실은 아버지도 몰랐다. 알고 보니 그 고객의 딸이 무취 티슈와 마그네슘 보충제를 산 내력을 분석한 타깃이 미리 그녀의 임신 사실을 파악했던 것이었다.

2012년 2월자 뉴욕타임스 매거진에 실린 이 이야기는 사실 전문가의 입장에서 보면 잠재적인 가능성과 과장이 뒤섞인 것이다. 데이터 분석으로 이런 성향을 맞추는 모델을 만드는 것은 이론상으로 충분히 가능하다. 타깃은 아기를 가진 고객들이 자발적으로 등록하고 혜택을 받을 수 있는 시스템을 기존에 가지고 있었다. 그렇게 해서 아기가 있는 고객을 거의 정확히 구분해낼 수 있었고, 이들의 과거 구매 기록을 분석해 그것에 기반을 둔 임신 가능성 예측 모델을 만든 것이다. 이것은 일종의 프로파일링 기법의 응용이다.

여기까지만 보면 매우 놀라워 보이지만, 막상 실제로 이러한 기법을 적용해보면 여러 가지 문제에 부딪힌다. 대개 가장 큰 문제는 정확도를 높이면 대상 고객 수가 줄어들고, 대상 고객 수를 늘리면 정확도가 떨어진다는 점이다. 아무리 임신 여부를 정확히 예측할 수 있는 모델이 있다고 해도, 그 모델이 적용되는 고객 수가 100명도 안 된다면 실질적인 유용성은 많이 떨어질 수밖에 없다. 하지만 프로파일링 기법을 통해서 비즈니스의 효율을 높일 수 있다는 것도 사실이고, 부수적으로 분석 과정에서 통찰을 얻을 가능성도 있다. 그리고 이런 기법을 이용하면서 생긴 작은 차이들이 계속 쌓이면 언젠가는 실질적인 차이로 나타날 수도 있다.

쿠팡에서 나와 내 동료들이 했던 일은 앞에서 예로 든 타깃에서 행한 분석의 직전 단계 정도 된다. 씨앗 정도는 뿌린 상태라고 할 수 있는 셈이다. 하지만 이것만으로는 비즈니스에 별 영향을 미치지 못한다. 얻어낸 정보를 실제 서비스에 활용해서 매출이든 뭐든 수치상으로 변화를 가져와야 한다. 예를 들면 쿠팡의 경우 앱 푸시를 보낼 때 프로파일링 데이터를 활용해서 개인화된 푸시를 보내기도 하는데, 이 단계까지 가서 기존의 방법보다 낫다는 것이 검증되어야 성과로 인정받을 수 있다. 과연 여기까지 갈 수 있을지 없을지는 쿠팡의 노력에 달려 있다.

쿠팡은 언제부터
마케팅 잘하는 회사가 되었나

마케팅 전문가라고 하면 어떤 이미지가 떠오르는가? 마케팅 전문가들은 자사 제품과 경쟁사 제품의 특징을 면밀히 비교하고 분석해서 어떤 방식으로 고객들에게 어필할지를 결정한다. 그런 다음에 제품의 강점을 강조하기 위해 고객들의 머리에 꽉꽉 꽂힐 만한, 짧고 강력한 캐치프레이즈를 만든다. 그리고 이 메시지를 효과적으로 전달할 수 있는 동영상이나 광고 포스터도 만든다. 마지막으로 예산을 편성해서 TV, 버스, 지하철 등 다양한 매체를 통해 광고를 집행한다. 일반적으로 마케팅 전문가는 이런 일을 할 것이라고 예상할 수 있다.

그런데 현대 디지털 비즈니스 시대로 넘어오면서 중요한 한 가지 분야가 추가되었다. 바로 투입 예산 대비 성과ROI, Return On Investment를

쿠팡, 우리가 혁신하는 이유

정량적으로 측정하는 일이다. 기존의 고전적인 마케팅 방식도 여전히 유효하지만 이러한 성과 측정 분야가 추가되면서 마케팅 담당자에게도 데이터 분석에 기반을 두고 숫자로 커뮤니케이션을 할 수 있는 능력이 요구되고 있다.

마케팅 활동의 성과 측정 분야에서는 비즈니스 데이터 활용의 효과가 잘 드러난다. 마케팅 성과 측정 방법은 이론적으로는 매우 잘 정립되어 있다. 투입한 예산과 대비해서 효과가 있는지를 보면 되는 것이다. 투입한 예산은 CAC Customer Acquisition Cost 혹은 CPA Cost Per Acquisition 라고 표현하는데 용어는 약간 달라도 동일한 개념이다. 우리말로는 고객 획득 비용이라 하는데 글자 그대로 고객 한 명을 우리 회사의 고객으로 만드는 데 들인 마케팅 비용이라고 할 수 있다. 가령 1억 원의 마케팅 예산을 집행해서 신규 고객 1000명을 유치했다고 치자. 투입한 비용을 유치한 신규 고객 수로 나누면 고객 한 명당 10만 원의 비용을 쓴 셈이다. 이 경우에 10만 원이 바로 고객 획득 비용이다.

수익은 기본적으로는 고객이 일으킨 매출을 가지고 계산한다. 하지만 단순히 매출만 봐서는 회사가 얻는 수익을 알 수 없기 때문에 여기에 마진율을 곱해서 회사가 실제로 벌어들인 돈을 바탕으로 평가한다. 그런데 보통 신규 고객을 유치하면 매출을 한 번만 발생시키고 끝나는 것이 아니다. 첫 거래가 만족스러우면 고객은 지속적으로 이 회사의 상품이나 서비스를 구매하면서 매출을 발생시킨다. 마케팅 캠페인의 효과를 단순히 매출만으로 평가하면 이와 같이 반복적인 거래로 발생하는 장기적인 효과를 제대로 고려하지 못한다. 그래서 이런 문제점을 보완하고자 LTV Life Time Value 라는 개념을 만들어서 사용한다. 이는 신규 고객 한 명이 평생토록 회사에 안겨주는 수익 전체를 의미한다.

LTV와 CAC가 나오면 마케팅 활동에 대한 평가는 간단하다. LTV 가 CAC보다 크면 제대로 된 마케팅 활동을 하고 있는 것이고, 그 활동을 지속적으로 하면 된다. 반대로 CAC가 LTV보다 크면 기존의 마케팅 활동을 계속해서는 안 되고, 다른 방법을 찾아야 한다. 이 모델을 좀 더 보완해서 기존 고객을 유지하기 위한 마케팅 활동과 그로 인해 증대되는 LTV까지 고려하면 현대 경영학에서 말하는 마케팅 성과 측정 모델이 된다.

이론은 참 명쾌하고 논리적이지만 실제 비즈니스에 적용하기는 쉽지 않다. 왜냐하면 보통은 마케팅 활동을 통해 신규로 유입된 고객을 구분해내는 것 자체가 어렵기 때문이다. 버스 광고를 통해 유입된 사용자와 TV 광고를 통해 유입된 사용자를 어떻게 구분해낸다는 말인가? 다행히 디지털 마케팅 분야에서는 그 구분이 불가능하지만은 않다. 온라인 배너 광고 같은 경우에는 누가 광고를 클릭해서 유입된 사용자인지 기술적으로 구분해낼 수 있다. 이런 기술을 활용하면 정말로 경영학 교과서에 나와 있는 것과 유사한 방식으로 마케팅 활동 평가를 할 수 있는 것이다.

나는 2000년대 후반에 한 게임 회사에서 마케팅 활동 평가를 인상적으로 하는 것을 본 적이 있다. 이 회사는 다른 건 둘째 치더라도 철저한 데이터 분석을 통해서 비즈니스의 현황을 정확히 파악하고 효율을 끌어올릴 줄 안다는 점에서는 당시 그 어떤 회사보다도 앞서 있었다. 그곳에서는 신규 사용자를 유입시키기 위해 이벤트를 진행하면서 여러 가지 다양한 매체들(당시에는 주로 웹사이트 배너 광고)에서 광고비를 집행했다. 재미있는 것은 그다음이었다. 마케팅 캠페인 자체는 별로 새로울 것이 없는 평범한 수준이었지만 해당 마케팅 캠페인을 통해 유입된 사용자들의 기록을 별도로 남겨서 상당 기간(3~6개월, 길게는 1년)이 지난 다음에 해당 사용자들이 실제로 얼마나 많은 매출을 발생시켰는지를 분석했다.

이로써 최종적으로 효율이 나쁘다고 결론이 난 매체들은 다음 광고 캠페인에서 제외하고, 다시 새로운 매체를 시험하거나 효율이 좋은 매체에 예산을 집중함으로써 성과를 높였다. 또한 이러한 분석을 통해 고객에 관해 알게 된 사실을 이벤트 설계 단계부터 활용해서 보다 핵심 고객의 입맛에 맞는 마케팅 캠페인을 진행할 수 있었다. 그 결과 이 회사는 업계 순위를 바꿀 정도의 실적을 내기도 했다.

쿠팡이 마케팅 성과를 측정하는 방식

_____ 그렇다면 과연 쿠팡은 어떨까? 쿠팡은 마케팅을 잘하는 회사로 알려져 있다. 물론 고전적인 형태의 마케팅도 포함해서 말이다. 쿠팡은 2013년 5월에 배우 전지현을 광고 모델로 기용하고 약 2개월 동안 TV 광고를 집행했다. 6월에는 업계 최초로 월 거래액 1000억을 돌파하기도 했다. 이 부분은 고전적인 마케팅 활동에 해당된다. 그렇다면 디지털 시대에 어울리는 마케팅 활동, 즉 데

이터에 기반을 둔 마케팅 최적화 같은 일은 어떻게 하고 있을까? 이에 대한 성과를 외부에서는 알기 어렵다. 외부에서 봤을 때 아무런 마케팅도 안 하고 있는 것 같아 보이는 회사가 내부적으로는 정말 열심히 최적화를 하고 있는 경우도 충분히 있을 수 있기 때문이다.

쿠팡에 있을 때 데이터에 기반을 둔 마케팅 최적화에 관한 일은 나에게 주어진 업무가 아니었지만 나는 호기심을 가지고 자세히 들여다보기 시작했다. 내가 알고 있는 것보다 회사가 잘하고 있다면 그 부분에 대해 내가 배울 수 있고, 반대로 내가 더 잘할 수 있는 부분이 있다면 회사에 기여할 수 있다고 생각했다. 어느 쪽이든 충분히 시간을 투자할 만한 일이었다. 그래서 관계자들과 가볍게 티타임을 가지면서 이것저것 물어보고 배우기 시작했다.

그러다가 재미있는 사실을 하나 알게 되었다. 쿠팡은 꽤 오래전부터 해즈오퍼스HasOffers, 현재는 Tune으로 서비스 명칭을 변경했음라는 마케팅 분석 툴을 사용하고 있었다. 이 툴은 앞서 소개한 마케팅 ROI 분석과 같은 것을 쉽게 할 수 있도록 도와주는 것으로, 가격도 비싸거니와 당시에는 잘 알려져 있지도 않아서 국내에서는 거의 활용되고 있지 않았다. 해즈오퍼스를 만든 회사가 2014년 5월에 아태 지역에서는 최초로 한국에 지사를 세웠는데 쿠팡은 그보다 훨씬 전부터 미국에 있는 본사와 커뮤니케이션을 하면서 이 툴을 써오고 있었다.

한편 내가 쿠팡에 합류했을 당시 다른 회사들은 이 해즈오퍼스를 도입할지를 고민하고 있었던 반면, 쿠팡은 거꾸로 이 툴을 걷어내려고 하고 있었다. 사실 경험이 좀 있는 입장에서 보면 그 이유를 이해할 수 있었다. 예전에 내가 게임 회사에서 마케팅 분석 프로젝트를 진행했을 때에는 이러한 툴이 존재하지 않아서 엔지니어들이 이와 관련된 일을 대부분 수작업으로 진행했다. 요즘은 해즈오퍼스와 유사한 툴이 많아서 이런 것을 활용하면 훨씬 쉽게 정량적인 마케팅 성과 측정을 할 수 있다. 그런데 이런 툴을 많이 쓰다 보면 대개 분석의 요구사항이 복잡해지면서 한계에 부딪히고 여러 불편이 제기된다. 가령 회사 내부의 데이터와 연동을 해서 분석할 때, 데이터 자체의 정합성이 의심스러워서 검증을 해야 할 때, 혹은 뭔가 툴에서 제공되지 않는 분석 방법을 쓰고 싶은 경우 등에는 해결책이 마땅치 않다.

그래서 많은 회사들이 초기에는 만들어져 있는 툴을 쓰지만 마케팅 캠페인 규모가 커지고 분석을 고도로 할 필요를 느낄수록 툴을 자체적으로 만들어 쓰기도 한다. 쿠팡은 바로 이렇게 툴이 발전하는 속도가 현업 담당자들의 요구사항을 감당하지 못해서 툴을 스스로 만들어 쓰려는 단계였던 것이다. 당시 쿠팡에서 데이터 분석에 관한 요구가 상당히 높아져가고 있음을 알 수 있었다.

현대의 디지털 기반 비즈니스 환경에서는 데이터에 바탕을 두고 마케팅 활동의 성과 분석을 정량적으로 엄밀하게 할 수 있다. 기존의 고전적인 마케팅 캠페인과 더불어 이 디지털 마케팅 분야는 이제 마케터들에게 필수적인 영역이 되어가고 있다. 쿠팡은 마케팅에 있어서도 고전적인 마케팅뿐만이 아니라 데이터에 기반을 둔 최적화 역시 중요하다는 점을 깨닫고 투자를 해나가는 등 다른 회사들보다 한 발짝 앞서가고 있었다.

쿠팡이 데이터 경영에
성공한 이유

비즈니스에서 데이터를 활용함으로써 성과를 높일 수 있다는 말은 너무도 당연할 뿐, 새롭게 들리지 않는다. 전 세계에서 비즈니스에 가장 밝은 민족 중 하나인 유태인들은 "숫자는 거짓말을 하지 않는다. 우리는 숫자로 경영한다"라며 자부심을 가진다. 이것은 비단 유태인들만의 이야기는 아니다. 대학이나 대학원에서 경영을 다룰 때에도 가장 중요하게 생각하는 부분이 수치와 데이터다.

전문 경영인이 창업자와 다른 점도 바로 이 부분이다. 창업자는 무에서 유를 만들어내는 사람이다. 스티브 잡스 같은 사람이 대표적인 예다. 세상에 없던 새로운 제품이나 서비스를 만들어내는 것이 창업자가 하는 일이다. 제품이나 서비스를 만들어내는 단계에서는 데이터가 끼어들 소지가 비교적 적다. 하지만 일단 제품이나 서비스를 만들어내서 비즈니스가 돌아가기 시작하면 데이터가 쌓이기 시작한다. 매출이나 판매량이 숫자로 보인다. 고객센터로 들어오는 문의 같은 것도 기록이 쌓여 숫자로 표현된다. 경영자는 이러한 데이터를 보고 현장에서 어떤 일이 발생하고 있는지를 파악하고 의사 결정에 활용한다. 이것은 너무도 당연한 일이며 대부분의 한국 기업들도 이런 일은 꽤 잘한다. 어떤 회사고 간에 경영진이 받는 보고 자료에는 각종 데이터가 빼곡히 들어차 있다. 이런 데이터를 살펴보면 비즈니스의 내용을 일목요연하게 파악할 수 있다. 데이터를 바탕으로 하는 일은 당연히 쿠팡에서도 열심히 하고 있다. 그러면 대체 쿠팡이 다른 점은 무엇일까?

바로 데이터를 통해서 더 많은 의사 결정 권한이 실무자에게까지 부여된다는 점이다. 가령 AB테스팅은 인터넷 비즈니스를 하는 회사에서 조직이 데이터를 어떻게 바라보고 있는지를 엿볼 수 있는 척도다. 실제 사용자들에게 서로 다른 화면을 보여주고 어떻게 반응하는지를 실험하는 것보다 더 객관적인 판단 방법이 있을 수 있을까? 실험을 통해 나온 수치에 대해서는 CEO도 이의를 제기할 수 없다. 쿠팡에 있을 때 범이 가끔씩 "서비스에 이런 기능을 추가해보면 어떨까?"라는 식으로 아이디어를 내서 그것이 실무자에게 전달된 적도 있었다.

하지만 CEO의 아이디어라고 해서 맹목적으로 적용하지는 않는다. 당연히 실험을 해본다. 그런데 실험 결과 기존의 것보다 나을 게 없다는 것이 확인되었다면? 롤백한 다음에 "그 아이디어, 적용해봤는데 결과가 좋지 않아서 롤백했습니다"라고 보고하면 끝이다. 만약 실무자가 "데이터상으로 결과가 안 좋아도 그냥 적용할까요?" 하고 묻는다면 대부분의 경우 쿠팡의 리더십은 "아니오, 그렇다면 하지 마세요"라는 답변을 할 것이다. 물론 모든 문제를 이런 식으로 누구나 납득하도록 객관적으로 증명할 수는 없다. 하지만 이런 부분이 늘어날수록 경영진이 의사 결정에 관여하지 않아도 되는 경우가 늘어난다. CEO가 보나 실무자가 보나 결론이 똑같기 때문이다.

그러면 그냥 AB테스팅을 하면 되지 대체 뭐가 문제인가? 얼핏 대단치 않아 보이지만 결코 쉬운 문제가 아니다. 일단 과정이 번거롭다. 다른 회사 같으면 그냥 넘어갈 일도 하나하나 실험을 해야 한다. 하지만 그것보다 큰 문제는 따로 있다.

다른 회사에서 있었던 일을 하나 소개하겠다. 이 회사에서도 경영진이 데이터 분석 업무를 하는 실무진을 상대로 AB테스팅을 도입하라는 지시를 내렸다. 이 곳 또한 이커머스 비즈니스를 하는 회사였는데, 사용자들이 상품을 찾을 때 검색 기능을 사용하는 경우가 생각보다 많다는 것을 발견해서 상품 검색 기능을 강화하는 프로젝트를 하고 있었다. 원래는 약식으로 간단하게 만들어놓았던 상품 검색 기능을 보다 고성능의 검색엔진으로 교체하고 연관 검색어나 인기 검색어, 추천 검색어와 같이 검색과 관련된 각종 부가 기능을 붙여나가는 단계였다. 이러한 개선 작업의 성과를 측정하기 위해서 데이터 분석팀과 검색팀이 협업을 해서 AB테스팅을 진행했다.

실험 목적은 검색 포털 같은 곳에서 흔히 볼 수 있는 추천 검색어 기능의 효과를 알아보는 것이었다. 검색창 옆에다가 검색 엔진이 뽑아낸 추천 검색어를 표시했을 때 사용자의 행동이 어떻게 달라지는지 확인하고자 했다. 결과를 분석해보니 흥미로운 사실을 알게 되었다. 사용자들에게 추천 검색어를 보여주면 분명히 클릭이 발생한다. 그런데 추천 검색어를 클릭한 만큼 검색창에 키워드를 치고 검색을 하는 횟수는 오히려 줄어드는 현상이 나타났다. 결과적으로 전체 검색 횟수는 거의 변하지 않았던 것이다. 예를 들어 추천 검색어가 없을 때 사용자들의 검색 횟수가 1000번이었다고 하면 추천 검색어가 있을 때에는 검색 횟수가 800번으로 줄어들고 대신에 추천 검색어 클릭이 200회 발생하는 식이었다. 구매 횟수나 매출에는 전혀 변화가 없었다.

실패를 용인해야
비로소 가능한 것

_____ 흥미롭긴 하지만 좀 애매하기도 한 상황이다. 사용자가 추천 검색어를 클릭한다는 것은 그것이 실제로 흥미를 끈다는 의미다. 하지만 궁극적으로 구매 횟수나 매출이 늘어나지 않았다는 것은 추천 검색어 기능이 실질적인 구매 행위로 이어지게 만드는 데에는 실패했다는 뜻이다. 이런 경우에는 회사에서 비즈니스의 목표를 어떻게 잡고 있느냐에 따라서 답이 달라질 수 있다.

검색팀장은 이 결과를 보고 매우 당혹스러워했다. 그는 당연히 매출이 늘어나리라 기대했을 것이다. 실험 결과를 가지고 이번 서비스 개편에서 추천 검색어 기능을 적용해 매출을 몇 퍼센트 상승시켰다고 자랑스럽게 보고하는 모습도 상상해봤을 것이다. 그런데 기대했던 것과는 다른 결과가 나오자 "다른 실험들 중 뭐 잘된 거 없어요?" 라면서 한참을 이야기하더니 급기야는 역정을 내며 "우리 다음부터 AB테스팅은 하지 맙시다!"라고 소리를 질렀다. 후일담을 들어보니 경영진에게는 자신에게 유리한 자료만 보고했다고 한다. "그래도 효과가 어떤지 좀 봐가면서 프로젝트를 진행해야 하지 않겠습니까?"라는 질문에는 "왜 우리만 이렇게 엄격하게 해야 되는데요?"라고 반문했다. 이후로 이 조직은 진짜로 AB테스팅을 못 했다.

사실 이런 일은 AB테스팅을 도입하려는 조직에서 대부분 겪게 되는 문제다. 실험을 하면 실패가 나오는 것은 당연하다. 많이 해본 사람들의 경험에 따르면 보통 실험을 열 번 하면 한두 번 정도 성공한다고 한다. 쿠팡에서 직접 해봤을 때에는 운이 좋았는지 아니면 개선의 여지가 많았는지 그보다는 성공 확률이 좀 더 높았다. 그런데 어떤 조직에서는 AB테스팅의 성공 확률이 100퍼센트란다. 어떻게 이런 수치가 나올 수 있을까? 간단하다. 누군가가 조작을 하고 있기 때문이다. 나쁜 결과를 숨기거나 유리한 결과를 어떻게든 찾아내면 된다. 하고많은 데이터에서 자신에게 유리한 수치만 가져다가 붙여놓고 우기는 것은 그리 어렵지 않다. 이런 경우에 누군가가 자세히 들여다보면서 꼬치꼬치 문제 제기를 하면 밝혀지기야 하겠지만 남이 해놓은 보고에서 논리적인 문제점을 찾아서 제기하는 것은 부담스러운 일이 아닐 수 없다.

AB테스팅을 할 때는 '서비스 품질 저하'라는 문제도 흔히 발생한다. 실험 기간 중에 매출이 떨어질 가능성도 있고, 사용자가 서로 다른 화면을 보게 되어 혼동을 할 가능성도 있다.

그런데 쿠팡은 앞서 소개한 대로 우여곡절 끝에 유형무형의 저항을 뚫고 실제로 AB테스팅을 매뉴얼대로 하는 분위기를 만들어냈다. 다른 회사에서 AB테스팅을 어떻게 다루고 있는지를 직접 본 나로서는 깜짝 놀라지 않을 수 없었다. 과연 사람들이 결과 조작 없이 제대로 하고 있을까? 쿠팡이라고 해서 조작이 없을 리야 없겠지만 그렇게 심해 보이지는 않았다. 그 근거는 AB테스팅의 전체적인 성공률이다. 누군가가 조작을 했다면 성공률 100퍼센트가 난무했을 텐데, 회사 평균 성공률은 우리 팀의 성공률과 별로 차이가 없었다. 즉, 성공률이 비정상적으로 높지 않았기 때문에 나는 오히려 제대로 하고 있다고 본 것이다.

한국의 기업문화는 대부분 실패를 용인하지 않는다. 하지만 실패를 용인하지 않는다고 실패가 없어질까? 실패를 용인하지 않으면 실패가 숨는다. 혹은 실패하지 않을 만큼 뻔한 일만 하게 된다. 하지만 쿠팡은 실패가 용인되기 때문에 실패로 드러나 있는 데이터에 보이는 대로 의사 결정을 할 수 있다. 그러다 보니 실무자들이 더 많은 부분을 스스로 결정할 수 있고, 보다 수평적인 조직문화가 형성된다.

쿠팡에서 일하는 사람들을 얼핏 보면 엄청나게 느리고 답답해 보인다. 쿠팡의 리더들은 속 터지는 상황도 꾹 참고 지켜본다. 하지만 이쪽이 더 현명한 것 아닐까. 우리가 하는 일 중에 실제로 효과가 있는 일이 과연 얼마나 될까?

coupang

future

culture

strategy

data management

미래 ;

우리가
혁신하는 이유

한국의 기업들은 현재 위기에 처해 있다. 산업화 사회에서는 효율적으로 작동해왔던 수직적인 조직문
화가 정보화 사회에서는 더 이상 작동하지 않는다. 이것이 문제라는 것은 이제 기업들도 피부로 느끼
고 있지만 문화를 쉽게 바꾸지는 못하고 있다. 자업자득이다. 자기가 시키는 대로 군말 없이 하는 사
람에게 지위와 인센티브를 주면서 수직적인 문화에 길들여놓은 것은 기존의 경영자들이다. 쿠팡은 이
것을 바꾸겠다고 진지하게 덤벼들고 있는 회사다. 그리고 일정 부분 성과를 거두고 있다. 어쩌면 이
문제에 대해서 한국에서 적용할 만한 성공적인 모델을 제시할 수 있을지도 모른다.

쿠팡, 우리가 혁신하는 이유

쿠팡은 죽음의 계곡에서
다시 살아올 수 있을까?

요즘은 가히 스타트업의 전성시대라 할 만하다. 젊은 세대를 중심으로 스타트업에 뛰어드는 사람들이 많고, 이들을 지원해주는 사회 시스템 또한 예전에 비해 많이 개선되었다. 정부 지원도 많이 늘어서 좋은 비즈니스 아이디어가 있으면 어느 정도 지원을 받을 수 있으며 이에 대한 민간투자 또한 활발해지고 있다.

하지만 새로 시작한 비즈니스를 성공적으로 안착시키기 위해서는 예나 지금이나 무척 어려운 과정을 거쳐야 한다. 즉, 사회적인 지원이 있기 때문에 시작은 보다 쉽게 할 수 있지만 딱 거기까지다. 새로 만들어진 비즈니스가 살아남는 것은 예전과 다를 바 없이 각자의 몫이다. 혹자는 스타트업을 '절벽에서 뛰어내리면서 비행기를 조립하는 일'로 묘사하는데, 매우 공감이 가는 표현이다. 사람과 자금을 끌어모아서 비즈니스를 시작할 수는 있지만 그 비즈니스가 수익으로 연결되기까지는 대개 시간이 많이 걸린다. 수익이 날 때까지 회사는 시시각각 다가오는 죽음과 맞서 싸워야 한다.

가장 스트레스를 많이 받는 사람은 경영자다. 경영자의 눈에는 투자금이 빠른 속도로 없어지는 것이 뻔히 보인다. 만들어낸 제품을 팔아야 하는데 시장의 반응은 미지근하다. 반응이 없지는 않으나 그 정도로는 도저히 직원들 월급을 제대로 줄 수가 없다. 통장 잔고 줄어드는 것을 보고 있노라면 입술이 바짝바짝 타들어간다. 이대로 가다가는 오래 못 갈 것 같다. 이 단계를 금융투자 분야의 용어로 '죽음의 계곡 valley of death'이라 한다. 수많은 회사들이 이 단계를 못 넘기고 쓰러져 간다. 비행기 조립이 끝나기 전에 땅에 떨어지는 것이다.

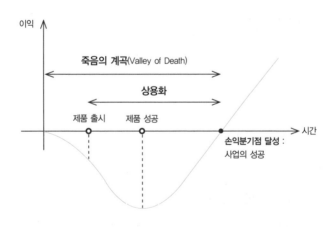

그림 4 벤처 기업의 라이프사이클

쿠팡, 우리가 혁신하는 이유

이 상황이 끝나는 것은 회사에 수익이 발생해서 직원들 월급을 다 챙겨줄 수 있게 되는 시점이다. 이때가 되면 회사는 더 이상 투자금을 까먹지 않게 되어 최소한의 생존이 담보된다. 회계 용어로 이를 손익분기점 BEP, break-even point 이라 한다. 신생 스타트업 입장에서 최대의 과제는 손익분기점을 넘기는 것이다.

쿠팡이
적자가 나는 이유

_____ 쿠팡은 2010년에 설립된 회사이다. 지금은 어떤 상태일까? 다음에 나오는 표를 통해 2012년부터 2015년까지 쿠팡의 매출과 영업이익 실적을 볼 수 있다. 수치상으로 보면 매우 심각해 보인다. 매출액이 빠른 속도로 늘고 있지만 영업손실 또한 그에 따라 눈덩이처럼 불어나고 있다. 대체 무슨 일이 벌어지고 있는 것일까?

	2012년	2013년	2014년	2015년
매출(억원)	845	1,464	3,485	11,338
영업이익(억원)	−16	−42	−1,215	−5,470

표 4 2012년부터 2015년까지 쿠팡의 매출과 영업이익 실적

표에 나타난 수치를 제대로 이해하려면 소셜커머스 비즈니스에서 매출이 회계적으로 어떻게 처리되는지, 또 발생하는 비용이 어떤 내용인지를 알아야 한다. 소셜커머스는 원래 위탁판매 방식으로 물건

을 판매한다. 즉, 별도의 판매자가 있고 소셜커머스 회사는 중간에서 수수료만 떼는 구조이다. 이 모델에서는 소셜커머스 회사가 떼어가는 수수료만을 매출로 잡는다. 발생하는 비용은 대부분 직원들 인건비다. 매출 규모에 관계없이 고정적으로 발생하는 고정비는 거의 없다.

이를 감안해서 보면 2012년과 2013년에는 적자가 약간 발생하기는 했지만 전체 매출 규모로 보면 적자가 크지 않다. 2013년의 영업 적자 42억 원은 매출 규모에 비추어 보면 회사가 마음먹고 인력 관리만 좀 더 집중적으로 해도 충분히 아낄 수 있는 수준이다. 쿠팡은 현재 '긴축 경영을 통해 내실을 다지겠다'보다는 '사정이 허락하는 한 사람을 최대한 뽑아서 더 많은 혁신을 만들어내겠다'라는, 아주 공격적인 전략으로 경영을 하고 있다. 마음만 먹으면 인건비 줄이는 것은 어려운 일이 아니다. 쿠팡은 이 시기에 손익분기점을 거의 맞추었던 것이다.

쿠팡은 2014년부터 물건을 사입해서 직접 팔고, 배송까지 직접 해주는 방향으로 비즈니스 모델을 전환하기 시작했다. 이 정도면 완전히 다른 사업이라고 봐야 하는 수준이다. 이 모델에서는 물건의 판매 금액 전체를 매출로 잡는다. 이 비즈니스의 수수료율이 대략 10퍼센트 정도 되기 때문에 사입을 해서 팔면 똑같은 물건이라도 회계상으로는 매출이 10배가 잡힌다. 2013년도까지는 순수하게 거래 규모만으로 성장한 수치이지만 2014년도 이후에는 거래 규모의 증가보다 비즈니스 모델의 전환이 매출증가에 더 큰 영향을 미쳤다. 매출만 바뀌는 것이 아니고 비용의 내용도 완전히 달라진다. 물류센터를 짓는

데 들어간 돈이나 배송에 쓰이는 차량을 구입하는 데 들어간 돈 등이 전부 비용으로 잡히기 시작한다. 그런데 이 중에는 고정비가 꽤 많다. 예를 들어 물건을 팔든 못 팔든 물류센터 짓는 데 들어가는 돈은 날아간다. 쿠팡이 적자가 나는 이유는 사입과 물류에 손을 대면서 고정비가 발생했기 때문이다.

이를 극복하는 방법은 딱 하나, 매출 규모를 더 키우는 것뿐이다. 고정비는 매출이 아무리 많아져도 늘어나지 않는다. 그래서 매출을 키우면 수익이 늘어나면서 고정비를 감당할 수 있는 수준이 될 수 있다. 쿠팡의 거래액은 2015년 기준으로 약 3조 정도 되는데, 이게 최소한 몇 배는 늘어야 현재의 비즈니스 모델에서 발생하는 고정비를 감당할 수 있게 될 것이다.

쿠팡은 천문학적인 적자가 발생하고 있음에도 불구하고 눈 하나 깜짝하지 않고 로켓배송을 밀어붙이고 있다. 한술 더 떠서 앞으로도 계속해서 로켓배송의 규모를 확대해 나가겠다고 한다. 쿠팡이 이렇게 할 수 있는 것은, 현재의 매출 규모를 전제로 로켓배송을 하는 것이 아니라 완전히 완성된 모습을 머릿속에 그리면서 서비스를 만들고 있기 때문이다. 농담이 아니고 진짜로 그렇게 하겠다는 것이고, 살아남기 위해서는 그렇게 하지 않을 수 없다.

그렇다면 매출 규모가 늘어나서 손익분기점을 넘기는 그날까지 발생하는 적자는 어떻게 할 것인가? 쿠팡은 그때까지 버티기 위해서 투자를 받고 있다. 쿠팡은 2014~2015년 사이에 세계적으로 유명한 글로벌 VC 세 곳에서 투자를 받았다. 투자 받은 금액을 다 합치면 대략 1조 4000억에 조금 못 미치는 정도가 된다. 쿠팡은 사입과 직접배송을 하는 새로운 비즈니스 모델을 제시했고 이를 실현시키기 위해서는 천문학적 규모의 돈이 들어간다는 것을 예상했다. 그래서 이에 필요한 자금을 조달하기 위해 유명한 벤처투자자들을 만나 설득했고, 그 투자자들은 범이 제시하는 비전에 공감했기 때문에 베팅을 했다. 이렇게 해서 간신히 최소한의 생존이 담보되는 수준까지 갔던 쿠팡은 다시 죽음의 계곡으로 뛰어든 것이다.

마지막 고비, 마지막 기회

_____ 과연 쿠팡이 죽음의 계곡에서 다시 살아올 수 있을까? 그건 아무도 장담할 수 없는 일이다. 하지만 적어도 쿠팡의 경영진은 충분히 가능하다고 보고 있다. 쿠팡에 투자한 글로벌 VC들 또한 이를 확신했기 때문에 투자를 단행한 것이다. 내가 직접 본 쿠팡의 리더십은 놀라울 정도로 이성적이고 합리적이다. 얼핏 보기에 무모해 보일 정도로 이상적인 비전을 제시하지만 거기서 그치는 것이 아니다. 비전을 달성할 수 있도록 치밀한 전략을 준비하고 어마어마한 에너지를 쏟아가면서 이를 추진한다. 그리고 결국 달성한다.

사실 쿠팡이 만들어가고 있는 비즈니스 모델을 이미 먼저 성공시킨 회사가 있다. 바로 아마존이다. 쿠팡의 비즈니스 모델은 많은 부분 아마존을 벤치마킹하고 있다. 물론 미국 시장과 한국 시장은 상황이 많이 다르기 때문에 미국에서 성공했다고 해서 한국에서도 꼭 성공한다는 보장은 없다. 하지만 딱히 안 될 이유도 아직까지는 안 보인다.

쿠팡은 비즈니스를 시작한 지 불과 3년 만에 빠른 속도로 죽음의 계곡을 빠져나왔다. 하지만 쿠팡은 거기에 만족하지 않고 지금까지 이루어놓은 모든 것을 걸고 다시 죽음의 계곡으로 뛰어들었다. 쿠팡 입장에서는 이번이 마지막 고비가 될 것이고 경쟁자들에게는 아마도 이것이 마지막 기회가 될 것이다. 매출 규모가 커져서 현재 쿠팡이 구축하고 있는 비즈니스 모델이 손익분기점을 넘기는 날에는 경쟁사 입장에서 도저히 손대기 어려운 상황이 된다. 그때 가서 쿠팡의 비즈니스 모델을 벤치마킹한다고 해도 이미 늦는다. 하지만 그렇게 되기 전에 쿠팡이 투자받은 돈이 바닥난다면 쿠팡은 제풀에 쓰러지고 만다. 이건 그런 싸움이다.

coupang

흑자 전환보다
중요한 것은 혁신이다

만약에 어떤 회사에 입사해서 '괜찮아 보인다' 내지는 '잘될 것 같다'라는 생각이 들면 무슨 일을 해야 할까? 나는 정말로 자신이 있으면 그 회사 주식을 사라고 권할 것 같다. 내 친구 중 한 명은 공대 대학원에서 석사까지 마치고 사회로 진출했다. 첫 직장이 휴대전화를 만드는 조그만 회사였는데, 들어가서 보니 회사가 잘되고 있는 것이 한눈에 보였다고 한다. 당시에는 주식시장에 상장조차 안 되어 있는 초기 단계의 회사였다.

상장이 안 되었지만 조만간 상장될 가능성이 큰 회사의 주식을 거래하는 장외시장이라는 것이 있다. 장외시장은 부동산 거래와 비슷한 방식으로 주식 거래가 이루어진다. 매수자와 매도자는 중개인을 통해 가격을 흥정한다. 가격과 수량이 합의되면 매수자는 매도자의 통장으로 돈을 입금해주고 매도자는 매수자의 주식 계좌로 주식을 이체해준다. 그 과정에서 중개인은 수수료를 챙긴다. 친구가 다니던 회사의 주식도 비록 상장은 안 되어 있었지만 장외시장에서 거래가 되고 있었다.

그 친구는 가지고 있는 돈을 몽땅 긁어 모아 장외시장에서 자기가 다니던 회사의 주식을 샀다. 사회초년생이었기 때문에 그리 큰 금액을 들인 것은 아니었지만 그래도 수천만 원 단위의 투자였다. 그 회사는 얼마 후에 상장을 했고, 투자금은 짧은 기간 동안 몇 배로 불어났다. 그는 이 경험을 통해 금융과 투자에 눈을 떴고, 다음부터 계속 이런 기회만 쫓아다니다가 결국 직업까지 바꾸게 되었다. 엔지니어였던 그는 벤처캐피탈을 거쳐서 현재는 모 여신전문 금융회사에서 투자 건을 심사하는 일을 하고 있다. 지금은 10억 단위의 자산을 가지고 있다고 한다. 내 친구의 인생을 바꾼 그 회사의 이름은 지금 화려한 부활을 꿈꾸고 있는 팬텍이다.

나 역시 이 친구를 통해 투자에 관해 배웠다. 재무제표 보는 법부터 시작해서 기업의 가치를 어떻게 보는지에 관해 많은 이야기를 나누었다. 제법 진지하게 공부해서 CFA 레벨 1을 비롯 금융투자 관련 자격증도 몇 가지 보유하고 있다. 한때 금융업으로 전향해볼까 하는 생각도 했지만, "남의 돈으로 자산운용을 한다는 것은 엄청나게 피곤한 일이다. 그냥 지금 하는 일 열심히 하고 투자는 당신 돈만 가지고 취미로 해라. 그것이 정신 건강에 이롭다"라고 진지하게 조언해주신 분이 있었기에 아마추어 투자자로 남았다.

투자자의
눈으로 본 쿠팡

_____ 투자자의 눈으로 본 쿠팡은 어떤 모습일까? 먼저 가장 기본이 되는 재무제표부터 살펴볼 수 있을 텐데, 재무제표만 봐서는 쿠팡은 투자 고려 대상조차 되지 못한다. 회사 규모에 어울리지 않는 큰 규모의 적자를 내고 있고, 투자를 받아 보유하고 있는 현금도 적자 규모를 생각하면 그리 많다고 할 수 없는 수준이다. 만약 내부 사정을 전혀 모르고서 재무제표만 봤다면 "이런 망해가는 회사에 투자를 하라고? 미쳤어?"라는 소리가 나올 판이다. 그럼에도 불구하고 쿠팡은 세계적으로 유명한 VC 여러 곳에서 투자를 유치했다.

이런 경우는 VC들이 재무보다는 회사의 비전이나 혁신 역량을 보고 투자 결정을 내렸다고 볼 수 있다. 그들이 투자 결정을 하면서 던져봤을 법한 질문들은 다음과 같은 것들이다. 첫째, '과연 이 길이 옳은가'이다. 즉, 쿠팡이 구상하고 만들어가고 있는 서비스가 진정으로 한국 사회에 필요한 서비스인가 하는 문제다. 둘째, '쿠팡이 과연 이러한 서비스를 구축할 역량이 있는가'이다. 마지막으로 '경쟁자들이 따라 할 수 있을 것인가'를 생각해 봤을 것이다.

첫 번째와 두 번째는 매우 주관적인 질문인데, 회사 내부를 직접 본 입장에서는 쿠팡이 두 질문에 대해 긍정적인 대답을 내놓을 만한 곳이라고 느꼈다. 문제는 마지막 질문이다. 쿠팡이 만들어가고 있는 비즈니스 모델을 따라 하려면 사운을 걸고 엄청난 투자를 해야 한다. 이 비즈니스 모델이 한국에서도 가능하다는 것이 완전히 검증되기 전에는 따라 하는 것이 두렵고, 그렇다고 검증된 다음에 시작하는 것은 이미 늦어버린다. 아마도 경쟁자들이 따라 하는 것은 쉽지 않을 것이다.

내가 쿠팡에서 처음 본 것은 확고한 비전과 치밀한 전략이었다. 아마 이것은 VC들도 당연히 알고 있을 것이다. 하지만 쿠팡은 현실 속의 회사일 뿐이다. 내부적으로는 웃지 못할 해프닝도 많이 벌어지고 있고 실수도 많다. 조직이 커지면서 커뮤니케이션이 제대로 안 되는 탓에 곳곳에서 문제가 발생하기도 한다. 큰 규모로 투자를 할 때에는 VC에서도 사람을 파견하는데, 그래도 세세한 문제까지는 알기 어렵다. 하지만 내가 보기에는 그런 문제까지 감안하더라도 쿠팡이 매력적인 투자 대상이라는 것은 분명하다. 쿠팡이 안고 있는 문제들은 다른 회사에서도 흔히 볼 수 있는 문제들이기 때문이다.

세계적인 투자 회사의 선택

———————————————— 내가 쿠팡에 합류했을 때가 바로 세쿼이아 캐피탈 마이클 모리츠 회장이 1억 달러(약 1100억 원)를 투자하면서 지분 10퍼센트를 가져간 직후였다. 1억 달러에 10퍼센트라면 회사의 전체 기업 가치는 10억 달러, 즉 약 1조 1000억 원 정도로 인정받았다는 뜻이다. 당시 언론에서의 반응은 한마디로 '대박이다' 내지는 '이해가 되지 않는다'였다. 아직 흑자조차 내지 못하고 있는 회사에 1조 원이 넘는 가치 평가라니, 지나친 거품 아니냐는 시각도 존재했다.

하지만 내 계산으로는 결코 비싸다고 할 수준이 아니었다. 당시 쿠 팡은 연간 거래액이 대략 2조 정도 되는 규모였다. 평균 수수료율을 10퍼센트로 계산하면 2000억의 수수료 수입이 발생한다. 이 돈으로 각종 비용을 지불하고 약간의 적자를 보고 있었다. 비용은 대부분 인 건비와 그 부대비용이다.

그런데 당시 쿠팡의 직원 숫자가 2000명 전후였다. 비슷한 일을 하는 다른 회사에 비해서 눈에 띄게 큰 규모다. 옥션과 지마켓을 서 비스하고 있는 이베이 코리아가 모두 합쳐서 약 600명 규모였다. 소 셜커머스가 오픈마켓보다 인력이 많이 필요한 비즈니스이긴 하다. 그러나 다른 소셜커머스 회사들이 1000명 조금 넘는 정도인데 비해 쿠팡은 거의 그 두 배 가까운 인력 규모를 유지하고 있었다.

물론 잉여 인력이 전혀 없는 것은 아니지만 그들은 모두 숱하게 많 은 실패를 해가면서 계속해서 뭔가 새로운 것을 시도하고 있다. 비슷 한 일을 하는 다른 회사들과 비교해서 인원이 많다는 것은, 바꾸어 말하면 마음만 먹으면 언제든지 인원을 줄일 여력이 있다는 것이다. 이런 회사가 흑자를 내는 방법은 간단하다. 새로운 시도는 다 중단하 고 당장 돈이 되는 일을 하는 사람 이외에는 전부 내보내면 된다. 인 원을 절반으로 줄이면 적어도 연간 500억 이상은 흑자를 낼 수 있을 것이다.

기업 사냥꾼은 바로 이런 것을 노린다. 쿠팡 같은 회사는 기업 사 냥꾼의 입장에서는 군침이 도는 먹이다. 이런 회사를 싸게 살 기회가 있으면 재빨리 인수해서 구조조정을 실시하고 흑자기업으로 만들어 서 비싸게 팔면 막대한 돈을 벌 수 있다. 게다가 적자에 허덕이던 부실회사를 단기간 내에 흑자 전환시킨 유능한 경영자라는 명성까지 보너스로 얻을 수 있다. 하지만 이렇게 하면 혁신이 멈추어버리고, 고 만고만한 회사 중에 하나가 되어버리고 만다. 다행히 쿠팡은 현상유 지에 만족할 마음이 전혀 없다. 오히려 끊임없이 비즈니스 모델을 진 화시켜가고 있다.

어쨌거나 쿠팡을 연간 500억 원의 흑자를 낼 수 있는 잠재력이 있 는 회사로 본다면, 기업 가치 1조는 PER Price Earning Ratio, 주가수익비율 20 정도이다. 싸다고 보기는 어렵지만 이런 업종에서는 거품이라고 할 정도는 아니다(참고로 2016년 11월 현재 PER 기준으로 페이스북은 46, 구글의 모회사인 알파벳은 28, 아마존은 178, 넷플릭스는 316이 다. 국내의 경우 네이버가 45, 다음카카오가 64, NC소프트가 33이다. 보통의 업종은 10~20 정도를 기준으로 생각하지만 하이테크 업종은 성장 가능성이 높아 그보다 높은 수준에서 가격이 형성되는 것이 보 통이다. 미국의 예는 Google Finance를, 한국의 예는 Naver Finance 를 참조할 만하다). 쿠팡의 빠른 성장 속도까지 감안했을 때 1조의 가 치 평가는 투자하는 입장에서 충분히 매력을 느낄 만하다.

나는 이 정도면 충분히 해볼 만한 투자라고, 리스크가 크지만 이 런 일 하는 데에 내 돈이 쓰인다면 날려도 아깝지 않다고 결론을 내 리고는 자세히 알아보기 시작했다. 그런데 쿠팡 주식은 장외시장에 서조차 거래가 안 되고 있었다. 마지막 수단으로 범에게 메일을 보냈 다. 세쿼이아 캐피탈이 투자한 것과 같은 조건으로 1억 원 정도 투자 하고 싶다고, 경영에는 일절 관여 않겠으니 나에게도 기회를 달라고 하는 내용이었다. 혹시 긍정적인 답변이 오면 마음 변하기 전에 얼른

거래를 하려고 현금과 계약서까지 준비했었지만 그는 팔 생각이 없었는지 답장을 하지 않았다. 나는 여기서 포기할 수밖에 없었다. 아쉽지만 기회는 내 것이 아니었나 보다.

만약 이 제안이 받아들여졌다면 어떻게 됐을까? 그로부터 약 1년 뒤, 소프트뱅크가 쿠팡에 10억 달러를 투자하면서 지분 20퍼센트를 가져갔다. 유통이 되지 않는 주식이어서 당장은 현금화가 불가능했지만 VC의 가치 평가로는 1년 사이에 주식이 다섯 배 오른 것이다. 물론 아직 휴지 조각이 될 가능성도 남아 있다. 하지만 쿠팡이 죽음의 계곡을 무사히 건너 상장을 하게 된다면 아마도 내가 투자하고 싶어 했던 그 1억 원은 웬만한 아파트 한 채 값은 너끈히 될 수 있었을 것이라고 나는 지금도 믿는다.

문화가 다른 사람들과
함께 일하는 것의 좋은 점

쿠팡은 몹시 흥미로운 조직이었다. 수천 명 규모의 회사에서 직원의 절대다수는 미국 생활을 한 번도 해본 적 없는 한국인인데, 실장급 이상 핵심 요직으로 가면 오히려 미국인들이 더 많이 포진해 있다. 회사의 문화나 가치관도 미국적인 냄새가 강하게 난다. 내 시야에는 한국인과 미국인의 사고방식이 모두 눈에 들어왔다. PO라고 하는 직군이 그런 위치이기도 했지만, 내가 미국인들의 기질을 조금이나마 알고 있기 때문이기도 했다.

　회사 내에서 미국인들을 바라보는 한국인의 시선은 어떨까? 이것 또한 양면적이다. 한편에서는 '똑똑한 친구들과 함께 일하니 좋군' 이라고 생각하는 사람도 있는가 하면 '어차피 언젠가는 떠나갈 애들인

데 뭐'라면서 이방인으로 보는 시각도 있다. '개네들 뭘 얼마나 잘하
는지 모르겠어. 와서 달라진 거 없잖아?' 내지는 '쳇, 중요한 자리는
전부 다 외국인 차지네' 하는 박탈감을 보이거나 '쟤네들은 연봉도
많이 받고 미국도 자주 다니네. 좋겠네, 아주 좋겠어!' 하고 빈정거리
는 사람도 없진 않았다. 그래서 처음에는 이런 조직구조가 과연 성공
할 수 있을까하는 우려도 좀 했었는데 사정을 보니 쿠팡은 물러설 마
음이 전혀 없다. 비가 올 때까지 기우제를 지내는 인디언처럼 언젠가
성공할 때까지 다양한 배경을 지닌 사람들로 조직을 꾸역꾸역 채우
겠다는 의지가 강하게 보였다.

　그러면 거꾸로 미국인들이 바라본 쿠팡의 한국인 직원은 어떨까?
일단 기본적으로는 그냥 직장 동료다. 국적 같은 건 사실 신경도 쓰
지 않는다. 간혹 미국인 직원들끼리 서로 도와주고 뒤를 봐준다고 생
각하는 한국인 직원도 있는데, 이건 완전히 오해다.

더 치열한
경쟁 문화에
길들여진 미국인

_____ 데이터 사이언스 관련 인력은 한국에도 있
지만 실리콘밸리 오피스에도 있다. 찰스는 양쪽 모두를 관리하는 포
지션이었다. AB테스팅 플랫폼 개발 프로젝트를 진행하던 시기에 재
미있는 일이 하나 있었다. 당시 회사에서는 실험 결과의 통계적인 유
의성을 계산해서 시스템에 붙여주는 작업을 진행하고 있었다. 대학

에서 교양 수준의 통계학을 배운 사람이면 할 수 있는 일이어서 그렇게까지 어려운 일은 아니었다. 그런데 개발팀에서 내게 시스템에 이 기능을 붙이는 데 걸리는 시간이 1개월 정도 될 거라고 전했다. 이것을 보고 찰스가 문제를 제기했다.

"어째서, 이 일에 한 달이나 걸리는 거죠? 이해가 돼요?"

"잘은 모르겠지만 실무 진행하는 엔지니어들이 그렇다는데 어찌겠어요? 믿어줘야지."

"그러면 안 되죠. 이해가 안 되면 물어봐야죠!"

"아무래도 일정 늘려 잡기가 쿠팡 엔지니어들 사이에 유행인 모양이에요."

1개월이라는 추정을 내놓은 엔지니어는 찰스가 직접 뽑아 실리콘밸리 오피스에서 일하고 있던 중국계 미국인이었다. 당시 찰스는 본사 엔지니어들이 일정을 지나치게 느슨하게 잡아서 업무 진행이 느려지는 통에 신경이 곤두서 있었다. 이럴 경우 찰스는 엔지니어들에게 "그 업무가 왜 그렇게 오래 걸리는지 잘 이해가 안 된다. 작업의 진행 과정을 세부적으로 자세히 나눠서 왜 한 달이나 걸리는지 설명해달라"고 요구했다. 찰스는 엔지니어의 세부 일정이 타당하다고 생각되면 받아들인다. 따라서 보통 이런 요구까지 받으면 엔지니어들이 백기를 들고 제대로 된 일정을 제시한다. 그런데 자신이 직접 뽑은 사람들까지도 이런 식으로 나왔으니 더욱 예민해졌을 것이다.

찰스는 내가 소극적인 태도를 보이자 "그 친구들은 그런 식으로 하지 않을 거라고 기대했는데……"라면서 본인이 직접 메일을 보냈다. 내용은 똑같았다. 왜 1개월이 걸리는지 잘 이해가 되지 않으니 전체 작업을 작은 단위로 쪼개서 어떤 일들이 있는지 알려달라는 내용이었다. 답변을 보니 진짜로 1개월 동안 어떤 세부 작업을 진행할 것인지 설명을 해놨다. 그럭저럭 납득이 되는 내용이었다. 이 친구들은 이미 이런 절차에 익숙했던 것이다. 이후로도 찰스가 하는 것을 유심히 비교하면서 관찰해봤는데, 그는 한국인이나 미국인이나 공평하게 닦달했다.

또 한 가지, 미국인들이 한국인을 봤을 때에는 직장 생활을 하는 자세가 너무나 느슨해 보인다. 미국은 한국보다 훨씬 더 치열한 경쟁 사회다. 다음은 직원들을 무자비한 생존 경쟁으로 내모는 아마존의 조직문화를 고발한 뉴욕타임스 기사의 일부이다.

아마존닷컴에서는 직원간 상호 공격을 권장하고 있다. 회의에서 다른 직원의 아이디어를 물고 늘어져 날려버리는 것이 미덕으로 여겨진다. 밤늦은 시간까지 일하는 것도 직원들이 겪는 고통이다. 상사가 자정이 지난 이후에 직원에게 이메일을 보내고 바로 회신이 없으면 문자 메시지를 통해 이유를 캐묻는다.

회사의 내부 전화번호부를 통해 직원들은 다른 부서에서 일하는 동료의 상사에게 비밀스럽게 회신하는 방법을 배운다. 이는 직장 동료를 일부러 훼방 놓는 수단으로 자주 이용된다고 직원들은 말하고 있다.

아마존닷컴에 입사한 직원 중 상당수는 몇 년 내에 회사를 떠난다고 뉴욕타임스는 전했다. 우수한 직원은 아마존닷컴 주가 상승의 영향으로 돈을 모을 꿈에 부풀지만, 그렇지 않은 직원들은 회사를 자발적으로 떠나거나 해고된다. (중략) 아마존닷컴의 경쟁적인 기업문화 때문에 괴로

쿠팡, 우리가 혁신하는 이유

워하는 직원도 많다.

아마존닷컴에 입사한 뒤 책 마케팅 부서에서 2년을 채우지 못하고 퇴사한 보 올슨은 "회의장을 나오면 얼굴을 감싼 어른들을 볼 것"이라면서 "나와 같이 일했던 대부분 직원은 자기 책상에서 흐느낀 적이 있다"라고 전했다.

이런 회사에 다니던 사람들이 쿠팡에서 한국인들이 일하는 모습을 보면 '장난하나?'라는 생각이 든다. 아마존 출신의 미국인 PO 중에서 트리디브라는 친구가 있었다. 한번은 이 친구가 답답했는지 전체 PO 회의에서 폭발하며 이렇게 말한 적이 있다. "우리가 지금 이러고 있을 때가 아니야! 우리는 스타트업이고 아주 절박한 입장이라고! 살아남기 위해서는 훨씬 더 열심히 해야 해!" 이 친구 눈에 보이는 쿠팡은 아직 죽음의 계곡조차 빠져나오지 못한 진짜 스타트업이다. 하지만 한국인의 눈으로는 그냥 월급 잘 나오는 안정된 회사일 뿐이다.

스타트업이라는 것이 머리로는 이해가 되지만 몸으로는 잘 안 느껴진다. 이건 순전히 상대적인 문제다. 내 경우에는 '직장 생활은 철저하게 계약대로'라는 입장이다. 근로계약서에 명시된 대로 주 40시간은 회사를 위해서 최선을 다한다. 필요하다면 한 달에 몇 번 정도는 야근도 기꺼이 한다. 근로계약서에 '회사의 요청에 따라 연장근무를 할 수 있다'라고 명시되어 있었기 때문이다. 딱 거기까지다.

나는 당당하다. 누가 나에게 "너는 왜 야근도 별로 안 하냐?"라고 물어본다면 나는 "요즘 일이 야근 많이 한다고 더 잘되는 일이냐? 너는 요새도 그런 일 하고 있냐?"라고 말하면서 반격해줄 것이다. 사실 범은 냉장고에 에너지 드링크를 산더미처럼 쌓아놓고 마셔가면서 주 100시간 이상씩 일을 한다. 나도 할 만큼 한다고 생각하지만 그의 눈에는 나 역시 분명히 무임승차자로 보일 것이다.

당연해 보이지만
당연하지 않은 것들

_____ 꼭 아마존 출신이 아니더라도 쿠팡에 있는 미국인 친구들은 일을 매우 강도 높게 한다. 쿠팡은 미국인들 입장에서 절대로 만만한 회사가 아니다. 미국에서 직장 생활 잘하던 미국인 직원이 쿠팡에서 3개월도 못 버티고 되돌아가는 경우도 비일비재하다. 찰스도 웃으면서 다음과 같은 농담을 가끔 입에 올렸다. "내가 똑바로 못하면 범이 나를 자를 거예요. 아니, 이 회사는 사람 자르진 않으니 대구로 보내겠죠." 대구에는 쿠팡의 대규모 물류창고가 있다. 실제로 대구로 발령 난 사람이 있는지는 잘 모르겠지만 찰스가 '당장 내일이라도 범이 나가라면 나는 나가야 한다'라는 각오였던 것은 사실이다.

한국인들 중에는 이런 각오로 일하는 사람이 그렇게 많지 않은 듯하다. 나가라고 하면 오히려 "제가 왜 나가야 하는데요?"라고 반문을 하는 경우도 많다. 고용문화가 다르기 때문이다. 이 문제에 관해서는 나는 미국인 스타일이 더 마음에 든다. '신뢰하지 못하겠으면 나를 해고하고 나보다 더 잘할 수 있는 사람을 고용해라. 언제든지!'가 내 생각이다.

이 문제에 관해서도 한국인들 중에는 "미국인들은 돈을 많이 받으니까 그런 거죠!"라고 말하는 사람도 있었다. 하지만 내가 보기에는 미국인들을 일하게 만드는 것도 결코 쉬운 일이 아니다. 만약 그 친구들에게 보통의 한국 회사에서 흔히 하는 것처럼 회식 자리에서 "막내야, 고기 구워라" 같은 식으로 지시한다면 그 자리에서 "왜요? 불판에서 가까운 사람이 하는 게 합리적이지 않나요?"라는 질문을 듣게 될 것이다. 그런 일은 원래 막내가 하는 거라고 일러주면 아마 부당한 대우에 대해 납득하지 못한 직원이 회사를 그만둘 수도 있을 것이다. 물론 쿠팡에는 이런 일이 없다. 외국인 직원들이 문화적으로 비합리적이라고 느낄 만한 요소가 적은 직장이기 때문이다.

문화가 다른 사람들이 함께 일을 할 때에는 여러 가지 오해가 발생한다. 말이 직접 통하지 않을 때에는 특히나 더 그렇다. 하지만 서로의 배경과 사고방식을 이해하면 오해를 풀기가 쉬워진다. 내가 느끼기엔 미국인들의 눈을 통해서 한국 사회를 보는 것도 재미있는 경험이었다. 한국인들이 당연하게 생각하는 것이 그들이 보기에는 당연하지 않을 수 있다. 어쩌면 이들을 활용하는 것이 우리 사회의 문제점들을 끄집어낼 수 있는 좋은 방법인지도 모른다.

coupang

"제발 위에서 시키니까
한다는 소리 좀 하지 마세요."

앞에서 언급했지만 내가 쿠팡에서 일하면서 얻은 독특한 경험 중 하나는 외국인 리더들과 함께 일할 기회가 있었다는 점이다. 그들은 주로 인도계나 중국계, 한국계 등 아시아 출신의 미국인들이었고 간혹 백인들도 있었다. 미국 기준으로는 이민자였지만 그래도 그들의 가치관이나 사고방식은 아메리칸 스타일이다. 이들은 대개 미국의 대학 내지 대학원에서 MBA나 박사 과정과 같은 고등교육을 받고 그곳에서 쭉 직장 생활을 하다가 쿠팡에 합류한 사람들이다.

경력도 제법 화려하다. 아마존이나 자포스, 구글과 같이 쿠팡의 주요 벤치마킹 대상이 되는 회사에서 일했거나 아니면 스타트업을 하다가 인수되어서 온 사람들이다. 이들에게는 회사의 핵심적인 업무 가운데 한 분야를 통째로 맡기는 경우가 많다. 찰스는 데이터 사이언스 관련 조직을 총괄하는 데이터 센터의 센터장이었고, 내 상사였던 비벡은 전체 PO를 이끄는 PO실 실장이었다. 쿠팡에서는 PO가 회사의 전체적인 방향을 이해하고 개별적으로 돌아가는 프로젝트를 전체적인 방향에 맞게끔 조율하는 역할을 하므로 PO실 실장도 회사의 핵심 직책 가운데 하나다.

반면에 실무를 하는 사람들은 대부분 해외 생활 경험이 전혀 없는 한국인들이다. PO 직군의 경우에는 소통 능력이 중요해서 한국인이라도 해외에서 경험을 쌓았고 영어를 할 줄 아는 사람들이 제법 많은 편이지만 그 밖의 직군에는 그런 사람이 훨씬 적다. 그래서 통역사들이 꽤 많이 있고, 필요할 때 부탁을 하면 큰 어려움 없이 그들의 도움을 받을 수 있다. 이러한 독특한 구조 때문에 쿠팡에서는 여러 가지 흥미로운 일이 발생한다. 문화적 충돌이나 오해도 많이 일어나는 편이다.

무엇이 옳고
합리적인가

_____ 쿠팡의 내부를 들여다보면, 특히 문화나 가치관에서 군데군데 미국 냄새가 강하게 난다. 이것은 아마도 범이 미국식 교육을 받아 그 가치관을 많이 받아들였기 때문이 아닐까? 그는 어렸을 때 주재원으로 파견된 아버지를 따라 미국으로 건너가 교육을 받은 사람이다. 그리고 2010년에 한국으로 돌아와서 쿠팡을 설립

할 때까지 줄곧 미국에서 사회생활을 했다. 나는 대학 때 비슷한 경우의 친구를 한 명 사귄 적이 있다. 어린 시절의 상당 부분을 미국에서 보내다가 중학교 때 귀국해서 한국에서 고등학교와 대학교를 다닌 친구였다. 분명히 평범한 한국인의 외모를 지녔고 국적도 한국 국적을 가진 친구였는데, 이야기를 나누어보면 평범한 한국인의 정서하고는 아주 다른 부분이 느껴졌다. 그 친구가 논리적으로 맞긴 한데 도저히 공감이 안 되는 이야기를 한다고 느끼기도 했다. 나는 이 친구 생각이 궁금해서 그 이야기를 열심히 듣고 이해하려고 노력했던 적이 있다. 덕분에 나는 한 번도 미국에 가본 적이 없음에도 불구하고 미국인들의 머릿속에 있는 선과 정의의 개념이 어떤 것인지 어렴풋이나마 엿볼 수 있었다.

미국인들은 전략적인 선과 윤리적인 선을 동일한 것으로 생각한다. 즉, 효율적이고 합리적인 것이 곧 선이고 정의인 것이다. 그래서 이들에게는 '정의는 언제나 승리한다'라는 명제가 도덕책에서나 나오는 듣기 좋은 말이 아니고 진짜 진리다. 불합리한 것이 있으면 스스로 목소리를 내고 고쳐나가야 하고 그것을 그대로 두고 보는 것은 죄악이라고 배운다.

내 친구는 자신이 보기에 합리적이지 못한 한국 사회의 여러 가지 모습을 보면서 끊임없이 문제 제기를 했는데도 다른 사람들이 동조해주지 않자 많이 실망하기도 했다. 다른 친구들은 '합리적이지 못한 부분이 있는 것은 맞지만 한국 실정에서는 어쩔 수 없다'라는 생각이었는데, 그는 도리어 '개개인이 그렇게 생각하고 있기 때문에 사회가 안 바뀌는 것이다'라고 보고 있었다.

여기까지는 별로 문제가 없다. 그런데 여기서 더 나가면 미국은 정의로운 사회가 되고 한국은 졸지에 사악한(?) 사회가 된다. 심지어 제2차 세계대전에서 미국이 승리한 것도 상대 국가보다 더 정의로웠기 때문이라고 생각할 수도 있다. 한국이 미국의 동맹국임에도 불구하고 이쯤 되면 좀 아니꼽다. 그런데 정의라고 하는 개념이 이 친구가 생각하는 것에 가깝다고 전제를 하면 이해할 수 있다. 사회 전체가 합리적이고 효율이 높은 쪽이 전쟁을 치를 때 유리한 것은 자명하다. 그 친구는 '정의'라는 객관적인 기준에 미국이 좀 더 가깝다고 생각했다. 비록 그의 말이 다른 사람들 귀에는 "무조건 미국 킹왕짱!"과 같은 소리로밖에 안 들릴 수 있고, 어떤 사람들은 그에게 "그렇게 미국이 좋으면 거기 가서 살아라!"라면서 화를 낼지도 모르지만 말이다.

쿠팡에서 미국인들과 일을 하면서 이 친구 생각이 많이 났다. 그들은 회사에서 일을 할 때에도 항상 "무엇이 올바른correct 것인가?"라는 질문을 머릿속에 넣고 다닌다. 그들이 말하는 'correct' 즉 '올바르다'라는 표현은 더 합리적이고 효율적인 것을 의미한다. 그들은 자신의 기준에서 논리적으로 수긍이 되면 쉽게 동조해주고 적극적으로 자기 일처럼 협조해준다. 물론 그들이라고 해서 반드시 올바른 주장만을 하는 것은 아니지만 적어도 어떤 것이 더 올바른지를 논의할 때는 항상 열려 있고, 귀 기울여 듣는다.

자신의 상사와 이런 논의를 하는 데도 전혀 거리낌이 없다. 오히려 상사 앞이라고 해서 자신의 생각을 논리적으로 전달하고 설득하지 못하는 것이 무능하다고 생각한다. 물론 한국인 입장에서는 쉽게 이해할 수 없는 부분이다. 사람에 따라서는 '네가 하자는 대로 다 해줬는데 뭐가 불만이야?'라고 생각할 수도 있다.

수평적인 조직문화를 만드는 토대

_____ 한국적인 문화에서는 정말로 무엇이 옳은지에 대해 생산적인 논의를 하는 것이 쉽지 않다. 내가 대학 다닐 때 미국에서 공부를 마치고 갓 돌아온 교수가 있었다. 이분은 "한국의 대학원생들은 왜 자기 지도교수 논문을 '까는' 것을 금기시하는지 모르겠어요. 미국에서는 학생이 자기 지도교수 논문 못 '까면' 바보라고 해요"라고 말씀하시면서 한국 학생들의 태도를 매우 답답해하셨다. 여기서 '깐다'라는 것은 기존의 연구 결과에서 약점을 찾아서 지적하고, 보다 더 나은 대안을 제시하는 것을 의미한다. 자기 지도교수가 연구한 내용은 학생의 입장에서 오히려 약점을 너무나 잘 알 수 있고, 그래서 더 발전시킬 여지도 쉽게 찾을 수 있다. 그것조차 못 한다면 미국에서는 연구자로서 자격 미달이라고 생각하는 것이다.

하지만 한국의 대학원에서는 교수가 학생의 인생을 틀어쥐고 있는 절대 권력자다. 지도교수의 연구 결과에서 약점을 지적하면서 논쟁하다가 자칫 심기를 불편하게 만드는 날에는 졸업이 힘들어지는 것은 물론이거니와 졸업 후에 자리를 잡는 데에도 지장이 생긴다. 내 지도교수는 이런 부분에 관해서 열린 분이었지만, 그렇지 않은 경우도 많다. 심지어 교수가 자기 비위에 거슬리는 제자에게 "너 이 바닥에서 발 못 붙일 줄 알아!" 하고 소리 지르면서 재떨이를 집어던지는 경우마저 있다. 그러니 학생이 소극적인 자세를 취할 수밖에 없다. 한국의 대학원생을 답답해하던 교수는 이런 행태가 불합리하다고 지적을 한 것이다.

그런데 그 뒷이야기가 재미있다. 그 이야기에 감동받아 그 분을 지도교수로 선택한 친구들이 있었는데, 궁금해서 몇 년 뒤에 '그 분 어떠냐?' 하고 물어봤다. 최악이란다. 다른 교수와 다를 바 없고 오히려 더 심하다고, 그래서 박사 과정 진학도 포기하고 다른 데 알아보고 있다는 대답이 돌아왔다. 한국 사회의 어떤 곳은 사람을 망가뜨리는 신기한 힘이 있는 것 같다.

이는 비단 학교만의 문제는 아니다. 직장 생활에서는 더 심한 문제도 겪는다. 직장에서는 상사가 부하직원의 많은 것을 틀어쥐고 있다. 부하직원이 한 일이 어떻게 평가받을지는 전적으로 상사에게 달려 있다고 해도 과언이 아니다. 일이 잘되었을 때 그것이 누구의 공로인지를 결정하는 것도 상사다. 연봉 인상이나 승진 같은 보상에 관한 문제 또한 전적으로 상사에게 달려 있다. 이거야 어디를 가든 마찬가지겠지만, 한국은 상사와 대등한 입장에서 토론할 수 있는 분위기가 아니다. 상사가 한 말이면 설령 잘못된 부분이 있더라도 지지해야 한다. 또한 불합리하다 할지라도 상사가 지시한 내용은 토를 달지 말고 묵묵히 시키는 대로 해야 한다. 시키지 않은 일은 하지 않되 꼭 필요하다고 생각되면 물어보고 해야 한다. 그것이 성공의 비결이다.

그런데 미국인들의 입장에서는 이런 사람이 도리어 아주 답답하고 무능해 보인다. 이 친구들 기준으로는 자기가 생각했던 것보다 더 좋은 아이디어를 가지고 와서 논리적으로 자신을 설득해내는 직원이 조직에 필요한 사람이다. 납득이 안 되는 부분이 있으면 그 부분을 지적하면서 함께 더 나은 방법을 찾을 줄 아는 조직원이 똑똑한 사람이다. 시키는 대로만 하는 사람은 그 정도밖에 안 되는, 언제든지 대체가 가능한 사람이다. 범은 기회가 있을 때마다 "제발 위에서 시켜서 한다는 소리 좀 하지 마세요. 그거 제가 제일 싫어하는 말이에요!"라고 말했다. 아마도 그 말은 진심이었을 것이다. 본인 스스로 납득을 하고 일을 하라는 뜻이다. 하지만 실제로 회사에서는 아이러니하게도 "범이 하라고 했는데요"라고 하면 프리패스인 경우도 있긴 했다. 아무리 회사에서 수평적이고 개방적인 문화를 만들려고 노력해도 사회 전체 분위기가 그렇지 않은 상황에서는 쉬운 일이 아닌 것 같다.

'무엇이 옳고 합리적인지'를 묻는 것은 다양성을 존중하는 수평적인 조직문화의 토대가 될 수 있다. 의견은 얼마든지 다양하게 있을 수 있다. 문제는 그 가운데서 어떤 것을 선택하느냐다. 좀 더 타당한 논리와 근거를 갖춘 의견을 우선시하는 분위기가 갖춰진다면 사람들이 자유롭게 자신의 주장을 펼치기가 더 쉬워질 것이다. 또한 자신의 생각과 다른 의견도 더 긍정적으로 받아들일 수 있을 것이다.

coupang

어떻게 **원하는 것을 얻는가**

쿠팡에 합류한 지 반년 정도 지났을 때의 일이었다. 처음에는 어처구니없는 해프닝도 많았지만 실무진과 신뢰를 구축하기 위해서 많은 노력을 했고, 그 성과가 조금씩 보이기 시작했다. 팀이 나아갈 방향도 찰스와 상의해서 그럭저럭 잡아나가고 있었다.

　그러던 어느 날 비벡에게 갑자기 메일이 왔다. 팀에서 현재 진행 중인 프로젝트에 대해서 함께 검토하는 회의를 하자는 내용이었다. 나는 이런 제안을 언제든지 환영한다. 함께 이야기하자는 요청을 해도 "(범이 불러서) 다른 급한 회의가 생겼다"라면서 번번이 펑크를 냈던 것은 그였다. 문제는 시점이었다. 쿠팡에서는 두 달에 한 번씩 중간점검을 하면서 그동안의 성과를 정리하고 향후 진행할 일의 계획을 잡아 발표하는데 이 발표가 끝난 직후에 회의를 하자는 것이었다. 아무래도 비벡이 뭔가 마음에 안 드는 부분이 있나 보다 하는 생각이 들었다. 찰스에게 이 건을 이야기했더니 그도 심상치 않게 돌아가고 있다는 것을 금방 눈치챘다. 누가 먼저랄 것도 없이 "이건 준비 좀 해야겠다"라면서 잡아놓은 계획을 뜯어고치기 시작했다. 제시한 프로젝트 주제 자체는 바꾸지 않았지만 표현을 좀 더 빈틈없게 고치는 작업을 했다.

"이건 너무 약하지 않아요?"

"그럼 이건 어때요?"

"그래, 그 정도면 괜찮겠어요."

"이건 표현이 너무 센데, 우리가 책임질 수 있을까요?"

"그 정도는 해야죠!"

이런 대화를 나누면서 나와 찰스는 이중, 삼중으로 방어선을 쳤다. 방어선이라는 것이 별게 아니다. 그 일을 왜 하는지 그 정당성을 뒷받침할 만한 근거와 논리를 정리해두고 예상되는 공격에 대한 대비책을 미리 세워놓는 것이다.

며칠 뒤 마침내 회의 시간이 되었다. PO 측에서는 비벡과 나, 그리고 TJ라고 하는 한국계 미국인 PO가 참석했고, 개발 측에서는 찰스와 개발팀의 엔지니어 두 명이 참석했다. 참석자 전원이 영어를 어느정도 하는 사람들이라 이날은 통역 없이 회의를 진행했다. 비벡은 예상대로 초반부터 날카롭게 질문을 했고 찰스는 준비된 대로 차분히 설명했다. 당사자들의 태도는 몹시 신사적이었지만 내 눈에는 불꽃이 탁탁 튀는 것이 보였다. 난 이런 회의가 몹시 즐겁다.

알고 보니 비벡은 추천과 개인화와 관련해서 진도가 잘 안 나가고 있는 점이 불만이었다. 당시에 팀 내 엔지니어들이 "현재 추천 엔진은 구조가 나빠 새로운 아이디어를 적용하기가 너무 힘든 상태이다. 앞으로 추천 엔진 개선 작업을 계속하려면 구조를 개선하는 것이 좋겠다"라는 의견을 제시했고, 세부사항을 검토한 결과 내가 납득을 해서 진행을 하고 있었다. 본격적인 추천 엔진 개선은 구조 개선 작업이 끝난 다음에나 가능하다고 판단해서 대신에 추천과 관계없는 주제를 몇 가지 제시했는데, 바로 이 부분을 공격해온 것이다. 엔지니어들이 제시한 주제는 비즈니스 관점에서 보면 놀고 있는 것이나 다를 바 없었나 보다.

추천 엔진을 빨리 앱에 적용해서 성과로 연결시켜야 한다고 닦달하는 비벡의 지적은 타당했다. 그러나 그것을 뻔히 알면서도 나는 구조 개선 작업을 할 가치가 있다고 판단했기에 내가 성과를 못 낸다고 욕먹는 것을 감수하고 엔지니어들에게 시간을 벌어준 것이다. 다행히 이 부분은 사전에 예상했던 포인트 중 하나였고, 대응 수순을 미리 준비해놨다. 나는 얼굴에 철판을 깔고 '방귀 뀐 놈이 성질 부리기' 작전으로 밀고 나갔다.

쿠팡식
담판의 기술

_____ "우리 핵심 가치 중 하나가 believe예요. 좀 크게 생각하자고요! Think big!"

내가 이렇게 말하자 팽팽한 긴장감이 감돌던 회의실에 갑자기 폭소가 터졌다. 옆에서 듣고 있던 찰스도 껄껄 웃으면서 중얼거렸다. "말 한번 잘했다!" 비벡도 '품' 하고 마시던 커피를 뿜어내면서 어이없다는 표정으로 "뭐, 뭐라고? What?"라면서 함께 웃었다. 한바탕 웃고 나서 다시 진지한 분위기로 되돌아와서 비벡이 이야기를 계속했다.

"Focus도 우리 핵심 가치 중 하나잖아요? 현은 개인화하고 추천에 집중해야 하지 않겠어요?"

"그러면 저는 개인화하고 추천 말고는 그 어떤 일도 해서는 안 된다는 건가요?"

"그건 아니지만 어떤 것이 더 중요하다고 생각해요?"

"지금 제시되어 있는 주제들이 현재 상황에서는 회사 전체로 봐서 최선이라고 생각합니다."

나는 뻔뻔스러울 정도로 자신 있게 말했다. 설령 신이 와서 묻는다 해도 동일한 대답을 할 준비가 이미 되어 있었다. 비벡은 내가 이렇게까지 강하게 나가리라고는 미처 예상하지 못했던 듯, 당혹스러운 표정을 감추지 못했다. 나는 부연 설명을 했다.

"하지 말자는 소리가 아니에요. 비벡이 말하는 부분은 다른 팀의 협조를 얻어야 진행할 수 있다는 거죠. 그런데 이 부분이 원활하지 않다고 제가 이미 몇 번이나 말했잖아요? 그래도 안 되니까 우리는 팀 내부의 인력으로 할 수 있는 범위 내에서 최선의 주제를 찾은 거고요."

"그냥 팀 내부 인력으로 그 일까지 하면 어때요? 다른 팀에게 도움

요청하지 말고요."

"팀 멤버들이 보유하고 있는 기술이 다른 팀과 달라서 그렇게 하기는 어려워요."

나는 물러서지 않고 비벡의 논리를 하나하나 끝까지 반박했다. 이런 장면에서 정당하다고 생각하면서도 말을 못 하고 물러났다가는 도리어 비벡과 찰스 양쪽 모두로부터 신뢰를 잃고 바보 취급을 당할 것 같았다. 이야기를 옆에서 듣고 있던 TJ가 상황을 파악하고는 중재를 했다.

"그렇다고 해서 무엇을 해야 할지 계획 자체가 없다는 것은 말이 안 되는 것 같아요. 명확한 계획이 있어야 그 계획에 맞춰서 엔지니어를 투입하든지 하죠. 강력한 비전이 제시되어 있으면 당장은 안 되더라도 계속해서 그 방향으로 가게 되어 있어요. 현이 생각하고 있는 바가 있으면 그냥 구현에 제약 같은 건 없다고 간주하고 비전을 제시하는 것이 좋다고 봐요."

듣고 보니 이 친구 말이 맞았다. 내가 명확하게 할 일을 제시해 놨음에도 불구하고 일이 진행이 안 되면 그건 엔지니어들 책임이다. 하지만 비전 자체가 없다면 PO가 책임을 피할 길이 없다. 이제는 더 이상 버티면 안 된다는 느낌이 들었다. 나는 여기서 태도를 180도 바꿨다.

"하고 싶은 일이야 많지요. 저지르는 건 어렵지 않아요. 하지만 제가 이슈를 제기해도 생각대로 일이 진행되지 않아서 무척이나 답답할 거예요. 시간도 오래 걸릴 거고요. 그래도 괜찮을까요?"

"문제없어요." 비벡과 TJ가 고개를 끄덕였다.

"제가 아무런 제약 없이 일을 저지르면 엔지니어들이 힘들어질 텐데 그것도 괜찮을까요?"

이번에는 찰스와 개발팀의 엔지니어들을 향해 물었다. 그들도 고개를 끄덕였다.

"좋아요. 그러면 제가 개인화나 추천과 관련해서 내가 생각할 수 있던 개선 포인트들을 정리해서 로드맵을 만들죠. 한 1~2주 정도 걸릴 테고 그대로 추진하겠습니다. 그럼 다들 동의하나요?"

마지막으로 내가 이렇게 묻자 모두 만족스러운 표정으로 동의했고, 회의는 그렇게 끝났다.

모두가 만족할 만한
대안을 찾는 과정

_____ 그날의 회의 자리에서 모든 것이 결정됐고, 다들 자신이 원하던 것을 조금씩 얻어갔다. 나와 찰스는 이미 진행하고 있던 일의 정당성을 인정받았으며, 앞으로 업무 진행에 있어서도 주도권을 쥘 수 있게 되었다. 비벡은 현황을 정확히 파악했고, 미비했던 부분이 진행될 수 있도록 확실히 틀을 짰다. 아마 '이 분야는 이들에게 맡겨놔도 별문제 없을 것 같다'라는 생각도 했을 것이다. TJ는 당시 쿠팡에 합류한 지 얼마 안 된 시점이어서 실력을 보여줘야 하는 상황이었는데, 내가 제기하는 문제를 짧은 시간 동안에 제대로 이해하고 합리적인 대안을 제시함으로써 자신의 능력을 증명했다. 이런 사람이 동료라면 나도 대환영이다. 나는 회의가 끝나고 일주일에 한

번이라도 따로 이야기하는 시간을 갖자는 제안을 TJ에게 했고 그는 흔쾌히 받아들였다.

'담판'이라는 단어를 국어사전에서 찾아보면 '서로 맞선 관계에 있는 쌍방이 의논하여 옳고 그름을 판단함'이라고 정의되어 있다. '어떤 일의 시비를 가리거나 결말을 짓기 위하여 논의함' 혹은 '부당한 일에 대하여 강력히 항의하여 시정하도록 함'이라고 되어 있는 사전도 있다. 좀 더 일반적인 용어로는 '회의' 내지는 '협상'이라고 할 수 있는데, 담판이라는 말의 뉘앙스는 이보다 훨씬 더 첨예하게 대립하는 민감한 상황에 더 잘 어울린다.

담판은 양날의 칼이다. 어느 한쪽으로 치우쳐서는 안 된다. 일일이 상대하기 귀찮다고 상대방이 하는 말에 아무 생각 없이 고개를 끄덕이다가는 덤터기를 쓴다. 부당하게 많은 부담을 지게 되는 것이다. 그렇다고 해서 반대로 무턱대고 자기 입장만 고집하다가는 '말이 안 통하는 사람'이 되어서 신뢰를 잃는다. 이런 사람하고는 아무도 함께 일하려 들지 않을 것이다. 그 사이에서 정확하게 균형을 잡아야 한다. 담판을 잘한다는 것은 상대방과 내 입장 모두를 고려해서 쌍방이 만족할 만한 대안을 잘 찾는다는 것이다. 그래서 당사자 쌍방이 모두 담판에 능하면 일이 수월히 진행된다.

미국인들과 일을 할 때에는 특히 이 담판을 잘하는 것이 중요하다. 담판을 짓는 능력이 곧 업무 능력이다. 이들은 자기 입장을 말할 기회를 충분히 준다. 정당하다고 생각되면 들어준다. 말할 기회가 있었는데도 말을 하지 않은 사람을 답답해한다. 또한 담판을 지어서 합의한 것은 반드시 지켜야 한다. 이것이 미국인들의 암묵적인 규칙이다.

미국인들과 일할 때 담판을 잘 지으면 이들의 신뢰를 얻어 편하게 일을 할 수 있다.

쿠팡에서 미국인들, 그리고 조직 내 평판이 좋은 리더들을 상대하면서 느낀 점이 있다. 그들은 상대방이 하는 이야기를 잘 들을 줄 안다는 것이다. 이러한 특징은 위로 올라갈수록 더 잘 드러났다. 또한 그들은 상대방의 이야기가 더 좋다고 생각되면 자신의 생각을 쉽게 바꿀 줄도 알았다. 물론 사고방식이 다른 상대가 쉽게 알아들을 수 있도록 설명하는 것은 준비가 많이 필요한 일이다. 하지만 사고방식이 다른 사람을 상대할 때도 자신이 옳다고 생각하는 것을 끝까지 설득할 수 있어야 한다. 정당한 이유 없이 중간에 물러나면 우습게 보일 수도 있다. 그런가 하면 틀린 판단을 했을 경우 스스로 틀렸다고 인정하고 바로 물러날 줄도 알아야 한다. 그것이 사고방식이 다른 이들과 일할 때 필요한 자세이다.

coupang

수평적 조직의
아킬레스건에 관하여

내가 쿠팡에 합류한 뒤 가장 먼저 관심을 가지고 검토한 이슈는 바로 클릭스트림 데이터를 어떻게 처리하고 분석하는지에 관한 부분이었다. 여기저기 이야기를 해보니 GA는 이미 사용하고 있다. 그것도 유료 버전으로 돈을 내고 쓰고 있다. 하지만 분석에 대한 요구 수준이 높아지면서 점점 한계에 부딪히고 있었다. 나는 이 클릭스트림 데이터를 분석하는 플랫폼을 자체적으로 구축해야 하는 단계에 들어왔다고 판단했다.

내가 맡은 임무는 개인화와 추천이고, 클릭스트림 데이터는 직접 맡은 분야는 아니지만 일을 진행하기 위해서는 꼭 필요했던 것이다. 클릭스트림 데이터 분석과 관련된 일은 딱히 누가 시킨 것도 아니었다. 그러나 쿠팡 같은 회사에서는, 더군다나 PO 포지션에서는, 누가 시킬 때까지 무엇인가를 기다려선 안 된다. 자신이 생각하기에 필요하다고 판단되면 적극적으로 제안하고 주변을 설득하면서 끌고 나갈 수 있어야 한다.

나는 쿠팡 서비스를 상세히 들여다본 다음 요구사항을 정리해 간단한 제안서를 만들었다. 제안서를 비벡에게 보여주면서 이런 일이 필요하니 혹시 달리 맡을 사람이 없다면 나라도 주도해서 진행하겠다면서 의욕적으로 나섰다. 그런데 비벡은 웃으면서 말했다. "그거 좋은 생각이에요. 진행해보세요. 그런데 좀 걱정이군요. 그 일 하겠다고 했던 사람들은 다 회사 나갔는데 괜찮겠어요?" 어쨌거나 나는 한 번 부딪혀볼 심산이었다.

힘들지만 누군가는
해야 할 일

_____ 이 일은 기술적으로는 그리 어렵지 않지만 워낙에 관련자들이 많아서 협의하고 조율할 일이 많았다. 기획부터 시작해서 서비스 개발에 데이터 분석하는 조직까지 전부 다 모여 앉아 협의를 하고 프로세스를 잡아야 했다. 관련 조직을 하나하나 만나면서 가볍게 이야기를 나누기 시작했다. 맨 처음에 만난 조직은 쿠팡 앱을 실제로 만드는 개발자들이었다. 앱에 어떤 기능을 새로이 추가하거나 변경하는 일이 있을 때 직접 작업을 하는 사람들이다. 실제로 앱을 개발하면서 이들이 클릭스트림 로그를 남기도록 코드를 심는

작업(태깅)을 해줘야 하기 때문에 이들의 협조는 필수였다. 이들에게 내 구상을 상세히 설명하고 협조해달라고 부탁을 했다. 그에 대한 첫 번째 반응은 '안 된다'였다. 이유를 물어보니 요구사항이 불분명하단 다. 나는 모든 화면의 페이지 뷰와 클릭 가능한 버튼의 클릭 로그를 남기자고 했는데 그 '모든'이라고 하는 범위가 어디까지를 말하는 지 가 명확하지 않다는 것이다. 살짝 기분이 상할 뻔했지만 아직 신뢰관 계가 제대로 구축되어 있지 않은 상태에서는 충분히 그런 지적을 할 수 있다고 느꼈다. 난 즉시 프로그램 수준으로 이야기를 바꾸어 구체 적으로 묻기 시작했다.

쿠팡 앱 구조는 나도 모르지만 일반적으로 개발자들이 어떤 식으 로 일하는지는 알고 있었다. "소스코드 레벨에서 페이지 목록을 이 미 관리하고 있지 않으신가요? 그리고 클릭 가능한 객체들도 다른 서 비스에서는 대개 관리를 하는 줄로 알고 있는데요. 그 전부를 말하는 건데 혹시 뭔가 특수한 사정이 있나요?" 나는 쿠팡 앱을 실행해 페이 지를 함께 보면서 개발자들과 대화를 시작했다.

"그거 다 하려면 너무 많아서요. 가령 사용자 눈에 안 보이는 가상 의 페이지 같은 것도 있고요."

"그런 페이지들은 제외해야겠네요. 이건 사용자의 관점에서 무엇 을 보고 어떤 행동을 했는지를 기록하는 것이 목표니까요."

"그 외에도 여러 가지 생각해봐야 할 부분이나 특수한 케이스들이 있거든요."

"그런 부분은 함께 하나하나 구체적으로 살펴보죠. 제가 직접 보면 어떻게 하는 것이 좋겠다고 의견을 말씀드릴 수 있을 것 같아요."

이런 식의 논의가 거의 두 시간 가까이 지루하게 이어졌다. 시작은 부정적이었지만 결국 마지막에는 개발자들의 태도가 협조적으로 바뀌었다. 알고 보니 이미 남기고 있다는 클릭스트림 로그가 있었다. 문제는 관리가 제대로 안 되고 있다는 점이었다. 어떤 화면은 빠져 있다거나 로그 남기는 형식이 화면마다 다르다거나 하는 등의 문제였는데, 꽤 심각한 상태여서 그대로는 제대로 활용하기 어려운 수준이었다. 이런 상태면 처음부터 이런 문제가 있다고 말을 하면 될 것이지 안 된다는 이야기는 대체 왜 했나 싶었다. 이러한 문제를 통상 데이터 분석 분야에서는 데이터 거버넌스 이슈라고 한다. 직접 일을 해본 사람이 아니면 이해하기 어려운 문제다.

수평적 조직에도
심판은 필요하다

_____ 문제의 원인 중 하나는 관련된 팀이 너무 많다는 것이었다. 실제로 쿠팡 앱을 만들고 있는 팀이 열 개가 넘는데, 각기 서로 다른 영역을 담당하고 있다. 내가 만난 팀은 이들 가운데 하나인데, 이들도 자신이 맡은 영역 이외에는 손을 대지 못한다. 이 개발자들은 나름 클릭스트림 데이터가 필요하다는 인식을 가지고 자신이 맡은 범위 내에서 스스로의 판단에 따라 필요하다고 생각되는 일을 하고 있었다. 다른 조직들과의 연계가 안 되고 있었을 뿐이다. 마지막에 나는 정중히 부탁했다. "다른 팀들하고 조율하는 일은 제가 총대 짊어지고 하겠습니다. 그리고 일하시는 도중에 뭔가 의사

결정이 필요한 부분이 있으면 그것도 어떻게든 제가 책임지고 결정해드리겠습니다. 그러니 도와주십시오." 이렇게 요청했더니 대체로 수긍하는 분위기가 조성됐다.

하지만 모든 팀과 이런 식으로 조율하는 것은 만만한 일이 아니다. 대부분의 팀이 협조적이고, 올바른 논리로 설득을 하면 수긍한다. 하지만 그들에게도 나름의 우선순위가 있다. 개발자 한 명이 하루 이틀 하면 될 일인데도 그들의 입장에서는 중요한 일이 아니어서 제대로 진행이 안 되는 경우도 있다. 한번은 이런 적이 있었다. 클릭스트림 분석에서 누락이 발생해 데이터가 제대로 안 나오는 경우를 발견했다. 이를 담당하는 팀에 알려줬더니 당장은 어렵고, 다음번 앱 배포 시에 문제를 해결해주겠다고 했다. 앱 배포 시기가 되어 다시 한번 물어보니 작업은 진행했고, 이번에 반영될 예정이라고 했다.

안심하고 기다리다가 막상 앱이 배포된 다음에 보니 데이터가 수집되지 않고 있었다. 어찌된 일인지 물어보니 문제를 해결하는 코드를 집어넣기는 했는데 작동이 안 되고 있다는 것이다. 앱 구조상의 문제로 자신이 생각했던 방식으로는 해결할 수 없으니 다른 방법을 찾아야 한다고 했다. 이건 좀 심하다. 제대로 테스트도 안 해보고 배포를 했다는 뜻이다. 어이 없다는 생각을 꾹 참고 그럼 어떻게 해야 하느냐고 물어보니 고민 좀 해봐야 하는 이슈이니 다음번 앱 배포 때 반영될 수 있도록 고민해보겠다고 했다. 앱 배포는 1개월 단위이니 그 간단한 이슈가 벌써 2개월을 잡아먹고 있었던 것이다. 그러다가 조직 개편이 일어나서 담당자가 바뀌었단다.

내가 졌다. 두 손 두 발 다 들었다. 열 개도 넘는 팀을, 더군다나 그들의 입장에서는 중요하지도 않은 이슈를 가지고 도와달라고 설득하면서 다니는 일은 나도 도저히 못 하겠다고 여겼다. 이런 이슈는 보통 관리자가 교통정리를 해줘야 하는데 쿠팡이 지향하는 '수평조직'이라는 조직 특성상 여의치 않다. 결국 문제가 많기는 하지만 이미 있는 것을 가지고 되는 데까지 한다는 쪽으로 방향을 잡을 수밖에 없었다.

이런 문제가 잘 해결되지 않는 것은 비단 쿠팡만의 문제가 아니다. 다른 회사도 마찬가지다. 이런 경우 보통은 누군가에게 권한을 줘서 해결한다. 해당하는 문제에 대해 잘 알고 있고 동기 부여가 잘되어 있는 사람에게 맡기고 "앞으로 이 이슈는 이 사람에게 허락을 받고 진행해라"라는 식으로 공식적으로 고지해준다. 이런 식으로 직위 내지는 직책을 부여하는 것이다. 하지만 쿠팡은 수평조직이어서 가능하면 모든 것을 대등한 관계에서 상대방에 대한 설득을 전제로 일을 진행하는 문화를 지향한다. 장점도 많지만 이른바 '커뮤니케이션 코스트'가 커진다는 것은 문제다.

쿠팡에서 실제로 일을 하면서 느낀 것 중 하나는 아무리 수평적인 조직문화라고 해도 심판은 필요하다는 점이다. 조직이 커지면 팀 간에 조정을 해야 하는 문제가 반드시 생긴다. 하지만 다들 각자 자신의 입장이 있기 때문에 상대방에게 도움을 주기 어려운 경우가 있다. 이런 경우는 해당 팀의 사정을 잘 모르는 외부인이 볼 때 비협조적이라고 오해하기 쉽다. 정말로 비협조적인 것인지 아니면 정당한 사유가 있어서 도움을 줄 수 없는 것인지는 당사자들 눈에는 구분이 잘 안 된다. 이런 건 누군가가 조정을 해주어야 한다.

쿠팡의 자율적이고 자발적인 리더십에 관해서 사람들에게 이야기하면 대부분 이런 반문이 돌아온다. "그건 말도 안 됩니다. 자발적으로 안 되면 어떻게 할 건데요?" 쿠팡에서는 자율성과 주어진 권한을 남용하는 사람이 생기면 어떻게 할까?

쿠팡에 있을 때 개발 조직이 안고 있는 문제 중 하나가 바로 일정에 관한 문제였다. 이런 문제는 정직하게 말해서 쿠팡만이 안고 있는 문제는 아니다. 소프트웨어 개발은 작업에 소요되는 시간을 예측하기도 만만치 않은데다, 실제로 진행해보면 예기치 않은 문제점들이 튀어나와 당초 목표로 했던 일정에 맞추지 못하는 경우가 많다. 그래서 보통 공격적인 일정을 목표를 잡고 엔지니어들을 독려함으로써 일정을 관리한다. 쿠팡도 마찬가지다. 다만 일정을 잡는 데에 있어서는 내가 본 조직 가운데서 실무자인 엔지니어들의 의견을 가장 많이 존중해주는 문화였다. 그러다 보니 몇몇 엔지니어들은 고의로 일정을 느슨하게 잡기도 했다. 1개월 걸릴 일을 2개월 걸린다고 말하는 식이었다.

당연히 언제 어디서든 있을 수 있는 일이다. 하지만 중요한 것은 그런 사람들과도 대화와 설득을 통해서 일을 해나갈 수 있다는 것이다. 쿠팡은 실제로 그렇게 일하면서 성과를 내고 있다. 결과적으로 대화와 설득이라는 소통적 문화는 자율성과 권한 남용에 대한 견제 장치이자 수평적 조직문화의 아킬레스건을 극복하는 단초가 된다.

coupang

권력 없이도
일을 시키는 것이 가능할까?

쿠팡에 합류하면서 내가 가장 큰 도전의 대상이라고 느낀 것이 바로
PO라고 하는 직군 자체였다. 한국식 조직에서는 비슷한 직군조차 찾
아보기 힘들다. 소규모 회사라면 모를까, 엔지니어만 수백 명 단위 규
모의 회사에서는 비슷한 경우가 있다고 들어본 적이 없다. 회사에서
는 보통 관리자에게 여러 가지 권한을 부여해주고 관리자는 이를 이
용해서 팀원들을 움직인다. 그중 가장 중요한 것이 평가를 할 수 있
는 권한이다. 경우에 따라서는 관리자가 연봉 정보와 같은 각종 정보
를 이용해서 조직 관리를 하는 경우도 있다. 그런데 쿠팡의 PO는 정
말 아무것도 없다. 함께 일하는 팀에 대한 피드백 정도는 하는 경우
가 있지만 그것도 절대적인 영향을 미치는 것이 아니고 그냥 여러 피

드백 중 하나로 참고될 뿐이다. 과연 이런 조건에서 리더십을 발휘하는 것이 정말 가능하기나 할까?

게다가 나에게는 혹이 하나 더 달려 있었다. 하필이면 내가 담당했던 팀이 회사 내에서 비협조적이기로 1, 2위를 다툰다는 평판을 받고 있었다. 쿠팡의 조직문화가 직원들끼리 서로 비난하는 것은 자제하는 분위기였기 때문에 말은 삼가는 편이었지만 다들 고개를 절레절레 흔들었다. 나는 평판 문제는 크게 개의치 않았다. 자세한 사정을 잘 모르는 사람이 봤을 때 오해를 하는 경우가 종종 있기 때문이다. 나는 뭔가 오해가 있을지도 모르니 신경 쓰지 말고 내 일이나 똑바로 하자고 생각하는 편이었다. 나중에는 내가 딱했는지 "뭐 하러 그런 사람들하고 일하세요? 그냥 다른 팀 할당해달라고 하세요!"라고 말하는 사람들도 주변에 간혹 있었다. 하지만 내 경우에는 전문 분야가 명확하기 때문에 다른 일을 하게 해달라면서 도망칠 수도 없는 입장이었다.

"그건 우리 업무 영역이 아닙니다."

_____ 처음에는 일단 범위를 한정하지 않고 회사에서 할 만한 일을 닥치는 대로 제안하기부터 했다. 당시 내 목적 중 가장 중요한 것은 회사가 일하는 방식을 보는 것이었다. 말하자면 어떤 일이 쉽게 진행되고 어떤 일이 안 되는지, 진행을 하다가 막히면 어디서 왜 막히는지, 조직 내 역학관계는 어떻게 되어 있는지, 누구를

설득해야 일이 진행되는지, 성과를 인정하는 기준이나 방식은 어떻게 되어 있는지 등의 문제에 대해서 답을 얻는 것이 목적이었다.

직접 부딪혀보니 팀 간의 업무 협조가 형편없이 이루어지고 있었다. 다른 설명과 함께 "이것 좀 도와주세요"라고 협조 요청을 하면 일단 성실하게 받아주긴 했다. 하지만 다른 팀에서 일을 맡으면 책임감도 떨어지고 우선순위도 밀려서 일이 언제 될지 모르는 식이었다. 이런 문제는 회사에서 조정을 해주어야 해결되는데, 몇 번 문제 제기를 해보니 이에 대한 회사의 정책은 오히려 각 팀의 일은 팀 내에서 알아서 하라는 입장이었다.

팀 내부 엔지니어에게 요구를 하면 '그건 저희 업무 영역이 아닙니다'라는 논리로 나왔다. 직접적으로 콕 집어서 자기네 조직장 이름을 팔면서 "CTO가 하지 말라고 했어요"라고 말하는 경우도 있었다. 이럴 땐 정말로 CTO에게 가서 "내가 이런 일을 하자고 했더니 팀에서 당신이 하지 말라고 했다던데 왜 그런지 궁금하다"라는 식으로 확인을 해야 한다. 사실 그들이 일을 일부러 튕겨낸다고 느끼기도 했지만 한편으로는 당연하다는 생각도 들었다. 생판 모르는 사람이 PO랍시고 와서 감 놔라 대추 놔라 하는데 기분이 좋을 까닭이 없는 것이다. 협조가 잘 이루어지지 않더라도 팀 내부에서 독립적으로 진행 가능한 일은 다른 방해를 받지 않고 집중해서 진행을 할 수가 있다. 그러나 내가 맡은 일의 특성상 그렇게 하기는 어렵다는 것이 문제였다.

성과를 평가하는 방법은 팀과 잘 맞는 편이었다. 팀원들이 데이터를 다루는 데에는 전문가들이었다. 성과에 대해 철저하게 수치로, 데이터로 커뮤니케이션을 하는 문화는 분명히 플러스다.

조직이 돌아가는 생리를 대략적으로 파악하고 나니 한번은 정리를 할 필요가 있어 보였다. 개발 쪽 보스인 CTO와 사업 쪽 보스인 비벡, 그리고 나와 실무자들이 모두 모여서 담판을 지어야 했다. 하지만 이 문제를 해결해줘야 하는 사람들이 정신이 하나도 없었다. 비벡은 내 직속 상사인데도 심할 때는 4개월 동안이나 한 번도 회의를 못 한 적도 있었다. 나만 그런 건 아니었다. PO가 30명이나 되다 보니 1인당 한 시간씩 회의해도 무려 30시간이다. 물리적으로 불가능한 것이다. CTO 또한 만만치 않았다. 한국과 미국, 중국을 오가면서 수백 명 단위의 개발조직을 관리하는데, 이 정도 이슈를 하나하나 신경 써줄 시간이 그에게는 없었다.

마침내 성과를 만들어내다

_____ 명분도 쌓고 증거도 모으면서 어떻게 할까 기회를 엿보고 있는데, 마침 찰스가 데이터 사이언스 관련 조직을 총괄하는 포지션으로 한국 본사에서 근무를 하게 되었다. 나는 이때다 싶어 실무를 진행하면서 발생했던 문제에 대해 몽땅 그에게 알려줬다. 그동안 문서를 영어로 만들어두었던 것이 그가 제대로 상황을 파악하도록 하는 데 크게 도움이 되었다. 그리고 개발팀에 메일을 보낼 때에도 전부 영어로 쓰고 찰스에게 사본을 보냈다. 한국 사람이 한국 사람에게 영어로 쓴 메일을 보내기가 어색하기도 했다. 하지만 그 방법밖에 없었다. 내 앞에서 말할 때와 찰스 앞에서 말할 때가 다른 사

람이 있어서 이렇게라도 하지 않으면 찰스 입장에서는 누가 진실을 말하는지 구분하기 어려울 것 같았다.

그러자 드디어 일이 조금씩 돌아가기 시작했다. 하고 싶은 일이 있으면 찰스를 먼저 설득하면 되었다. 개발자들 중에는 "왜 우리는 무시하고 찰스하고 이야기하느냐?"라면서 불쾌해하는 사람도 있었지만 내 입장에서는 당연했다. 본인하고는 이야기가 안 되니 그 상사와 이야기했던 것이다. 물론 찰스가 무턱대고 내 말을 들은 것은 아니었다. 개발팀의 엔지니어의 주장이 옳다고 생각되면 그 편을 들기도 했다. 나 또한 마찬가지였다. 타당하다고 생각되면 개발팀의 엔지니어들 편에 서서 찰스를 설득한 적도 있다. 찰스는 실무진과의 소통을 늘려나갔다. 자신이 맡고 있는 모든 조직의 팀장, 실장들과 돌아가면서 면담을 하고 그들이 하는 이야기에 귀를 기울였다. 그렇게 밀고 당기기를 계속하면서 서로 조금씩 신뢰를 쌓아나갔다.

내가 특별히 신경을 더 쓴 부분은 성과를 측정할 수 있는 기반을 만드는 것, 그리고 다른 팀과의 연결고리를 최소화하고 본인들이 잘하는 일에 집중할 수 있도록 하는 것이었다. 이를 위해서 자발적으로 AB테스팅 플랫폼 구축 프로젝트에 참여했다. 또 뭔가 새로운 아이디어를 앱에 적용할 때 다른 팀이 담당하고 있는 모듈을 건드리지 않고도 적용이 가능한 구조를 만드는 작업을 최우선 순위에 놓고 진행하기도 했다. "이 부분만 도와주시면 더 이상 귀찮게 안 하겠습니다"라면서 다른 팀들에게 간곡히 협조를 부탁했다. 이런 식으로 계속 귀찮게 한 결과, 결국 일부는 성공시켰다.

그렇게 여건을 만들어주자 엔지니어들이 제 실력을 발휘하기 시

쿠팡, 우리가 혁신하는 이유

작했다. 나는 전체적인 방향과 아주 기초적인 수준의 아이디어 몇 개만 제시했을 뿐인데, 이들은 스스로 토론을 하면서 그것보다 훨씬 발전된 아이디어를 만들어냈다. 심지어 누군가는 나도 잘 모르는 최신 연구 결과가 기재된 논문까지 어디선가 찾아와서 열심히 적용해보기도 했다. 드디어 이상적인 모습에 상당히 근접했다는 느낌이 들었다. 이들은 결코 실력이 없는 사람들이 아니었다. 이들이 제대로 일을 할 수 있는 여건이 아니었고, 또 그런 여건을 어떻게 만들어나가야 하는지를 모를 뿐이었다.

이렇게 되니 나는 오히려 할 일이 없어졌다. 옆에서 구경하면서 박수나 쳐주고 성과가 나오는 대로 정리해서 보고만 하면 됐다. 혹시 그들이 일을 하는 데 장애가 있으면 다른 팀과 협의를 해서 제거해주면 됐다. 가끔 새로운 아이디어가 있으면 팀에 이야기해주는 정도로 충분했다. 찰스도 마찬가지였다. 기본적으로 실무자들의 의견을 존중해주고 세세한 부분은 개입하지 않았다.

반년 정도 본격적으로 일을 하고 난 다음에 집계를 해보니 팀은 총 열세 개의 실험을 서비스에 적용했고, 그중 네 개가 성공했다. 매출은 약 0.9퍼센트 정도 상승 효과가 있었던 것으로 분석되었다. 당시 쿠팡의 1년 거래액이 3조 정도 되었으니, 마진은 약 3000억, 거기서 0.9퍼센트라면 27억이다. 팀의 인력 규모를 생각해봤을 때 밥값 정도는 충분히 한 셈이다. 다른 팀들하고 비교하면 특별히 더 잘했다고 하기는 어려웠지만 그래도 뒤처지는 결과는 아니었다.

나중에 회사를 떠난 다음에 쿠팡 앱을 쓰다가 내가 옛날에 제안했던 아이디어 하나가 적용되어 있는 것을 확인했다. 떠날 때에는 미완성이었는데, 누군가가 그것을 계속해낸 끝에 완성시킨 모양이다. 내가 없는데도 그 작업을 끝까지 했다는 것은 그 일을 나중에 맡게 된 사람도 스스로 동의하고 자신의 일로 받아들였다는 뜻이다. 내가 알고 있는 사람인지는 모르겠지만, 어쨌든 그 일을 마무리 지은 옛 동료에게 감사한다. 결국 '권력 없이 리드하기'라는 내 도전은 소기의 성과를 거둔 셈이다.

coupang

풀리지 않은 숙제

내가 PO로서 정체성과 역할을 찾아가면서 팀은 드디어 정상적으로 돌아가기 시작했다. 내가 바라는 것만큼 속도가 나지는 않았지만 조금씩 성과도 나오고 또 바람직한 방향으로 가고 있었다. 조직 내 신뢰가 생겨서 팀에서 하는 말을 회사가 조금씩 듣기 시작했다. 이제 슬슬 본격적으로 좀 더 도전적인 과제를 파볼 만하다는 생각을 하고 있는데, 생각지도 못한 방향에서 문제가 발생했다. 실무를 진행하는 엔지니어들이 극도로 소진되어버린 것이다.

찰스의 성향에도 원인이 있었다. 그의 성향을 영어로는 'aggressive'라는 단어로 표현할 만하다. 한국어에서는 저 뉘앙스에 정확히 대응되는 단어를 찾기가 수월하지 않다. '공격적인'이라는 표현을 쓰면 그건 '적대적인'의 의미가 있어 지나치게 강한 표현이 되고, '적극적인' 혹은 '긍정적인'이라는 표현을 쓰면 영어의 'aggressive'보다는 좀 약하게 들린다. 찰스는 'Own as much as possible'라는 주의였다. 가능한 한 많은 책임을 떠맡겠다는 소리다. 다른 팀에서 제대로 협조를 안 해주면 직접 하면 된다는 사고방식이기도 했다. 조직장이 이런 사람이면 그 팀에 있는 사람들이 힘들어진다. 실제로 찰스가 조직장을 맡은 이후로 팀은 항상 역량 이상으로 힘든 일을 요구받았다.

사실 찰스의 성향은 쿠팡의 리더십에서 공통적으로 보이는 것이기도 하다. 일단 범부터가 aggressive라는 단어와 잘 어울리는 사람이다. 어려서부터 도전과 경쟁에 익숙한 환경에서 자란 그는 회의할 때에도 어지간한 사람은 따라가기도 힘들 정도로 어마어마하게 아이디어를 쏟아내며 몰아친다. 그의 또 다른 모습이기도 하다. 그와 가까이에서 일하는 사람들도 비슷하다. TJ도 'aggressive'는 좋은 것이라고 말한 적이 있고, 실제로 똑바로 안 돌아간다고 생각되면 영역 가리지 않고 개입해서 의견을 내고 본인이 할 수 있는 일을 했다. 이런 사람은 조직에 활기를 불어넣는다. 연못에 가물치를 한 마리 풀어놓으면 물고기들이 활력이 생긴다. 잡아먹히지 않으려면 발버둥을 쳐야 하기 때문이다. 이런 사람 주변에서 정신 못 차리고 있다가는 순식간에 자기 영역을 뺏기고 붕 뜰 수도 있다.

미국인들은 보통 다른 사람이 자신의 일을 진지하게 고민해주면 관심을 가지고 생각해볼 거리를 던져줘서 고맙다고 한다. 쿠팡은 전반적으로 의견을 내면 열린 태도로 잘 들어주는 분위기이긴 하지만 이것도 사람 나름이다. 나도 다른 사람 일에 생각나는 대로 의견을 제시했다가 "현 PO님이 제 상사가 아니잖아요?"라는 소리를 들은 적도 있었다. 이런 일을 겪으면 두 번 다시 그 사람 일과 관련된 말은 하지 않는다.

한편 'aggressive'라는 말로 표현할 수 있는 성향은 주변 사람들을 지치게 만들기도 한다. 실제로 범이 전날 밤늦게까지 회의를 진행해 놓고 "결과를 내일 오전에 볼까요, 오후에 볼까요?"라고 하는 바람에 질려버렸다는 사람도 있었다. 이런 걸 견디지 못하면 그와 함께 일하기 어려운데 쿠팡의 미국인들은 비교적 잘 견딘다. 찰스가 한국에 들어오고 나서 얼마 후에 길 가다가 찰스를 만났는데 얼굴이 초췌해 보여서 한마디 던졌다. "당신이 회사 그만둘까 봐 걱정이네요." 그랬더니 그가 심각한 표정으로 무슨 소리 들었냐고 되묻는다.

"왜? 혹시 무슨 소리 들은 거 있어요?"

"그게 아니라 쿠팡에서는 범하고 가깝게 지내는 사람은 곧 회사 그만둔다고 하더라고요. 요새 맨날 범한테 불려다니는 모양이던데요?" 그제야 내 말이 농담인 것을 이해하고 찰스는 'I'm STILL OK나 아직은. 괜찮아.'라고 웃으면서 대답한다. TJ에게도 비슷한 것을 물어본 적이 있는데, 그는 대수롭지 않다는 듯 말했다. "CEO라는 사람들이 다들 그래요. 전 회사 CEO도 쉬운 사람 아니었어요."

월급쟁이 마인드,
사업가의 마인드

_____ 어느 날 갑자기 찰스가 일거리를 하나 가지고 왔다. 쿠팡 앱의 메인 화면에는 잘 팔릴 법한 상품을 사람이 직접 선정해서 전시하는 영역이 있었는데, 이 영역에 MAB Multi Armed Bandit 기술을 도입하자는 이야기였다. MAB는 원래 여러 대의 슬롯머신이 있을 때 어떤 식으로 돈을 배분해서 베팅을 해야 최적의 결과를 얻어낼 수 있는지를 알아내기 위해 쓰는 도구다. 즉 이 기술을 도입하자는 것은 쿠팡 서비스에 자동화된 상품 추천 엔진을 여러 개 만들어서 그것들 사이에 경쟁을 붙이자는 의미다. MAB가 여러 가지 상품 추천 엔진의 적용 비율을 자동으로 바꿔가면서 최적의 결과를 내는 역할을 담당할 수 있으리라 보았던 것이다.

충분히 설득력이 있는 제안이었다. 이것은 예전에 아마존에서 했던 일을 쿠팡에서 재현하자는 이야기다. 아마존에서 편집자들이 책을 추천하는 지면이 있었는데, 이것을 자동화된 추천 엔진과 경쟁을 붙인 적이 있었다. 그런데 그 결과 자동화된 추천 엔진이 더 많은 매출을 발생시키는 것이 입증되어서 그 영역에 책을 추천하던 편집자들은 회사를 떠나게 되었다고 한다. 이 일이 있었던 때가 2000년대 초반의 일이니 쿠팡에서도 추천 엔진의 경쟁을 충분히 시도해볼 만했다.

그런데 당시 팀의 상태가 문제였다. 우리는 이 일에 이미 한번 도전했던 적이 있었다. 팀의 엔지니어들이 열심히 창의적인 아이디어를 내서 사람을 대체할 수 있는 자동화된 추천 엔진을 만들었고, 실제로 모바일 서비스에 적용하기까지 했었다. 그런데 결과를 분석해 보니 컴퓨터가 사람보다 오히려 못하다는 결론이 나왔다. 물론 쿠팡에서는 이런 결과가 나와도 비난받지는 않는다. 결과가 안 좋으면 적용을 중지하고 그 결과를 분석해서 무엇이 문제인지 찾고 보완하고 다시 도전하면 되는 것이다. 비록 실패는 했지만 나 역시 처음부터 잘될 것이라고 기대하지는 않았고, 일하는 방식은 나쁘지 않았다고 생각했다. 일단 숨을 고르고 재도전을 하려는데 회사에서 급하게 떨어진 다른 일이 있어 잠시 미루어두었을 뿐이었다.

이미 시도했던 일이고 안 그래도 염두에 두고 있던 일이라서 사람들이 쉽게 받아들이지 않을까 생각했다. 그래서 팀 멤버들이 모여서 잡담하는 시간에 가볍게 이야기를 꺼내봤는데 의외로 사람들 태도가 부정적이었다. 지금 하고 있는 일 때문에 이 일은 못 한다는 것이었다. 나는 다시 설명을 했다. 당장 하자는 것이 아니고, 현재 하고 있는 일 끝나면 할 계획이니 어떻게 할지 같이 한번 방안이나 생각해보자고 말이다. 그러나 이렇게까지 이야기를 해도 좀처럼 태도가 바뀌지 않았다. 보아하니 다른 일을 생각할 정신적 여유가 없는 것 같았다.

영혼까지 탈탈 털린 표정으로 "왜 우리가 이렇게까지 해야 되는지 모르겠어요. 이런 식으로 할 거면 차라리 나가서 벤처를 하고 말죠"라는 말까지 했다. 저런 소리까지 나오는 것을 보니 드디어 일을 좀 제대로 하고 있나 보다 싶긴 했다. 열심히 하는 만큼 인센티브라든가 뭔가 직접적인 보상을 받게 해주고 싶기는 했지만 아직 그 단계는 못되었다. 그리고 PO에게는 그런 권한도 없었다.

다른 사람들은 몰라도 이런 상황에서 팀장 정도는 함께 고민하면서 미래를 내다볼 수 있어야 한다. 그래야 나도 일의 전체 규모나 필요한 사항을 파악해서 미리미리 준비를 할 것 아닌가? 그래서 팀장하고만 따로 자리를 만들어 이야기를 해봤는데, 그 또한 말도 안 되는 이유를 열 개쯤 대면서 무리라고, 안 된다고 말했다. 이런 반응을 상대해주는 것도 PO의 주요 업무 가운데 하나이고 하도 많이 당해서 이골이 났던 터라 나는 그가 댄 이유 하나하나에 "그건 이렇게 하면 되잖아요?"라면서 집요하게 대안을 제시해줬다. 당하는 입장에서는 아마 극도로 난처했을 거다.

이런 식으로 궁지에 몰아넣으면 보통 둘 중 하나의 반응이 나온다. 할 수 있다면서 물러나든가 아니면 '멘탈 붕괴' 현상을 보이면서 더욱더 말이 안 되는 소리를 하든가. 이 사람은 후자였다. 급기야 감정이 격해져서 "이거 찰스가 자기 공적 세우려고 벌리는 일이에요!"라며 소리를 지른다. 찰스가 졸지에 출세주의자가 되어버렸는데, 그야 별로 대단한 일이 아니지만 내가 보기에 이 일을 제안한 사람은 범이었다. 이런 중요한 프로젝트가 팀으로 내려온다는 것은 나쁜 신호가 아니고 오히려 좋은 기회다. 그런데 실무진에서 그 부담을 견디지 못하고 마침내 폭발한 것이다. 결국 이 팀장은 얼마 뒤 회사를 떠나게 되었다. "평안히 쉬소서RIP, rest in peace."

이 친구들이 힘들어하는 것도 충분히 이해는 됐다. 그 상황에서 MAB 기술을 적용하라는 것은 비유하자면 석기시대에 화성 탐사선을 만들어내라는 요청과 비슷했다. 정신적으로 지치는 것도 무리가 아니었다. 쿠팡에서는 주로 고난도의 프로젝트를 진행한다. 보통의 회사에서 엔지니어의 역할은 대개 기획서(즉 설계도)대로 소프트웨어를 만드는 것까지다. 하지만 쿠팡에서는 거기서 그치는 것이 아니고 실질적으로 사용자 경험이 개선되었음을 데이터상으로 입증하는 것까지 요구한다. 입증이 안 되면 일을 하지 않은 것과 마찬가지다. 월급쟁이가 아닌 사업가의 마인드로 접근하라는 의미여서 부담이 훨씬 더 크다.

번 아웃을
다루는 방법

_____ 쿠팡에는 그 대신에 엔지니어들이 지치지 않도록 도와주는 장치들도 여러 가지가 있다. 야근을 강요하는 분위기도 아니고, 일정이 지연돼도 합리적인 설명을 할 수 있는 경우라면 크게 비난받지 않는다. 상식적인 수준에서 자신의 페이스대로 차근차근 일을 진행할 수 있는 환경이다. 재택근무도 일부 허용해준다. 무엇보다도 실패에 대한 책임을 묻지 않는다. 회사 내 다른 직군에서 보면 지나치다 싶을 정도의 특혜다. 과제가 도전적이긴 하지만 그렇다고 해서 비합리적이지도 않다. 내용은 구체적이고 방향은 명확하다. 실패하면 다시 하면 된단다. 막상 하나하나 따져보면 못 할 이유도 없다. 그런데도 누군가는 소진돼서 회사를 떠난다.

쿠팡의 엔지니어들은 전반적으로 팀장을 맡는 것을 별로 좋아하지 않는 편이었다. 무슨 권력이 주어지는 것도 아니고 돈을 더 받는 것도 아니다. 이건 나도 같은 입장이었기 이해할 수 있었다. 그래도 어쨌든 팀장은 실패할 가능성이 높은 과제에 앞장서서 도전해야 한다.

작은 성과를 만들어내는 팀장에게는 더 큰 일이 떨어진다. 그러다가 소진되어서 회사를 떠나는 경우도 있었다. 그래서인지 실력이 있는 사람도 팀장을 하겠다고 나서질 않았다. 실패에 대한 부담이 적다면 즐겁게 할 수 있을 것이라고 생각했는데 그게 꼭 그렇지만은 않은 모양이었다. 나와 함께 일했던 팀은 1년 남짓한 기간 동안 팀장이 세 번이나 바뀌었고 두 명은 회사를 그만뒀다. 그중에는 괜찮은 인재도 있었는데 아쉬웠다.

왜 그렇게까지 '번 아웃'을 경험하는 사람들이 있었을까? 더 나은 방법은 없었을까? 자포스에서는 프로젝트가 실패하면 회사에서 팀에 샴페인을 준다고 한다. 안 되는 방법 하나를 알았으니 좋은 일이고, 방향 전환을 하면 된다는 것이 이유다. 이것도 실패에 지쳐서 소진되지 않도록 하는 배려다. 이런 배려는 나도 제대로 못했다. 실패했다고 해서 담당자를 비난하지는 않았지만 나도 마음이 급해서 숨 돌릴 틈도 없이 "그러면 어떻게 하면 좋을까요?"라는 이야기부터 먼저 했다. 작게나마 일을 마무리 지은 뒤에는 성패에 관계없이 즐겁게 회식이라도 하면서 그간의 고생을 잊어버리고 한 템포 쉰 다음에 후속 프로젝트에 들어가는 편이 훨씬 나았을 것 같다.

쿠팡이 한국 사회에 던지는 질문

한국 사회는 혁신에 대해 이중적인 태도를 보인다. 한편에서는 더 혁신해내지 못하면 국가 경쟁력을 잃어버리게 될 것이라고 말하면서 혁신을 장려하고 있다. 하지만 다른 한편에서는 혁신에 대한 저항이 존재한다.

혁신은 얼핏 듣기에는 좋은 것처럼 들리지만, 실제로는 실업자를 대량으로 양산하기도 한다. 예전에 가전제품을 일일이 손으로 납땜질을 해서 만들던 시절이 있었다. 요즘은? 전자부품들을 집어다가 인쇄 회로 기판 위에 올리는 '마운터mounter'라고 하는 기계가 있다. 진공 노즐을 이용해서 부품을 집어 로봇 팔로 옮기는 것인데, 이 기계를 이용하면 부품 하나를 인쇄 회로 기판에 올리는 데 1초가 채 안 걸린다. 요즘 판매되고 있는 스마트폰 같은 전자기기들은 다 이런 방식으로 만들어진다. 기계 덕에 더 작은 기판에 더 많은 부품을 정확하게 올릴 수 있게 됐다. 납땜질은 이제 학교에서 원리를 배우기 위해 실습할 때나 하는 일이다.

바로 이와 같은 과정에서 대량의 실업자가 발생한다. 공장에서 인두를 들고 납땜질을 하던 사람들은 하루아침에 직장을 잃어버린다. 물론 이들이 더 창의적인 일, 기계가 못 하는 일을 잘 찾으면 예전보다 훨씬 더 나은 삶을 살아갈 수도 있다. 하지만 그런 일을 찾기가 쉽지 않고, 결국 실업자 신세로 전락하는 사람도 생긴다. 이들에게 지불되던 임금은 혁신을 이루어낸 사람과 소비자가 나누어 가진다. 가전제품 가격이 싸지고, 마운터를 발명한 사람은 벼락부자가 되는 것이다. 이것이 혁신의 경제적 효과이고 본질이다. 그러다 보니 진짜로 혁신을 이루어내는 사람들은 다양한 저항에 부딪히게 된다. 기존의 질서를 무너뜨리기 때문이다.

혁신은 기존 질서를 무너뜨리는 사건이다

_____ 쿠팡은 다양한 혁신을 실현해가고 있다. '비즈니스 모델 하나 잘 만들어놓으면 예전에는 수십 년 먹고 살았지만, 요즘은 3년 버티기도 힘들다. 그래서 끊임없이 혁신하지 않으면 안 된다'라는 것이 범의 생각이다. 현재 쿠팡이 구축해놓은 비즈니스 모델 또한 소셜커머스 초창기와는 완전히 다르다. 지금도 쿠팡은 한

국에서는 아무도 가본 적 없는 길을 가고 있는 것이다. 그러다 보니 기존 질서를 깨트리는 측면이 있고 그것이 유무형의 방해 내지는 공격을 낳기도 한다.

대표적인 사례가 로켓배송이다. 이것은 기존 택배회사들의 사업 영역을 잠식하는 서비스다. 당연히 그들의 입장에서는 가만히 두고 볼 수가 없다. 그래서 로켓배송 서비스는 불법이라고 주장하면서 문제를 제기하는 것이다.

내용을 구체적으로 한번 살펴보자. 택배업계에서 문제로 삼는 근거는 '화물자동차 운수사업법'이다. 이것의 적용을 받는 분야는 진입 장벽이 낮아 누구나 비교적 쉽게 시작할 수 있다. 그래서 전체적인 공급량의 조절을 위해 정부의 허가를 받고 사업을 하도록 되어 있다. 그런데 정부의 허가를 받아 적법하게 운수업을 하는 버스와 택시 같은 차량은 번호판 색깔이 노란색이다. 반면에 쿠팡의 배송 차량은 번호판이 흰색이다. 이는 운수사업자로 허가를 받지 않았다는 의미이고, 기존 택배회사들은 바로 이 부분을 문제 삼는 것이다. 이러한 문제 제기에 대한 쿠팡의 입장을 한마디로 요약하면 다음과 같다. "우리는 화물자동차 운수사업자가 아니다." 이 문제와 관련된 법에는 다음과 같은 조항이 있다.

"화물자동차 운송사업"이란 다른 사람의 요구에 응하여 화물자동차를 사용하여 화물을 유상으로 운송하는 사업을 말한다.
– 화물자동차 운수사업법 제2조 3항

여기서 중요한 부분은 두 가지다. 하나는 '다른 사람의 요구에 응하여'이고 다른 하나는 '유상으로'이다. 즉, 화물의 운송을 위탁한 사람이 따로 있고, 그로부터 돈을 받을 때 이 법이 적용된다. 일반적인 택배 서비스는 제3자가 송장을 붙여주면 택배비를 받고 상품의 운송만을 제공한다. 쿠팡은 자기 소유 물건에 자기가 송장을 붙여서 배송하기 때문에 택배회사와 구조가 달라 '다른 사람의 요구에 의하여' 하는 것이 아니고 유상도 아니라고 설명한다. 이 주장에 대해 반론을 제기하는 이들은 주문한 사람의 요구에 의한 것도 다른 사람의 요구에 의한 것으로 봐야 하며, 택배비는 물건 값에 포함되어 있다고 말한다. 하지만 이렇게까지 포괄적으로 해석했다가는 사업상 화물차로 상품 나르는 일은 죄다 불법이 된다.

유사한 서비스를 하는 대기업 계열의 유통회사들은 전부 노란색 번호판 차량으로 서비스를 하고 있다. 자금력이 있기 때문에 비용을 지불하고 분쟁의 소지를 없앤 것이다. 하지만 그보다 자금력이 약한 중소 사업자들 중에는 서비스의 일부로 배송을 포함하는 경우에 노란색 번호판을 달지 않은 차량으로 배송하는 예가 꽤 많다. 가령 가구 회사가 고객이 구입한 가구를 운송하기 위해 화물차를 운용하는 경우를 생각해보자. 이것 또한 구매자의 요청에 의한 운송이며 별도의 운송비를 받지 않는다고 해도 당연히 가구 판매 가격에 비용이 전부 고려되어 있을 것이다. 정확하게 로켓배송과 동일한 구조다.

프랜차이즈 본사에서 가맹점에 재료를 공급할 때도 마찬가지다. 가맹점의 요청에 의해 본사에서 재료를 운송하는 것이고, 비록 명시되지는 않더라도 가맹비나 재료 공급가에 운송료가 분명히 반영되어 있을 것이다. 쿠팡의 로켓배송이 불법이라면, 마찬가지 논리로 이런 것들도 정부의 허가를 받지 않을 경우 불법이 된다. 그래서 법원에서도 법률 조항을 지나치게 포괄적으로 해석하지 않도록 경계한다. 쿠팡 입장에서는 서비스 시작 전에 검토가 끝난 사안이다.

물론 법률 조항에 있는 '다른 사람의 요구에 의하여 유상으로'라는 표현에 쿠팡의 비즈니스 모델이 포함되느냐에 대해서는 대답하기가 쉽지 않다. 분쟁의 소지가 분명히 있으며 최종적인 판단은 법원이 내릴 것이다. 이와 관련된 가처분 신청은 기각되었지만 본안 소송은 현재 본격적으로 진행 중이다. 어떤 주장이 새로 나올지, 또 어떤 판결이 나올지도 예측하기 어렵다. 이 사안은 아마도 1심에서 누가 이기든 패소자 측에서 불복할 것이며, 결국에는 대법원까지 가서야 끝나게 될 것이다. 법치국가에서 이의가 있으면 법으로 다투는 것은 당연하지만, 소송이 불확실성을 높이고 사람을 정신적으로 피폐하게 만드는 것 또한 사실이다.

이 사안은 결국 정부에서 규제를 완화해주는 것으로 결론이 날 것 같다. 국토교통부는 2016년 8월 30일자로 1.5톤 미만의 화물차는 등록만 하면 운수업에 활용할 수 있도록 하는 방안을 발표했다. 현재로서는 그저 방안이 나왔을 뿐이고 최종적으로 이것이 국회를 통과해서 시행이 되기까지는 시간이 걸리겠지만 시행되기만 한다면 제법 파격적인 변화가 생길 것이다. 언론에서는 그저 '로켓배송 합법화의 길이 열렸다' 정도로 생각하는 모양이지만 내가 보기엔 그보다 파장이 훨씬 클 것 같다. 이렇게 되면 쿠팡은 진짜로 택배사업을 할 수 있게 된다. 이를테면 온라인 서점이나 꽃 배달 같은 사업을 하는 제3자가 돈을 지불하고 쿠팡의 물류망을 이용하는 모델을 구상해볼 수 있다. 이거야말로 현행법에서 말하는 '다른 사람의 요구에 의하여 유상으로' 하는 운송이라고 보고 쿠팡이 손대지 않고 있던 분야인데 앞으로는 이 역시 가능해진다는 의미다. 아마도 쿠팡에서 누군가는 이것을 검토하고 있을 것이다.

혁신을
받아들일 준비가
되어 있는가

_____ 자본주의 시장경제에서 보호를 받아야 하는 사람은 소비자이지 사업자가 아니다. 사업자는 자신이 만든 상품이나 서비스로 소비자에게 냉정하게 평가를 받는 입장이다. 한국에서 있었던 옥시의 가습기 살균제 사망 사건과 같은 경우를 살펴보자. 안전에 문제가 있는 제품을 기업이 시장에 내놓았기 때문에 소비자들이 심각한 피해를 입었다. 이런 경우는 소비자들이 문제제기를 하는 것이 당연하고, 사업자에게는 법률에 따라 엄격하게 제재를 하는 것이 옳다. 그런데 쿠팡의 로켓배송의 경우는 어딘가 이상하다. 소비자들이 열광하는 서비스에 다른 사업자가 법적으로 문제를 제기하고 있다. 특허 같은 지적재산권 침해 이슈도 아니다. 대체 누구를 위해 법률이 있는 것인가? 소비자가 아니고 기존 사업자를 보호하기 위해 법률이나 제도가 존재하는 것이 아닌가 하는 생각이 든다.

이러한 사회구조에서는 혁신이 일어나기 어렵다. 아무도 가보지 않은 길을 가는 것이 혁신이다. 그런데 새로운 시도가 기존의 법과 제도에서 용인되는지 여부는 실제로 소송까지 가봐야 안다면, 그리고 소송에서 질 경우 그때까지 투자한 것이 모두 물거품이 될 수 있다면 누가 그 새로운 길을 가겠는가? 이 경우에 최선의 전략은 누군가가 할 때까지 기다렸다가 하는 것을 보고 문제가 없으면 재빨리 따라서 하는 것이다. 한국에 스스로 혁신을 만들기보다 '패스트 팔로워 Fast Follower'전략을 통해 성공한 기업이 많은 것은 우리 사회의 토양 자체가 그 전략에 더 적합하기 때문이 아닐까?

쿠팡은 기존의 비즈니스에 대해 끊임없이 문제를 제기한다. 쿠팡 스스로가 하고 있는 일이나 경쟁자들이 하고 있는 방식에 대해 '꼭 이래야만 하는가? 더 나은 방법은 없는가?'라고 묻는다. 고민을 한 결과 더 나은 방법이 있고 현실적으로 가능하다고 판단되면 남들이 안 가본 길도 주저 없이 간다. 로켓배송도 마찬가지다. 기존 사업자들에게는 쿠팡이 꿈꾸는 수준의 배송 서비스를 기대할 수 없다고 생각했기에 한동안 적자가 날 것을 뻔히 알면서 직접 나선 것이다.

다른 회사들은 쿠팡이 시도하는 서비스를 본 다음에야 어떻게든 비슷하게 하려고 서비스 수준을 높이고 있다. 이러한 변화를 기존의 사회 제도가 포용하지 못한다고 하면 사회 제도 자체에 개선의 여지가 있는 것이 아닌지 생각해봐야 한다. 어쩌면 쿠팡은 한국 사회에 중대한 질문을 던지고 있는지도 모른다. "한국 사회는 진정으로 혁신을 받아들일 준비가 되어 있는가? 설령 그로 인해 기존의 질서가 파괴되고 새로운 일자리를 찾아다니는 사람이 생길지라도?"

한국에서 수평적인 조직문화가 가능할까?

지난 20여 년 동안 직장인들의 생산성은 어마어마하게 향상될 수 있었다. 주로 컴퓨터와 인터넷, 정보통신 기술의 발달 때문이다. 이미 우리는 이메일 같은 도구를 당연하게 받아들이고 있으며, 그것이 없을 경우에 커뮤니케이션이 얼마나 비효율적이 될지는 상상조차 하기 어렵다. 이러한 변화에는 점점 더 속도가 붙고 있다. 이메일이 비즈니스 환경에서 본격적으로 쓰이기 시작한 지는 채 20년이 안 된다. 스마트폰이 나온 이후로는 심지어 이메일을 24시간 확인할 수 있는 환경이 되어버렸다.

이렇게 개개인의 생산성을 향상시킬 수 있는 도구가 나오면서 직업 세계도 극적으로 변했다. 인력이 훨씬 덜 필요한 세상이 되어가는 것이다. 옛날 같으면 너댓 명씩 붙어야 할 수 있는 일을 혼자서 해 낼 수 있는 환경이 되었다. 그렇게 하지 못하면 현대 직업 세계에서는 바로 아웃이다. 옛날에는 대기업 임원들이 잘 꾸며진 독립된 임원실에 앉아서 잡일은 전부 전담 비서에게 넘겼다. 일정 관리 같은 일은 비서에게 맡기고 본인은 정말로 중요한 일에만 집중했던 것이다. 그러나 요즘 세상에 이런 식으로 해서는 버티기 어렵다. 자기 일정 정도는 스스로 관리해야 한다. 스마트폰이나 인터넷 같은 도구들 때문에 실제로 이렇게 할 수 있는 환경이 되었다. 아랫사람에게 일을 시키려고 해도 설명하는 데 들어가는 시간이 더 많이 걸리기 때문에 차라리 자기가 스스로 하는 편이 훨씬 효율적인 경우가 많다.

사실 최근 들어 청년 실업이 급증한 데에도 개개인의 생산성 향상이 크게 한몫했다. 나도 요즘 젊은 친구들 보면서 깜짝 놀란다. 멀쩡하게 영어도 잘하고 똑똑하고 명문대 나온 친구들도 마음에 드는 직장 구하기가 만만치 않다. 그런데 아무리 똑똑한 친구라고 해도 직장 생활을 하면서 일을 배우는 데에는 시간이 꽤 걸린다. 옛날에는 신입사원들에게 잡일이라도 시키면서 옆에서 보고 배울 기회를 줄 수 있었지만 요즘은 신입사원들에게 시킬 일이 별로 없다. 핵심적인 일은 못 맡기고 어지간한 잡일은 직접 하는 편이 차라리 낫기 때문이다. 결국 회사는 쓸 만한 사람이 없어서 난리이고 청년들은 직장 못 구해서 난리인 상황이 벌어졌다.

수평적 문화는
선택이 아니라
필수이다

_____ 개개인의 생산성이 극대화되어가고 있는
현대에는 수직적인 조직구조가 더 이상 적합하지 않다. 수직적인 조
직구조에서는 대부분 중요한 결정을 위에서 내리고, 그 밑에 있는 사
람들은 오로지 시키는 대로 할 뿐이다. 그런데 요즘은 워낙에 상황이
급변하기 때문에 이렇게 하다가는 문제가 생길 가능성이 크다. 둘 중
하나다. 하나는 위에서는 급변하는 상황을 제대로 파악하지 못해서
엉뚱한 지시를 내리고 밑에서는 시켰으니까 아무리 바보 같은 일이
라도 맹목적으로 하는 경우다. 다른 하나는 위에서는 정신없이 바빠
서 일을 제대로 시킬 시간조차 없고, 밑에서는 팽팽 놀고 있는 경우
다. 이 두 가지 상황이 동시에 발생하는 상황도 가능하다.

이런 문제를 피하는 방법은 권한과 책임을 분산하는 것뿐이다. 권
한과 책임을 분산하는 과정에서 자연스럽게 수평적인 문화가 생길
수밖에 없다. 즉, 수평적인 조직문화는 현대 비즈니스 환경에서 보다
효율적으로 일하기 위해 필요한 도구이며 경쟁에서 살아남기 위한
방편일 뿐이다. 단순히 권한과 책임을 분산하는 것만으로는 부족하
다. 권한과 책임을 분산해놓고도 전체적인 방향은 리더가 지향하는
쪽으로 갈 수 있어야 한다. 말은 쉽지만 정말 어려운 일이다.

수평적인 조직문화가 직원의 입장에서 반드시 좋기만 할까? 수평
적인 조직문화에도 당연히 책임은 따른다. 실제로 경험해보면 제대
로 수평적인 문화를 지키는 일은 생각보다 더 어렵다. 얼핏 보면 쿠

쿠팡의 조직 분위기는 몹시 자유로워 보인다. PO의 경우에는 심지어 사우나에 가서 한숨 자고 와도 아무도 신경쓰지 않을 것 같은 분위기다. 엔지니어들도 비슷하다. 근무 시간에 게임하는 사람도 봤다. 하지만 그 자유를 스스로 조절하지 못해서 정신 못 차리고 있다가는 어느 틈엔가 회사가 자신을 완전히 배제하고 돌아가고 있는 것을 발견하게 된다. 변명도 못 한다. 기회는 이미 주어졌었고 그것을 걷어차버린 것은 본인이기 때문이다. 더욱 섬뜩한 것은 본인에게 기회가 있었는지조차 모르는 경우도 많다는 점이다.

한국식 직장문화를 지닌 회사에서는 직원들이 자유를 조절하지 못할 경우 일단 강압적인 분위기가 먼저 조성된다. 그런데 쿠팡에서는 그러한 분위기가 허용되지 않는다. 나도 직접 본 적은 없지만, 범이 심각한 상황에서 불만을 표시하는 방법은 단계별로 세 가지 정도 있다고 한다. 1단계가 안경을 벗는 것이고 2단계가 머리를 쓸어올리는 것, 3단계가 자리 박차고 회의실을 나가는 정도란다. 그것도 보는 입장에서는 스트레스를 느낄 수밖에 없겠지만 재떨이를 던지는 것에 비하면 양호하다.

어떤 조직이라고 해도 심각한 상황은 분명히 있다. 그런데 이런 경우에 미국인들의 해결 방식은 따로 있다. 이들은 면전에서는 웃는 얼굴로 사정을 들어주고는 돌아서서 즉시 그 사람을 대체할 다른 사람을 찾는다. 대안을 찾으면 그 사람은 바로 아웃이다. 어느 날 출근하는데 갑자기 출입증이 안 먹히고 보안요원이 제지를 한다. 집으로 가보니 전 동료가 보낸 짐이 도착해 있다. 난 솔직히 재떨이가 날아오는 것보다 이쪽이 훨씬 더 두렵다.

쿠팡의 문화를 보면, 말이 안 통한다 싶으면 조용히 대안을 찾는 것까지는 미국 스타일이다. 하지만 대안을 찾았다고 해서 그렇게까지 살벌하게 사람을 배제하지는 않는다. 사실 한국에서는 엄격하게 미국 스타일을 적용하기 어렵다. 고용제도 자체가 정규직 해고는 어렵기 때문이다. 내보내려면 여러 가지 방법이 있긴 하다. 오지로 발령을 내거나 인사팀 옆에다가 면벽 책상을 만들어준다거나 하는 식의 편법이다. 내가 직접 본 바로는 쿠팡에선 이런 편법도 잘 안 쓴다. 업무 영역이 마땅치 않아 붕 뜬 사람에게도 어떻게든 일거리를 찾아서 계속해서 기회를 준다. 물론 그런다고 해서 당사자가 마냥 편한 것은 아니다. 그런 상황을 견디는 것도 고역이다.

누가 리더가 되어도 문제없이 돌아가는 조직

_____ 나는 쿠팡의 조직문화를 직접 경험하면서 한국에서 수평적인 조직문화가 장착되지 않는 이유와 수평적인 조직문화의 가능성을 모두 목격했다. 수직적인 조직문화에 길들여져 있는 사람, 그리고 자신이 그러하다는 사실조차 제대로 인식하지 못하는 분위기가 수평적인 조직문화의 첫 번째 걸림돌이다. 수직적인 조직문화에 길들여진 사람은 옳고 그름의 판단 기준이 없다. 상사의 말이 곧 법이기 때문이다. 이런 사람은 어떻게 대해야 할까? 실은 아주 쉽다. 본인 스스로 옳다고 생각되는 것을 하게 하면 대부분 문제없다.

쿠팡에서 나올 때쯤에는 나도 약간은 조직 내 신뢰가 생긴 듯했다. 그런데 이제는 또 다른 문제가 생겼다. 일을 하다 말고 나한테 "어떻게 할까요?"라고 묻는 사람이 생긴 것이다. 물어봐줘서 한편으로는 고맙기도 했지만 쿠팡 같은 조직문화에서는 맞지 않는 질문이라고 생각했다. 나는 거꾸로 반문했다. "어떻게 해야 한다고 생각하세요?" 그랬더니 자신의 의견을 말한다. 듣고 보니 크게 잘못된 부분이 없다. "잘 알고 계시네요. 그렇게 하시면 됩니다. 그리고 그런 건 굳이 안 물어보고 하셔도 돼요. '왜 내 허락 없이 그렇게 했느냐?' 같은 소리는 절대로 안 할 테니까 그냥 본인 스스로 옳다고 생각하는 대로 먼저 하세요. 그 정도의 판단은 충분히 하실 수 있다고 믿고 있고요, 혹시나 잘못된 부분이 있더라도 나중에 함께 뒤집으면 돼요. 좀 번거롭기는 하지만 일일이 제 허가 받다가 날 새는 것보다는 그게 훨씬 낫습니다." 이것이 내 설명이었다.

수평적인 조직문화의 또 다른 걸림돌은 아랫사람이 의견을 말하고 윗사람이 그것을 듣는 것에 익숙하지 않은 문화이다. 위아래 모두 이것을 제대로 이해해야 한다. 위에서는 자신의 생각과 달라도 타당하면 들어줄 줄 알아야 한다. 구글이나 페이스북 같은 회사에서 리더에게 던지는 중요한 질문 중 하나가 바로 '권력을 내려놓을 수 있는가?'라고 한다. 똑똑한 사람 위에서 군림하려 들면 똑똑한 사람이 자칫 '내가 왜 네 밑에 있어야 하는데?'라며 다른 회사로 떠나갈 수 있기 때문이다. 또한, 밑에서도 자신 있으면 말을 할 줄 알아야 한다. 위에서 아무리 들어줘도 밑에서 말을 못 하면 결국 수직적인 구조로 되돌아간다. 그리고 아랫사람은 윗사람이 시키는 대로 하게 된다. 아랫

사람이 의견을 말하고 윗사람이 듣는 문화가 가능하기 위해서는 위아래가 수준이 비슷해야 한다. 그래서 수평적인 문화가 잘 정착된 조직에서는 아무나 리더를 시켜도 문제없이 돌아간다고 한다.

이러한 문화는 저절로 생기는 것이 아니고 사회생활을 하면서 만들어갈 수 있다. 누구나 스스로 생각하고 말을 할 수 있도록 분위기를 꾸준히 조성해주면 조금씩 조직은 변화한다. 물론 완전한 수평조직이라는 것은 정착시키기 어렵다. 특히나 큰 조직에서는 더 어렵다고 생각한다. 하지만 소통을 통해 좀 더 수평적인 문화를 만들어가는 것은 충분히 가능한 일이다.

한국의 기업들은 현재 위기에 처해 있다. 산업화 사회에서는 효율적으로 작동해왔던 수직적인 조직문화가 정보화 사회에서는 더 이상 작동하지 않는다. 이것이 문제라는 것은 이제 기업들도 피부로 느끼고 있지만 문화를 쉽게 바꾸지는 못하고 있다. 자업자득이다. 자기가 시키는 대로 군말 없이 하는 사람에게 지위와 인센티브를 주면서 수직적인 문화에 길들여놓은 것은 기존의 경영자들이다. 쿠팡은 이것을 바꾸겠다고 진지하게 덤벼들고 있는 회사다. 그리고 일정 부분 성과를 거두고 있다. 어쩌면 이 문제에 대해서 한국에서 적용할 만한 성공적인 모델을 제시할 수 있을지도 모른다. 미래는 쿠팡 스스로에게 달렸다.

아무도
가보지 않은
길을 가다

•

쿠팡을 떠난 현재, 쿠팡을 바라보는 심정은 조금 복잡하다. 쿠팡은 여러 가지 상반된 요소를 가지고 있는 곳이었기에 나는 쿠팡에서 일하는 동안 마치 롤러코스터를 타는 것 같은 기분도 여러 번 느꼈다.

외부에는 쿠팡이 주로 '소비자에게 친절한 기업'이라는 이미지로 알려져 있다. 이러한 이미지는 소비자들이 고객센터 직원이나 쿠팡맨처럼 고객을 직접 대면하는 사람들을 겪어보고 내리는 평가에 의해 만들어진다. 따라서 고객 대면은 쿠팡에서 중요하게 생각하는 부분이다. 여러 사람들을 만나 이야기를 들어봐도 고객센터에 직접 불만을 제기해본 경험이 있는 사람은 '확실히 다르다'라는 반응을 준 경우가 많았다.

나 또한 직접 경험한 바 있다. 지방에 출장을 갈 일이 있어서 쿠팡을 통해 호텔을 예약했던 적이 있었는데 출장이 임박해서 갑자기 일정이 변경되었다. 출장을 가기는 하지만 언제 가게 될지는 잘 모르는 상황이 되어버린 것이다. 나는 쿠팡 고객센터에 전화를 걸어서 사정을 설명하고 숙박 취소나 날짜 변경이 가능한지를 물었다. 일단 취소는 가능하지만 날짜가 너무 임박했기 때문에 30퍼센트의 취소 수수료를 부담해야 하고, 일정 변경이 가능한지는 호텔 측과 상의해봐야 한다는 답변이 왔다. 약관을 봐도 이해할 수 있는 답변이었다.

나는 일단 일정 변경이 가능한지를 알아봐달라고 하며, 변경이 안 되면 취소를 해달라고 했다. 그리고 어차피 지금 예약되어 있는 날짜에는 갈 수 없고, 취소 수수료에 대해서는 충분히 이해를 했으니 그 부분은 내가 감수하겠다고 설명했다. 그랬더니 "호텔 측과 협의해보고 점심시간 지나서 1시 20분까지 알려 드리겠습니다"라는 답변을 주었다. 이때가 오전 11시 정도였다. 쿠팡이 정말로 약속을 지킬까? 거의 정확하게 1시 20분이 되어서 전화벨이 울렸다. 받아보니 다음과 같이 알려주었다. "호텔 측과 협의해서 오늘 취소하시면 취소 수수료 없이 진행할 수 있도록 이야기가 되었습니다. 취소 처리를 한 다음에 필요하신 날짜에 다시 예약을 하시면 될 것 같은데요, 이대로 괜찮으신지요?" 나는 그렇게 해달라고 했고, 그대로 일이 정리되었다.

솔직히 기대 이상이었다. 원칙대로 하자면 고객센터 직원 입장에서는 굳이 수수료 없이 취소 절차를 진행할 수 있도록 호텔과 협상을 할 하등의 이유가 없다. 약관상으로도 명시가 되어 있고 고객인 내가 알았다고, 감수하겠다고 말했다. 업무 매뉴얼에 그런 내용이 있는지까지는 잘 모르겠지만 내가 보기에는 고객센터 직원이 순전히 본인의 생각으로 자발적으로 한 일이었다. 위에서 시켜서 기계적으로는 그렇게 할 수 없다. 또 이게 가능하려면 직원 스스로 자신이 하는 일에 자부심을 가지고 있어야 하고, 그러려면 회사가 직원을 소중하게 대해줘야 한다. 뿐만 아니라 권한도 주어야 한다. 쿠팡은 그것을 실제로 하고 있다. 직군이나 경력, 실력에 따라서 보상은 분명히 차이가 있지만, 보상을 많이 받는 사람이라고 해서 적게 받는 사람을 인격적으로 무시하거나 함부로 대하지는 못하는 조직문화를 갖고 있다. 어찌 보면 별로 대단한 일이 아닐 수도 있지만 바로 이런 부분에 쿠팡의 진짜 실력이 숨어 있는 것이다. 나는 고객 대면 쪽의 일을 한 것은 아니었지만 회사 내부에서 보기에도 쿠팡에서는 고객 감동 Wow 을 비즈니스의 궁극적인 목표로 추구했고, 실제로 의사 결정 과정 곳곳에 이러한 철학이 녹아 있었다.

아직도 1회 초

하지만 쿠팡을 단순히 소비자에게 친절한 기업 정도로만 생각했다가는 '혁신기업'이라는 또 하나의 중요한 본질을 놓치게 된다. 비전 자체는 이상적이고 감성적이지만 이를 실현시키기 위해 쿠팡은 체계적이고 치밀한 전략을 세운다. 그리고 혁신 전략을 실행하기 위해 합리적이고 과학적인 경영을 하고 있다. 여기까지만 보면 마치 신중한 전문경영인이 이끄는 모습이 연상되지만 쿠팡은 일단 방향을 잡고 확신이 서면 아무도 가보지 않은 길이라도 실패를 두려워하지 않고 무모하다 싶을 정도로 대담하게 가보는 기업이다. 대담한 실행 과정에서 기득권과의 충돌도 많이 발생하지만 조금도 개의치 않는다.

그렇다면 쿠팡은 항상 톱니바퀴들이 딱딱 맞물려 돌아가는 듯한, 피도 눈물도 없고 숨이 턱턱 막힐 것 같은 분위기를 지닌 곳일까? 실제로는 오히려 다른 어떤 회사보다도 개방적이고 자율적이고 수평적인 조직문화를 가진 곳이다. 소통의 방식도 파격적이다.

이쯤 되면 매우 이상적인 조직일 것 같은데 그게 또 그렇지만은 않다. 비전은 명확하지만 실행에는 분명히 구멍도 있다. 예를 들어 나는 회사 내부를 겪어봤기 때문에 쿠팡이 수익을 도외시하고 온라인 최저가격을 맞추려 노력하고 있다는 것을 안다. 하지만 현실적으로 그렇게 하지 못하고 있다는 것 또한 알고 있다. 내 눈으로 직접 경쟁사가 더 싼 경우를 봤다.

고객센터의 서비스에도 분명히 구멍은 있다. 앞에서 고객센터 직원의 친절을 직접 경험한 사례를 이야기했지만, 반대로 마음에 안 드는 경험을 한 적도 있다. 한번은 쿠팡에서 노트북 컴퓨터를 사면서 무선마우스를 함께 주문했는데 유선마우스가 배송되었다. 그래서 고객센터에 불만 사항을 알려줬더니 담당자는 매우 친절한 태도로 미안해하면서 업체에 이야기해서 받을 수 있도록 하겠다고 했다. 그런데 일주일이 지나도 감감 무소식이었다. 다시 고객센터에 전화를 해보니 담당자는 더욱더 미안해하면서 업체에 다시 이야기하겠다고 했다. 그런데 그 이후로도 아무런 소식이 없었다. 결국 나는 포기했다. 아마도 업체에 항의는 했지만 그들이 실제로 후속조치를 취했는지를 확인하지 않았을 것이다. 나야 당시에 내부 직원의 입장이었기에 피식 웃으면서 넘어갔지만 고객 입장에서는 짜증이 머리끝까지 날 만한 사건이다.

조직문화도 마찬가지다. 분명 회사는 자율적이고 수평적인 조직문화를 지향하고 있고 일정 부분 성과가 있다. 하지만 정말로 자율적이고 수평적으로 모든 것이 잘 돌아가는 것은 아니다. 의견이 달라 설득이 안 되는 경우도 많다. 간단한 일 하나 하기 위해 서너 팀이 모여 회의하면서 시간을 낭비하는 경우도 흔하다. 줄 서지 말라고 했더니 누구 뒤에 줄을 서야 할지 갈피를 못 잡아서 우왕좌왕하는 모습도 보인다. 닦달하는 사람이 없다고 정신 못 차리고 있다가 동료들의 신뢰를 잃어버리는 경우도 있다.

쿠팡이 없는 세상 VS. 쿠팡이 꿈꾸는 세상

쿠팡의 리더십은 이를테면 생택쥐페리 스타일이다. "큰 배를 만들게 하고 싶다면 나무와 연장을 주고 배 만드는 법을 가르치기 전에 먼저 바다에 대한 동경을 심어줘라." 쿠팡은 이 말을 진짜로 실천하고 있는 회사이고, 내가 PO로서 했던 일도 이런 식으로 이루어졌다. 그런데 이대로 하면 정말로 누구나 스스로 배 만드는 법을 찾아낼까? 천만의 말씀. 배 만드는 사람들은 이렇게 반문한다.

"그래서 배의 설계도는 대체 어디에 있나?"

"큰 배를 만들면 나한테 무슨 이득이 있나?"

쿠팡은 그것을 뻔히 알고 있으면서도 쿠팡의 리더십을 포기하지 않고 밀고 나가고 있다.

여기까지 이야기를 들으면 누군가는 엉망진창의 이미지를 떠올릴

지도 모르겠다. 그런데 막상 그 모든 것이 반영된 최종 성적표는 성공적이다. 거래 규모 기준으로 소셜커머스 업계 내 1위이고 지금도 가파른 성장세를 보이고 있다. 쿠팡은 원래 소셜커머스 업계에서 후발주자의 위치였다고 한다. 2010년 8월에 회사가 설립되었을 때 이미 한국 시장에 소셜커머스 회사가 30개쯤 있었다. 하지만 2012년경 쿠팡은 1위로 올라섰고, 지금도 타사와의 격차를 조금씩 벌려나가고 있는 느낌이다. 오픈마켓이나 오프라인 업체들의 시장도 계속해서 진출하고 있다.

현재 쿠팡은 여러 가지 측면에서 만만치 않은 도전에 직면해 있다. 나는 쿠팡이 이미 본사 직원 수만 2000명이 될 정도로 한참 커진 다음의 모습밖에는 보지 못했다. 그런데 초창기부터 쿠팡에 있었던 사람들 중에는 회사 규모가 커지면서 조직문화가 점점 나빠져가고 있다고 생각하는 이들도 많았다. 한때는 이직률이 낮기로 유명한 회사였지만 쿠팡도 더 이상 그렇게 이상적인 모습은 아니다. 초창기 멤버들도 많이 떠나갔다.

쿠팡 오피스는 상당히 글로벌한 분위기다. 중요한 포지션에 미국인들이 많고 해외 오피스와의 화상회의도 심심치 않게 한다. 영어도 자주 들린다. 하지만 회사 내에 문화적인 장벽도 분명히 존재한다. 전문 통역사들이 통역을 해준다고 해도 한계가 있다. 미묘한 뉘앙스나 감정까지 통역사들이 전달하지는 못한다. 나도 그래서 미국인 직원들과 이야기할 때 영어로 직접 말하기 시작했지만 누구나 영어로 소통할 수 있는 것은 아니다. 이 또한 쉽지 않지만 분명히 해결해야 하는 문제다.

경쟁업체들의 대응도 만만치 않다. 현재 쿠팡의 로켓배송은 전날 자정까지 주문을 완료하면 대부분 다음 날 배송이 되는 시스템이다. 하지만 경쟁 온라인 커머스 서비스 중에도 전날 저녁 6시까지 주문하면 다음날 받아볼 수 있도록 하는 서비스가 있다. 한 오프라인 커머스 업체는 주문 후 세 시간이면 배송을 해주는 서비스도 제공한다. 이런 상황에서 지속적으로 혁신을 이뤄내지 않으면 이내 추격당할 것이다.

"아직도 1회초다."

"100년 가는 회사를 만들고 싶다."

"우리 후손들이 '쿠팡이 없는 세상은 상상할 수 없다. 쿠팡 없을 때 불편해서 어떻게 살았는지 모르겠다'라고 말할 수 있게 하고 싶다."

범이 이따금씩 본인의 꿈과 쿠팡의 미래에 관해서 하는 말이다. 처음에는 이해가 되지 않았다. 세상에 이름 한번 못 알려보고 망해나가는 스타트업이 부지기수인데, 쿠팡 정도면 성공한 사례가 아닌가? 이 의문은 직원으로서 직접 회사를 다녀보고 풀 수 있었다. 쿠팡 사람들은 훨씬 더 원대한 꿈을 꾸고 있으며 하고 싶어 하는 일이 너무도 많다. 우리가 현재 보고 있는 쿠팡의 모습은 그 꿈의 극히 일부만 실현된 상태다. 그렇기 때문에 범은 저런 말을 할 수 있는 것이다. 나는 쿠팡 사람들이 꿈꾸는 편리한 세상이 쿠팡의 혁신을 통해 실현될 것을 기대한다. Go, Coupang!

가치를 사는 소비자 공감을 파는 마케터
남다른 가치를 찾아내는
마케팅 두뇌 만들기 프로젝트
김지헌 지음 | 304쪽 | 15,000원

2016년 세종도서 교양부문 선정

온라인 소비자,
무엇을 사고 무엇을 사지 않는가
행동경제학으로 읽는 온라인 비즈니스 성공 전략
슐로모 베나치, 조나 레러 지음 | 이상원 옮김
288쪽 | 15,000원

심리학으로 팔아라
영업의 고수는 어떻게 심리학을 활용하는가
드루 에릭 휘트먼 지음 | 문희경 옮김
곽준식 감수 | 248쪽 | 14,000원

브랜드, 행동경제학을 만나다
소비자의 지갑을 여는 브랜드의 비밀
곽준식 지음 | 336쪽 | 15,000원

미래를 만드는 기업은 어떻게 일하는가

일하는 방식을 바꾸는 8가지 혁신 키워드

김동준 지음 | 348쪽 | 16,000원

2015년 세종도서 교양부문 선정도서

9900원의 심리학

소비자를 유혹하는 가격 결정의 비밀

리 칼드웰 지음 | 권오열 옮김 | 264쪽 | 14,000원

2014년 8월 한국출판문화산업진흥원 이달의 책

완벽한 서비스는 어떻게 탄생되는가

서비스 고수가 말하는 서비스 불변의 법칙

리 코커렐 지음 | 신현정 옮김 | 228쪽 | 14,000원

영업의 고수는 다르게 생각한다

최고 영업자가 일하는 방식은 무엇이 어떻게 다른가

마르틴 림벡 지음 | 장혜경 옮김 | 272쪽 | 14,000원

쿠팡, 우리가 혁신하는 이유

초판 1쇄 발행 2017년 2월 1일
초판 4쇄 발행 2020년 12월 21일

지은이 • 문석현

펴낸이 • 박선경
기획/편집 • 권혜원, 공재우, 강민형
마케팅 • 박언경
표지 디자인 • twoes design
본문 디자인 • 디자인원
제작 • 디자인원(031-941-0991)

펴낸곳 • 도서출판 갈매나무
출판등록 • 2006년 7월 27일 제395-2006-000092호
주소 • 경기도 고양시 일산동구 호수로 358-39 (백석동, 동문타워 I) 808호
전화 • 031)967-5596
팩스 • 031)967-5597
블로그 • blog.naver.com/kevinmanse
이메일 • kevinmanse@naver.com
페이스북 • www.facebook.com/galmaenamu

ISBN 978-89-93635-79-9/03320
값 15,000원

이 도서의 국립중앙도서관 출판예정도서목록(CIP)은 서지정보유통지원시스템 홈페이지
(http://seoji.nl.go.kr)와 국가자료공동목록시스템(http://www.nl.go.kr/kolisnet)에서
이용하실 수 있습니다.(CIP제어번호: CIP2017000410)